8 La 33 166 (2)

Paris
1873

Grouchy, marquis Emmanuel de

Mémoires

Tome 2

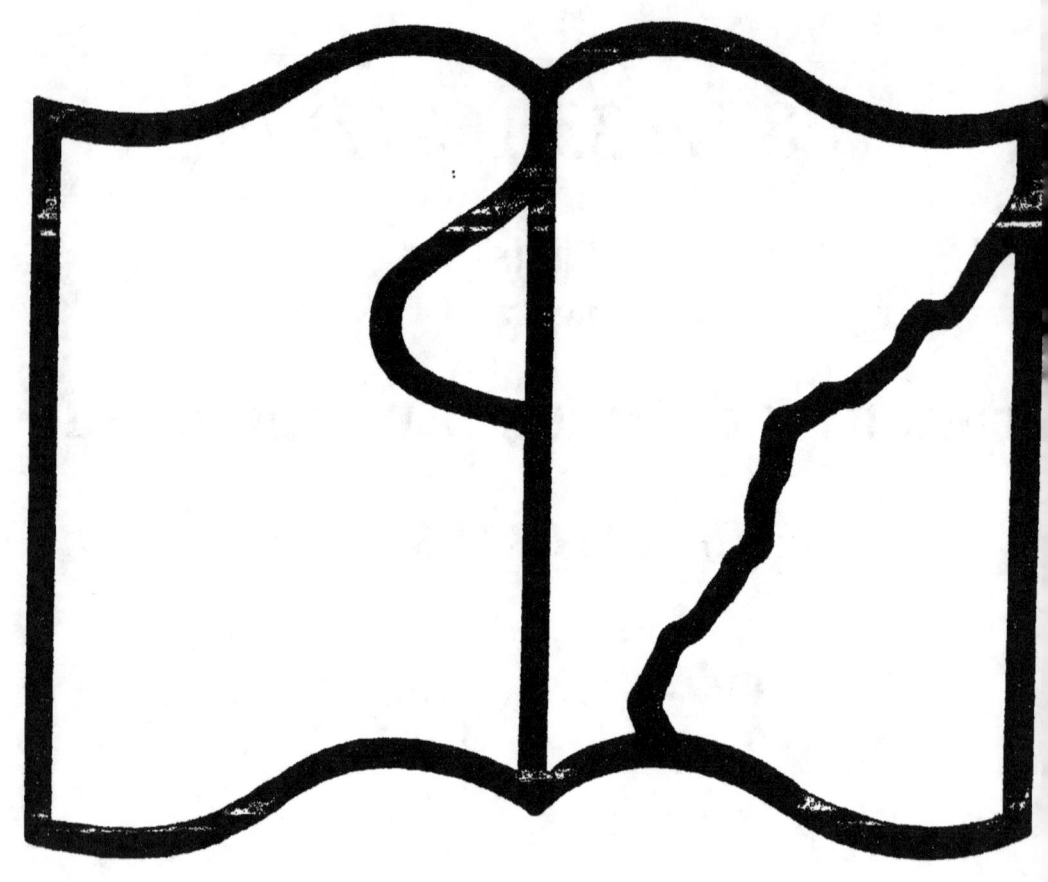

**Symbole applicable
pour tout, ou partie
des documents microfilmés**

Texte détérioré — reliure défectueuse

NF Z 43-120-11

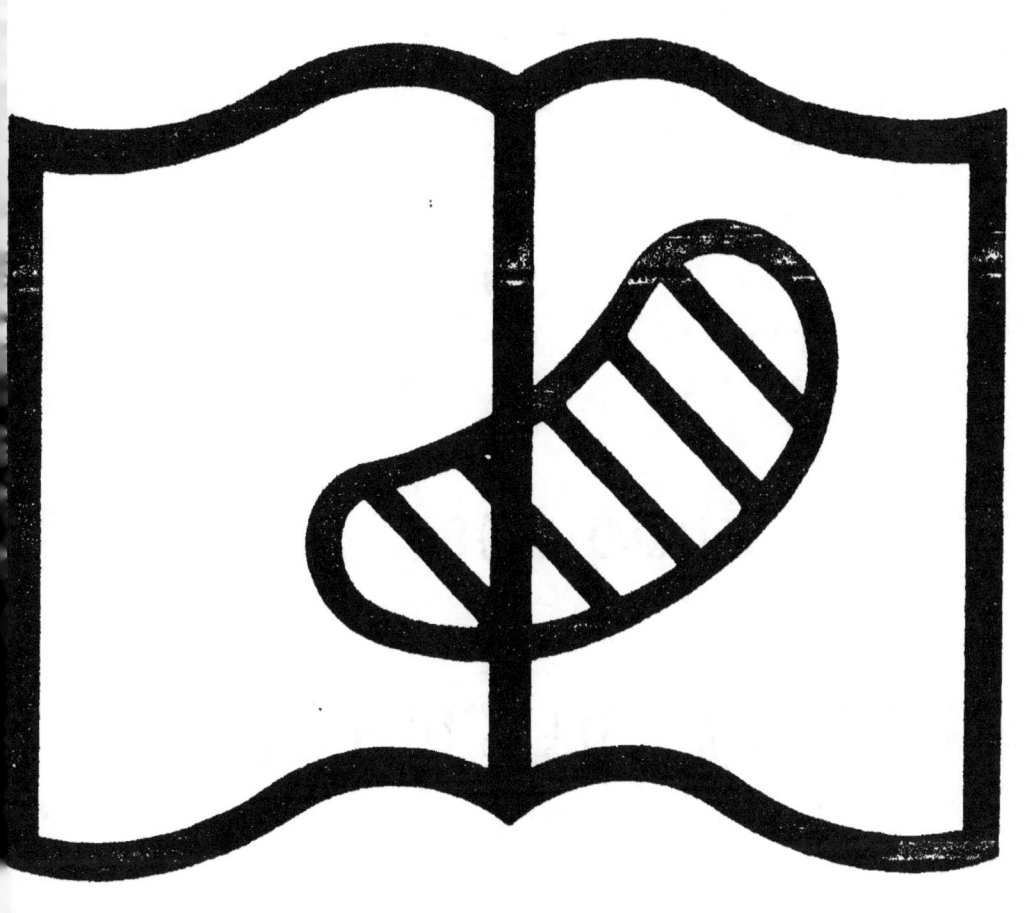

Symbole applicable
pour tout, ou partie
des documents microfilmés

Original illisible

NF Z 43-120-10

MÉMOIRES

DU

MARÉCHAL DE GROUCHY

PARIS. — IMPRIMERIE JULES LE CLERE ET Cie, RUE CASSETTE 29.

MÉMOIRES

DU

MARÉCHAL DE GROUCHY

PAR LE MARQUIS DE GROUCHY

Officier d'État-Major.

TOME DEUXIÈME

PARIS

E. DENTU, LIBRAIRE-ÉDITEUR,

PALAIS-ROYAL

17-19, GALERIE D'ORLÉANS, 17-19

1873

LE
MARÉCHAL DE GROUCHY

LIVRE CINQUIÈME

De mai 1799 à août 1800.

Première révolte dans la province d'Albe et d'Asti. — Correspondance relative à cette affaire (de la fin de décembre à mars 1799. — Installation de la municipalité de Turin. — Discours de Grouchy. — Autre discours du général (21 janvier 1799). — Projet de réunion du Piémont à la France. — Plan d'insurrection. — Vigoureuse répression de Grouchy (février 1799). — Seconde insurrection. — Elle éclate dans la province d'Acqui (commencement de mars 1799). — Lettre du général. — Sa proclamation. — Expédition de Grouchy dans la province d'Acqui. — Troisième insurrection (6 mars) près Fossano. — Changements dans l'armée d'Italie. — Schérer remplace Joubert. — Départ de ce dernier. — Le bruit du départ de Grouchy se répand à Turin. — Le Directoire reçoit des notables la demande de conserver le général. — Organisation du pays par Grouchy. — Suppression du Gouvernement provisoire par ordre de Schérer, sur la demande de Grouchy. — Ouverture des hostilités en Italie (fin de mars). — Combat de Pastringo (26 mars). — Analyse des opérations. — Demande de troupes à Grouchy. — Position critique de Grouchy. — Objets d'art recueillis en Italie. — Moreau remplace Schérer (avril 1799). — Cassano. — Retraite sur Milan. — Grouchy reçoit l'ordre de se rendre à l'armée d'Italie (5 mai). — Biographie du général Joubert par le général de Grouchy (1799). — Episode du transport du pape Pie VI à Briançon (1er avril 1799). — Lettres et document curieux relatifs à cette affaire. — Conduite du général de Grouchy. — Reçu du pape donné par le commandant de la place de Briançon (30 avril). — Désintéressement de Grouchy. — Historique de la campagne de 1799 en Italie, par le général de Grouchy. — Le général est blessé et fait prisonnier le 15 août, à la bataille de Novi. — L'aide de camp Fougeroux. — L'adjudant général Becker. — Captivité de Grouchy. — Lettres écrites à ce sujet. — Il est échangé en juin 1800. — Il est envoyé, en août 1800, à l'armée du Rhin sous Moreau.

La province d'Asti fut donc la première où l'on essaya un soulèvement. Grouchy prit les mesures les plus énergiques pour la répression et fit afficher partout la proclamation suivante, en date du 28 décembre :

« Apprenant que dans les provinces d'Albe et d'Asti, quelques malveillants ont soulevé les habitants des campagnes contre la volonté de la nation piémontaise, qui, délivrée d'un gouvernement odieux, a manifesté le vœu le plus unanime pour la Liberté et l'Égalité; justement indigné que dans leur égarement diverses communes se soient permis d'abattre l'arbre qui en est le signe, ayent osé arrêter des délégués du gouvernement provisoire établi par le général en chef, attenté à la vie des patriotes et marché en armes contre les troupes républicaines et piémontaises;

« Ordonne aux généraux commandant les quatre divisions du Piémont l'exécution des mesures suivantes :

« Art. 1er. Chaque commune où l'arbre de la Liberté sera abattu ou mutilé, et où on sonnera le tocsin, sera imposée à une contribution décuple de son imposition ordinaire; des détachements français et piémontais y seront placés et vivront à discrétion chez les habitants jusqu'à ce que la totalité de cette contribution extraordinaire ait été acquittée.

« 2. Toute commune où le sang d'un Français ou d'un patriote aura été versé à l'avenir, sera livrée aux flammes et rasée de fond en comble.

« 3. Tout rassemblement qui aura lieu, sera attaqué et poursuivi à outrance; les individus qui le composeront seront saisis, et ceux qui seront reconnus pour en être chefs seront traduits à une commission militaire, pour être jugés, suivant la rigueur des lois françaises, et fusillés sur l'heure.

« 4. Les communes rurales des provinces d'Albe et d'Asti et toutes celles qui auraient pris part à des rassemblements, sont tenues de déposer leurs armes aux mains du commandant français le plus voisin ; cet acte de soumission leur assurera l'amnistie entière. Celles qui s'y refuseraient seront imposées et exécutées militairement.

« 5. Tout individu dans lesdites provinces qui, trois jours après la publication du présent Ordre, serait trouvé nanti d'un fusil, ou de munitions de guerre, sera fusillé.

« 6. Tous les nobles, ou les riches, qui seront convaincus d'avoir excité le peuple à la révolte, seront arrêtés comme ôtages, transférés en France, et la moitié de leurs revenus confisquée. »

Le général en chef fut prévenu de ce qui se passait par les lettres suivantes, qui font connaître l'histoire du Piémont à cette époque :

Turin, 27 décembre 1798.

GROUCHY A JOUBERT.

« Mon général, une insurrection vient d'éclater dans la province d'Asti. C'est au village de Castiliole et communes environnantes qu'elle a commencé. L'arbre de la liberté a été abattu, brûlé, et si je dois en croire un de mes rapports, quelques patriotes auraient péri ;

cette dernière circonstance n'est cependant pas officielle.

« J'ai sur-le-champ fait marcher un régiment de dragons et une colonne d'infanterie et pris toutes les mesures de vigueur et de sagesse propres à couper le mal dans sa racine, assurer la punition des coupables et rétablir l'ordre.

« Un membre du gouvernement, le citoyen Avogadro, s'est porté également sur les lieux; j'attends les résultats, dont je vous instruirai de suite.

« Les causes premières de cette insurrection paraissent être les mesures impolitiques des commissaires du gouvernement provisoire, qui a envoyé dans cette partie des hommes qui y étaient peu aimés. Le jour de Noël, ils ont voulu empêcher d'aller à la messe, faire planter l'arbre de la liberté et ont malmené les paysans.

« Il est sans doute d'autres causes secrètes, mais je les ignore encore.

« Le reste du Piémont va bien; on est tranquille partout; le désarmement s'effectue; les gardes nationales s'organisent.

« Les conscrits arrivent et s'arment; il n'y a de lenteur que dans leur habillement, quels que soient les soins que je me donne.

« Turin est à peu près dans le même état où vous l'avez laissé; il y a cependant de la tristesse et de la stupeur, ce sont les sentiments à l'ordre du jour.

« Vos ordres relativement aux trente s'exécutent (1).

---

(1) Trente personnages politiques piémontais, sur le compte desquels Joubert avait fait demander, par Suchet, des renseignements à Grouchy.

« Recevez, mon général, avec l'assurance de mon attachement, celle de mes efforts pour assurer la tranquillité et l'affermissement de la liberté dans ce pays. Il est inutile que je vous dise qu'il ne faut pas songer à en éloigner des troupes d'ici à quelque temps. Ci-joint les lettres et pièces que j'ai reçues du commissaire Aymard, relativement à l'ambassadeur Fouché; il n'est pas à Turin depuis du temps.

« Il y a du mécontentement parmi les paysans à l'occasion de l'opération sur les billets; mais je ne pense pas que la chose puisse amener une explosion. Quant à l'effet qu'a occasionné cette mesure dans Turin, il est plutôt bon que mauvais. »

Turin, 29 décembre 1798.

GROUCHY A JOUBERT.

« Mon général, les colonnes que j'ai dirigées contre les insurgés des provinces d'Albe et d'Asti ont eu des succès. Leur marche a été si heureusement combinée qu'ils se sont trouvés attaqués sur divers points au moment où ils s'étaient déjà infructueusement présentés une première fois. Le 12e régiment de dragons a chargé vigoureusement, a tué trente et quelques hommes et fait prisonniers quatre-vingts. Le rassemblement s'est dissipé. Sept à huit cents insurgés se sont portés également sur Albe, où ils ont été repoussés; les détails manquent, les routes étant interceptées.

« Ces premiers avantages quoique importants ne

sont point décisifs ; je m'attends à de nouvelles affaires et je suis en mesure pour qu'elles soient heureuses.

« Un des moyens insurrectionnels employés avec le plus d'avantage par l'aristocratie a été celui de la conscription qu'on a répandu qu'on voulait faire partir à l'instant. Je vous demande à être autorisé à démentir officiellement ce bruit, ce que je ne peux faire en ce moment, vos instructions étant en sens contraire.

« Il est impossible de songer à ce mode de recrutement, du moins pour cet instant ; d'ailleurs, l'élan du patriotisme enfantera des bataillons volontaires qui par la suite nationaliseront l'armée. Je vous transmettrai incessamment mes vœux à cet égard.

« L'opération sur le papier est une autre cause du soulèvement, qui ne s'étend encore que dans ces deux provinces, mais qui probablement gagnera plus loin.

« Le général Musnier (1) s'est chargé de vous instruire des premières mesures militaires que j'ai prises ; elles ont été suivies d'autres dont les détails sont inutiles ; il me suffira de vous offrir ces résultats ; j'espère qu'ils seront satisfaisants.

« Je ne vous demande pas de troupes, quoique je n'en aie pas assez ; mais il me faut quelques hommes pour les conduire, car je ne peux être partout ; je vous prie instamment de me donner un ou deux généraux de plus.

« Les circonstances ont nécessité une proclamation vigoureuse, je la joins ici.

« L'évêque d'Asti est venu se rendre ; il promet à

---

(1) Musnier venait de remplacer par intérim et pour quelques jours Suchet comme chef d'état-major général.

l'adjudant-général Flavigny de ramener les insurgés ; on se servira de lui tant qu'il pourra être utile, sauf à l'éloigner ensuite. »

Turin, 29 décembre 1798.

GROUCHY AU DIRECTOIRE EXÉCUTIF.

« Le général en chef Joubert m'a transmis, citoyens Directeurs, les témoignages de satisfaction que vous avez bien voulu donner à la conduite que j'ai tenue pendant l'expédition du Piémont et à la part que j'ai eue à la révolution qui s'y est opérée.

« Heureux d'avoir rempli mon devoir dans les circonstances délicates où je me suis trouvé placé, je vous prie de croire que mon unique ambition est d'acquérir des titres plus réels à la reconnaissance nationale et d'être compté par vous au nombre de ceux qui sont dévoués tout entiers à la cause de la liberté. Permettez, citoyens Directeurs, que je vous désigne l'adjudant général Clausel comme m'ayant parfaitement secondé dans toutes mes opérations. »

Turin, 31 décembre 1798.

GROUCHY A JOUBERT.

« Mon général, les révoltés des provinces d'Albe et d'Asti ont partout été vigoureusement repoussés. A Acqui, les chasseurs piémontais de Colli ont marché contre eux de la meilleure grâce du monde. Au cri de Vive le Roi! prononcé par les rebelles, ils ont répondu par le cri de Vive la République! et ont commencé le feu. Les diverses colonnes que j'ai mises en mouvement sont arrivées si à point partout, que les rassemblements ont été dissipés aussitôt que formés. Dans cet instant, on est occupé au désarmement de ces deux provinces et à replanter les arbres de la liberté. Les gardes nationales d'Alexandrie et de diverses communes se sont volontairement portées contre l'ennemi et ont montré le zèle le plus recommandable; je leur ai écrit et aux chasseurs pour leur témoigner ma satisfaction.

« Je suis également fort content des autres troupes piémontaises, qui ont montré le meilleur esprit.

« Malgré cet état satisfaisant des choses, je ne pense pas que le pays soit entièrement tranquille; il éclatera probablement encore quelques insurrections, mais croyez que je les mènerai comme celle-ci et que j'en viendrai à bout.

« Je ne vous cache pas, mon général, que je suis peu satisfait de la marche du gouvernement provisoire: au lieu de déployer une salutaire énergie, il adopte des mesures révolutionnaires, crée des suspects, provoque ou fait faire des arrestations et se mêle d'ordonner des dispositions militaires; sous ce dernier rapport, je l'ai replacé dans les limites dont il ne doit pas sortir; quant aux autres, je ne puis que lui donner des conseils, et je n'y manque pas.

« Il est certain, général, que d'impolitiques mesures contribueront à l'agitation des campagnes et serviront les projets des royalistes et des aristocrates.

« Il faudrait une sage lenteur dans l'adoption des lois, et qu'elles fussent soumises à la sanction d'un commissaire civil français. Au lieu de cela, dans la même séance, une loi est proposée, rédigée, et son exécution ordonnée, sans qu'Aymard en ait été prévenu.

« Voici quelques dénonciations contre Casabianca ; j'ignore si elles sont fondées ; comme je vous dois compte de tout, je vous les envoie.

« L'esprit public s'améliore chaque jour dans Turin : de toute part on demandait à marcher contre les rebelles.

« La Société populaire devient une effervescence : elle voudrait absolument faire déporter le prince Carignan.

« Je m'opposerai à ceci comme contraire à vos engagements jusqu'à ce que vous m'ayez transmis vos ordres, et si la Société occasionne des mouvements, je la ferai fermer ; cependant je désirerais des ordres à cet égard, car cet objet est délicat.

« Recevez, général, l'expression de mon inviolable attachement et appelez-moi près de vous, si vous allez plus loin qu'où vous êtes. »

Milan, 31 décembre 1798.

JOUBERT AU GÉNÉRAL GROUCHY.

« J'ai reçu vos deux lettres, et j'ai vu avec satisfaction les mesures que vous prenez pour dissiper les attroupements d'hommes égarés par le fanatisme et l'aristocratie. Je vous laisse le maître de prendre, soit pour la conscription, soit pour tout autre objet, telle mesure que vous jugerez convenable, et qui ne sera pas contraire à l'intérêt de l'armée.

« Je préviens le Directoire exécutif de cet événement et de vos efforts pour le terminer heureusement.

« Je ne puis vous envoyer dans ce moment-ci d'autres officiers généraux ; servez-vous de Legrand et des régiments à cheval qui devaient partir avec lui. Tant que ce mouvement insurrectionnel durera, donnez-moi exactement de vos nouvelles. »

A cette époque le gouvernement français était en hostilité complète avec Rome. L'ambassadeur du Saint-Siége à Turin, Pélicani, prêt à quitter cette ville, voulut envoyer les clefs des archives de sa légation au vieux cardinal Gerdil, revenu en Piémont pour y finir tranquillement ses jours. Le cardinal, avant de les accepter, écrivit à Grouchy le 30 décembre 1798 :

« Monsieur le général, sur l'avis que je reçois que le citoyen Pélicani était sur le point de m'envoyer les clefs des archives de sa commission, je me fais un respectueux devoir, Monsieur le général, de vous prier à l'instant de me faire parvenir vos sages intentions relativement à l'usage que j'en devrai faire, au cas que je les reçoive, et de vous informer en même temps du motif qui donne lieu à cet envoi. Le saint-père me fit écrire quelques mois en arrière, de Florence, de retirer de sa main, à son départ de Turin, les dépêches et autres papiers appartenant à son ministère et d'y suppléer par intérim dans la vue d'entretenir la bonne harmonie entre le Saint-Siége et le précédent gouvernement. J'en donnai avis audit Pélicani, qui m'assura n'avoir reçu aucun avis à cet égard, m'offrant néanmoins de me remettre les papiers en question aussitôt qu'il les aurait mis en ordre. Je répondis qu'il m'était enjoint de les recevoir à son départ; qu'en attendant, tout devant rester à sa disposition, j'étais bien résolu à ne prendre aucune connaissance des affaires. Je m'abstins en conséquence de notifier à la cour les intentions du saint-père, dont je n'ai reçu aucune commission ministérielle, comme aussi de jamais parler, malgré la détresse où je me trouve, d'une pension qu'on dit être affectée à la nonciature, afin que le cardinal Pélicani pût continuer d'en jouir.

« La seule commission dont le saint-père m'ait honoré ne regarde que les pouvoirs spirituels dont les évêques souhaitaient être munis. Sa Sainteté m'a autorisé de les communiquer en son nom, communication même dont je me suis déchargé sur le citoyen archevêque de Turin dans la notification que j'ai publiée le 14 août sur cet objet. Pardonnez, Monsieur, si j'ajoute encore qu'à mon arrivée à Turin, bien des gens m'ayant requis de présenter des mémoires et de m'intéresser en leur faveur, je me suis hautement déclaré, et j'ai tenu parole, que je n'étais pas venu pour m'ingérer et prendre part à rien de ce qui était du ressort du gouvernement soit intérieur, soit extérieur, mais uniquement dans le dessein de me procurer une retraite convenable à la décrépitude d'un vieillard prêt à finir sa quatre-vingt-unième année, ne souhaitant rien tant que de pouvoir dire avec Fontenelle : *On m'a oublié.* Le gracieux accueil avec lequel vous avez eu, Monsieur, la bonté de recevoir l'hommage de mon dévouement et de mon inviolable fidélité envers le gouvernement sous lequel la Providence vient de nous placer, me fait espérer de jouir de cette faveur, le peu de jours qui me restent, à l'abri de votre protection, que j'implore de nouveau en vous priant d'agréer ma plus respectueuse reconnaissance. »

Grouchy répondit le même jour au cardinal :

« Il convient de faire remettre au commissaire du Directoire en Piémont, le citoyen Aymard, les clefs des archives de la commission du citoyen Pélicani, ex-ambassadeur du saint-père à Turin. Les liens qui ont longtemps unis la République et Sa Sainteté ayant été rompus et tous rapports politiques avec elle ayant cessé par la force des choses, les agents français ne peuvent, ce me semble, que faire provisoirement apposer les scellés sur ces archives, en attendant que le Directoire exécutif ait prononcé à leur égard.

« Citoyen Cardinal, il était digne de la prudence qui vous caractérise de penser que, devenu citoyen d'un pays allié de la République, vous ne pouviez vous rendre dépositaire de pièces qui n'offriraient probablement que de nouvelles preuves des manœuvres diverses des ennemis de la République.

« On ne reconnaît pas moins la sagesse et la philosophie qui vous distinguent en vous voyant donner l'exemple de la soumission au gouvernement actuel du

Piémont, et ceux-là qui sont placés au milieu du tourbillon des affaires ont plus que d'autres peut-être à vous féliciter de pouvoir vivre dans une retraite où vous êtes à même de cultiver les sciences, les arts, vos amis, et de rapprocher de vous les véritables éléments du seul bonheur dont on puisse jouir sur la terre. »

Le 2 janvier 1799, la municipalité, composée de nouveaux membres, fut nommée par Joubert, sur l'avis de Grouchy, et installée par les soins de ce dernier, qui, à cette occasion, prononça le discours suivant :

« Citoyens,

« Chargé de l'installation des officiers municipaux de cette Commune, je me félicite de pouvoir, en vous les montrant, vous donner la preuve que, dans les États libres, la confiance et les fonctions publiques deviennent la récompense de ceux que distinguent le civisme et la moralité. De tels titres ne pouvaient être méconnus par le général en chef de l'armée d'Italie. Ils ont déterminé son choix, et si dans les premiers moments il a dû désigner ceux auxquels il convenait de confier le dépôt de la première autorité populaire qui ait existé en Piémont, vous voyant affermis dans les sentiers de la liberté, sans licence, le gouvernement français remettra entre vos mains l'entier exercice de vos droits politiques, et vous serez appelés, n'en doutez pas, à élire vous-mêmes ceux-là qui doivent veiller pour le salut et la liberté de ces contrées.

Jusque-là, citoyens, chérissez et honorez ces

magistrats, qui vous sont donnés par la grande nation.

« Vous, braves gardes nationales, spécialement instituées pour assurer la tranquillité, faire respecter les autorités constituées, et comprimer les malveillants du dedans, croyez bien que, pour vous élever à la hauteur de vos importantes fonctions, tous vos mouvements doivent être déterminés et dirigés par les seuls organes des lois.

« Et toi, commune de Turin, sois fière d'avoir été la première régénérée à la liberté ; continue à offrir le spectacle de l'union, de la fraternité, de la sagesse.

« Que ton exemple achève de désiller les yeux de ceux qu'ont vainement cherché à égarer les ennemis de la liberté publique.

« Enfin, que l'Europe étonnée voie au même instant la terre de Piémont heureuse et libre, et que sur leurs trônes avilis les despotes tremblent de se mesurer de nouveau avec un peuple généreux, qui, brisant les fers des nations, déploie les étendards de la liberté partout où il porte ses armes victorieuses.

« Vive la République. »

Nous allons donner maintenant un certain nombre de lettres choisies dans la correspondance de Grouchy avec Joubert, avec Suchet et avec différents personnages, pendant le mois de janvier ; ces lettres nous ont paru intéressantes à plusieurs points de vue, surtout pour l'histoire de l'une des provinces occupées alors par nos troupes.

Reggio, 2 janvier 1799.

JOUBERT A GROUCHY.

« J'apprends avec satisfaction, citoyen général, que la rébellion que vous m'avez annoncée est apaisée ; ce sont les citoyens Campana et Sera qui m'ont donné cette nouvelle, après avoir passé par Asti et Alexandrie, après avoir vu les lieux et pris des informations ; ce qu'il y a d'heureux dans cette circonstance, c'est que des communes de campagne organisées en gardes nationales ont marché sur les rebelles ; cela prouve que la révolution piémontaise prend une bonne marche et que vous pouvez contenir les Piémontais rebelles avec les Piémontais républicains.

« En général, je ne vois pas le Piémont comme vous ; je crois que l'opinion y est plus pour le nouvel ordre de choses que pour la contre-révolution ; il s'agit donc seulement de mesures sages, de surveiller les malintentionnés et d'avoir dans les villes des gardes nationales nombreuses confiées à des commandants patriotes.

« Puisque tout est apaisé, vous aurez sûrement laissé suivre son chemin au général Legrand.

« Je compte encore sur la conscription pour compléter nos demi-brigades piémontaises ; je vous prie d'être convaincu que plus on accorde aux mécontents, plus ils demandent.

« Profitez de la présence du général Musnier, des

citoyens Campana et Sera, que j'ai nommés adjudants généraux de l'armée piémontaise, pour procéder au désarmement comme je l'ai recommandé, c'est-à-dire de faire assembler les armes dans un lieu confié à la surveillance des municipalités, et ensuite de réduire le nombre de ces armes d'une manière proportionnelle à la population.

« Je tire quatre bataillons de Genève du Piémont, et j'y en fais entrer trois de garnison ; ce mouvement est essentiel pour l'armée.

« Le général Musnier et l'adjudant général Campana ne demeureront pas plus de quinze jours auprès de vous. Salut et fraternité.

« *P. S.* J'ai ordonné au chef de l'état-major de punir l'adjudant général Clausel, qui ne m'envoie pas tous les cinq jours l'état des conscrits entrés dans l'étendue de votre commandement. »

Reggio, 2 javier 1799.

SUCHET A GROUCHY.

« Le général en chef a été instruit, mon cher général, que la municipalité d'Alexandrie avait été formée à la hâte, qu'il s'y était glissé des hommes dont la moralité n'était pas propre à inspirer de la confiance ; il vous charge donc, de concert avec le citoyen Aymard et le gouvernement provisoire, d'y faire quelques changements et particulièrement du président nommé Cuyeitti, qu'il conviendra cependant d'employer ailleurs, mais qui ne saurait convenir aux fonctions qu'il remplit.

« J'annonce par ce courrier à l'administration centrale du département de l'Isère, le départ de trente-trois individus désignés par le général en chef, etc.; je vous prie de vouloir bien remettre deux tableaux certifiés des noms et des prénoms des individus à l'adjudant général Campana, que je charge du soin de les joindre à une lettre au ministre de l'intérieur et à l'administration.

« J'ai reçu deux rapports de l'adjudamt général Clausel sur les événements du Piémont ; mais je n'ai pas reçu un seul état des conscrits arrivés dans la première décade de nivôse ; le général en chef vous prévient qu'il lui a ordonné les arrêts : vous voudrez bien le lui signifier et en prescrire la durée. Je l'invite à exiger de tous les commandants de dépôt des rapports journaliers et à me les adresser exactement tous les cinq jours.

« Le général en chef vous instruit également aujourd'hui qu'il persiste à retirer très-promptement du Piémont quatre bataillons de guerre. Je vous remets en conséquence, mon cher général, un ordre de route ci-joint dont la date reste en blanc et que j'espère bien que vous remplirez promptement. Pour les bataillons de guerre de la 18ᵉ légère, vous voudrez bien m'informer du jour du départ et prescrire à votre commissaire des guerres de pourvoir à leur subsistance pendant la route.

« Vous m'obligerez de me faire connaître quels sont les bataillons de guerre des demi-brigades restantes dont vous présumez pouvoir plus promptement disposer ; vous sentirez la nécessité d'envoyer toujours à l'armée active les plus complets et les mieux vêtus, et je m'en rapporte bien à votre amitié et à l'empressement que vous aurez de concourir ainsi à fortifier l'armée active.

« Je vous félicite d'avoir si lestement et si à propos étouffé dans son principe l'insurrection d'Asti. Quelques exemples vigoureux, l'organisation que vous avez si bien commencée de vos gardes civiques, et vous joindrez facilement au titre de conquérant du Piémont celui de pacificateur. »

Turin, 2 janvier 1799.

GROUCHY A GOUBERT.

« Mon général, l'insurrection des provinces d'Albe et d'Asti est apaisée ; les chefs principaux sont arrêtés et en ce moment plusieurs doivent déjà être jugés et fusillés, conformément aux lois françaises contre les royalistes. Le désarmement de toutes les communes rurales s'effectue avec rapidité, les cloches de celles où le tocsin avait sonné se brisent, les arbres de la liberté se replantent, la soumission et l'ordre renaissent.

« Les points principaux sur lesquels les révoltés se sont portés le plus en force sont Albe, Asti et Acqui ; ils étaient cinq à six mille à Asti, et sept à huit mille à Albe et Acqui. On les a vigoureusement repoussés partout ; mais c'est à l'affaire du 7, à Asti, qu'ils sont venus attaquer une seconde fois après un premier échec, qu'ils ont perdu le plus de monde, ayant été entourés par mes diverses colonnes et chargés par le 7ᵉ régiment qui les a écharpés.

« L'adjudant général Flavigny, commandant la division de l'Est, dont Albe et Asti font partie, s'est bien conduit ; il a exécuté et exécute encore avec énergie et prudence les ordres et instructions que je lui ai donnés. Je dois louer aussi la conduite du chef d'escadron Lavran, commandant la colonne mobile formée du 7ᵉ dragons et d'un bataillon de la 68ᵉ demi-brigade.

« Les troupes piémontaises ont montré les meilleures dispositions partout et ont marché avec les patriotes. Sous huit jours, j'espère que le désarmement le plus complet sera achevé dans ces deux provinces ; je vous ai déjà annoncé qu'on leur avait pris drapeaux et tambours.

« Je vais faire rentrer le 7ᵉ de dragons et vous l'envoyer ; mais, mon général, ne songez pas, d'ici à quelque temps, à tirer de cavalerie de ce pays. Si je n'avais eu les dragons, cette insurrection prenait un tout autre caractère.

« Les diverses opérations sur le papier de la monnaie sont des prétextes et on s'en sert toujours avec succès pour agiter le peuple, je vous l'ai marqué déjà. Je m'attends que d'autres mouvements partiels auront lieu ; mais, en me laissant des moyens, je réponds de les réprimer à l'instant.

« L'organisation de l'armée m'occupe ; c'est un travail long et désagréable, à raison du choc des intérêts particuliers qu'il froisse nécessairement ; je le hâte autant que possible, mais il va lentement, quels que soient mes soins. »

Turin, 3 janvier 1799.

GROUCHY A JOUBERT.

« Mon général, je reçois avec une vive sensibilité votre lettre en date de Reggio. Je suis heureux que vous soyez content ; comptez sur moi à la vie et à la mort.

« Tout va bien ici en ce moment ; nous aurons peut-être encore quelques mouvements à cause d'une nouvelle opération de finance qui réduit la monnaie de billon à sa vraie valeur. Cette opération, bonne en elle-même, va blesser les intérêts de bien des paysans ; il est possible qu'on en profite pour soulever quelques communes ; mais, soyez tranquille, je rétablirai l'ordre, je vous en réponds.

« La lettre que je vous ai écrite par Mouton vous transmet les détails de l'état du Piémont.

« Croyez à mon fidèle attachement. »

Turin, 6 janvier 1799.

GROUCHY A L'ADJUDANT GÉNÉRAL FLAVIGNY.

« Je ne puis mieux vous consoler de la peine qu'a pu vous faire la lettre que j'ai dû vous écrire il y a deux jours, qu'en vous transmettant l'extrait de la lettre que j'ai adressée au général en chef en lui rendant compte de l'insurrection d'Asti. Mais, je vous le répète, vous avez mis trop peu de fermeté vis-à-vis des dragons, il fallait faire un exemple sévère.

« Je vous ai également marqué de former une commission militaire et de faire juger, conformément aux lois contre les chefs royalistes ou chouans, les individus marquants arrêtés les armes à la main dans les rassemblements que vous avez battus et dissipés.

« Le général en chef veut un exemple, les intérêts de la tranquillité publique l'exigent, et mes ordres à cet égard sont précis. Nommez donc enfin cette commission et qu'elle juge deux ou trois des individus que vous croirez les plus coupables.

« Le général en chef vient d'envoyer le général de brigade Musnier pour commander une forte colonne mobile dans le Piémont; réunissez pour la lui former tout ce que vous avez de la 68° demi-brigade; il emmènera d'ici un détachement de dragons et se rendra demain au soir ou après-demain à Asti. Préparez les choses de manière à ce qu'il puisse se mettre de suite en mouvement. J'ai prévenu votre adjoint que j'avais distrait la place de Ceva de la division de l'Est, pour l'affecter à la division du Midi; cette disposition vous rendra deux compagnies que vous répartirez de la manière la plus avantageuse aux intérêts de la tranquillité.

« Recevez l'assurance de mon attachement et croyez qu'un instant de moins de contentement n'empêche pas de vous rendre la justice qui vous est due. »

Turin, 11 janvier 1799.

AYMARD, COMMISSAIRE CIVIL, A GROUCHY.

« Vous n'ignorez pas, citoyen général, tous les services que le citoyen Bourgues a rendus à la cause de la liberté. Vous savez qu'au péril de sa vie il est parvenu à arrêter le chef des Barbets Contani.

« Dans le courant de ma courte ambassade, c'est par son moyen que j'ai été instruit des intentions perfides de nos ennemis, et dans le temps que j'étais isolé pour ainsi dire, ne voyant aucun patriote piémontais, il est le seul qui m'ait été constamment attaché, et je ne saurais, citoyen général, trop vous le recommander. Il vous dira lui-même de vive voix la place qu'il désire. »

Reggio, 12 janvier 1799.

JOUBERT A GROUCHY.

« Lorsque je croirai devoir donner des ordres relatifs à une conscription ou à toute autre mesure convenable au recrutement de l'armée piémontaise, je vous le ferai passer ; je n'ai encore pris aucune détermination à cet égard.

« Toute démission des membres du gouvernement devra m'être adressée avec le motif qui la détermine, et je verrai si je dois l'accepter. Il faudrait engager le gouvernement provisoire à diriger la Société populaire de manière à ce qu'elle *ne fît aucune sottise majeure*, et je crois que cela est possible.

« Vous pouvez encore garder M. Priocca pendant une quinzaine dans la citadelle.

« Je ne puis encore remplacer le général Musnier, que j'ai été forcé de rappeler sur-le-champ auprès de moi ; mais vous pouvez y suppléer, en cas de besoin, par l'adjudant général Campana, que l'on assure très-intelligent. »

Turin, 16 janvier 1799.

GROUCHY A JOUBERT.

« J'attendrai vos ordres, général, relativement à la conscription ; soyez sûr qu'il est loin de ma pensée de les devancer ou de les provoquer en rien. Le général de division doit obéir comme le caporal : telle est ma manière de voir.

« Si je vous ai parlé avec quelque chaleur relativement à la levée de bataillons, c'est que cette mesure me paraissait désirable sous une foule de rapports ; toutefois, je le répète, rien n'a été fait et ne sera fait sans vos ordres.

« Je dirige et fais diriger par le gouvernement la Société populaire dans le sens du vrai patriotisme, qui n'est pas la licence. Il y a eu quelques mouvements peu conséquents dans Turin ; les attroupés demandaient une diminution du prix des denrées et une augmentation dans les salaires qui ont baissé lors des opérations sur la monnaie ; ils ont été sur-le-champ dispersés, et j'ai pris les mesures nécessaires pour que des rassemblements ne se renouvellent pas. Il se montre de temps à autre des bonnets rouges : par persuasion ou adresse, je les fais disparaître. »

Turin, 20 janvier 1799.

GROUCHY A JOUBERT.

« Général, il y a eu quelques désordres dans Turin ; des anarchistes ont voulu organiser des troubles, ils ont crié Vive Robespierre, calomnié l'armée et le gouvernement, vexé des citoyens paisibles ; les bonnets rouges se multiplient, et j'ai cru devoir arrêter une inutile et dangereuse effervescence. La Société populaire m'a secondé parfaitement. La proclamation ci-jointe se répand en cet instant, et les gens sages y applaudissent ; l'ordre va renaître complétement ; hier déjà il ne s'est commis aucun excès.

« Demain, l'anniversaire du 21 janvier sera célébré avec la pompe convenable. Le reste du Piémont est parfaitement tranquille ; l'esprit public est excellent.

« A Oneille il a été demandé par la municipalité de Toulon une réquisition de matelots ; cette demande, formée par une municipalité, m'a paru assez irrégulière. Comme, d'après vos ordres, il va se lever à Oneille un corps de cent soixante marins, j'ai cru devoir faire autoriser la commune d'Oneille par le canal du gouvernement provisoire, auquel elle s'était adressée, à attendre votre réponse avant de faire partir la réquisition demandée.

« L'adjudant général Blondeau vous rend compte des opérations relatives aux conscrits ; ils arrivent plus vite que les habits, qui cependant se confectionnent avec plus de rapidité.

« J'attends impatiemment votre réponse relativement à la déportation de la marquise de Saint-Marsan et au vicaire de Costiliole.

« Deux compagnies piémontaises se sont révoltées à Racconidgi, et ont voulu massacrer leurs officiers. Elles ont été désarmées, sont conduites ici, et les chefs d'insurrection vont être jugés conformément à nos lois par le conseil de guerre piémontais que j'ai organisé pour la division. »

Turin, 21 janvier 1799.

DISCOURS PRONONCÉ PAR LE GÉNÉRAL GROUCHY.

« Citoyens, trop longtemps retenus par d'indignes entraves, les efforts de la raison et de la philosophie ont enfin triomphé des préjugés royaux et religieux. Le XVIIIe siècle a vu s'évanouir à la fois la suprématie politique de l'évêque de Rome et le respect aveugle qui jusqu'à ce jour avait entouré les trônes. Quelques hommes courageux ont osé montrer à nu les bases sur lesquelles repose la royauté : ils ont dit aux nations qu'instituée par elles, elle devait assurer leur bonheur ou cesser d'être. Vainement, allumant les torches du fanatisme et armant de liberticides poignards toutes les castes ennemies de l'égalité, les rois ont cherché à accréditer de nouveau l'absurde axiome que leur puissance émanait de Dieu et de leur épée. L'éternelle Providence, qui a créé la vérité et la liberté pour les nations dont elle peupla la terre, a permis qu'alors que les rois cessaient de s'occuper de la félicité publique, le glaive devînt impuissant dans leurs débiles mains et la couronne se brisât sur leurs fronts pâlissants de crainte et de remords.

« Il t'appartenait, ô ma patrie ! de donner au monde l'utile exemple de la plus complète des régénérations politiques. Replacé par la Constitution de 1791 dans un cercle de pouvoirs que légitimait le vœu national, Louis XVI se hâta de conspirer contre un peuple généreux et magnanime qui venait de fixer sur sa tête la couronne constitutionnelle ; par lui des hordes étrangères furent appelées au sein de la France ; son asservissement fut juré : le sang du peuple inonda les portiques du palais de celui qui devait en être le père, le parjure et la perfidie lui servirent de degrés pour monter de nouveau au pouvoir despotique.

« Il est une éternelle justice : elle permit bientôt que le peuple indigné reconquît tous ses droits, elle voulut qu'un glaive vengeur s'appesantît sur la tête coupable du dernier roi des Français : à l'instant la République fut proclamée. Vainement l'Europe coalisée essaya de l'écraser de tout son poids : les palmes de la victoire préservèrent son berceau. Devenues républicaines, les armées françaises volèrent de triomphe en triomphe; un dévouement héroïque, des vertus jusqu'alors inconnues placèrent la grande nation au faîte de la prospérité et de la puissance : vous la voyez l'envie des peuples et l'effroi des tyrans.

« Habitants du Piémont, le Gouvernement français a dû conserver par une cérémonie auguste le souvenir des causes premières de ces grands événements; il a voulu surtout perpétuer la juste haine que des hommes devenus libres, après avoir été abusés trop longtemps, doivent porter à la royauté.

« La république a ordonné qu'un trône ne pesât plus sur le Piémont. Vous aussi partagez donc l'indignation profonde contre les rois, qu'un regard dans le passé ravive en cet instant au cœur de tous les républicains; allumez en vous les feux brûlants du patriotisme et jurez avec nous haine à la tyrannie, amour constant à la liberté et à l'égalité.

« Périssent les tyrans ! Vive la République ! »

Paris, 24 janvier 1799.

LE GÉNÉRAL MEUNIER, DIRECTEUR DU DÉPÔT DE LA GUERRE,
A GROUCHY.

« Le ministre est informé, citoyen général, qu'il existe des mémoires sur les opérations de la glorieuse armée d'Italie dont vous faites partie. Ses succès intéressent trop la République française pour n'être pas transmis à la postérité. L'événement relatif au roi de Sardaigne surtout est de nature à tenir une place dans l'histoire. Je sais que vous y avez joué l'un des principaux rôles ; c'est un motif de plus pour augmenter le désir que j'ai de répondre aux vues du ministre. Il a dû être dressé un procès-verbal de l'abdication de l'ancien souverain du Piémont ; je suis chargé de vous le demander. Veuillez bien me l'envoyer sous le couvert du ministre. Il sera mis sous les yeux du Directoire et ensuite renvoyé au dépôt de la guerre.

« Vos successeurs y verront toujours, comme nous, avec autant de plaisir que de reconnaissance, le tableau des efforts de la brave armée d'Italie pour la défense et la prospérité de la République française.

« En mon particulier, citoyen général, je vous serai obligé de la célérité que vous voudrez bien apporter à me procurer les moyens de le rendre public. — Salut d'estime et fraternel. »

Turin, *sans date*.

LEGRAND, MEMBRE DE LA COMMISSION DES ARTS, A GROUCHY.

« Citoyen général, lors du premier envoi des objets des sciences et des arts qui a été fait en Piémont, le passeport du citoyen Quenol, astronome chargé de la conduite et surveillance desdits objets pendant la route et de leur remise aux ministres de la République, portait l'autorisation nécessaire pour requérir une escorte ou la force armée auprès de tous les commandants civils et militaires.

« Je me propose d'accompagner moi-même le second envoi qui forme le complément des objets de même nature et qui doit partir incessamment. Comme j'ai reçu, de la part du général Sugny, plusieurs caisses contenant un canon et son affût suivant un nouveau modèle, et d'autres armes anciennes que je dois remettre au ministre de la guerre, vous trouverez sûrement convenable, citoyen général, de donner les ordres nécessaires pour faire également escorter partout où besoin serait le convoi de ces objets réunis à ceux des arts. Peut-être même serait-il bien qu'un officier de votre choix pût m'accompagner; vous en jugerez, citoyen général, et voudrez bien, si mon observation vous paraît juste, me faire connaître votre décision à cet égard. »

A la fin de janvier 1799, le général Joubert, un des plus intelligents officiers de l'armée française, homme d'une grande probité, d'un désintéressement sans pareil, et d'une vertu antique, mécontent de n'avoir pas raison, vis-à-vis du gouvernement, des dilapidations de plusieurs agents civils de la République, voyant méconnue la voix qu'il avait élevée avec force pour faire entendre la vérité, se décida à quitter le commandement de l'armée d'Italie, qu'il remit au général Delmas. Sans faire entendre une plainte, cherchant même à dissimuler les torts du Directoire, il représenta le mauvais état de sa santé et donna sa démission.

Il passa par Turin pour revenir en France, et, le 2 février, avant de quitter cette ville, il écrivit à Grouchy :

« Je suis sensible, général, aux sentiments de votre lettre amicale. Je quitte Turin à une heure où il est inutile d'aller vous importuner. Je suivrai dans ma retraite les intéressantes opérations de mes camarades et me rappellerai quelquefois avec plaisir que j'aurais pu y contribuer, si le mauvais état de ma santé n'y avait pas mis obstacle.

« Vous êtes chargé d'un commandement bien délicat, général, et j'ai vu avec plaisir que vous l'aviez bien saisi : arrêter les passions d'une nombreuse population opprimée qui s'élancerait volontiers outre les bornes de la liberté : détromper les campagnes fanatisées et royalistes et les mettre en harmonie avec les villes, surveiller et comprimer les intrigues des personnes qu'une éducation soignée dans les deux partis rend alors savantes à cacher leur haine pour mieux l'assurer ; ôter à ceux qui gouvernent ces idées dangereuses d'indépendance absolue qui perdraient leur pays et ne pas, cependant, les priver de cette énergie qui doit les amener un jour à un gouvernement constitué : voilà ce que vous avez commencé et qu'il vous faut achever.

« D'un autre côté, c'est dans le Piémont qu'est la force de l'armée. Elle dépend du complètement des bataillons de garnison, de l'activité dans les ateliers d'habillements, d'une surveillance éclairée sur les travaux de l'arsenal qu'il faut presser, du soin de mettre en état et d'approvisionner les places fortes, d'une bonne direction enfin donnée aux conscrits, comme du bon emploi de tout ce que le pays renferme de précieux pour l'armée. Je ne saurais trop vous recommander, général, tous ces détails militaires : je vous le répète, la force de l'armée y est toute ; il sera glorieux pour vous, après avoir rendu d'aussi précieux services, d'aller en recueillir le fruit et partager les succès de l'armée active.

« Je prévois cet avenir heureux où l'armée d'Italie sauvera encore la République, et, partout où je serai, j'aimerai à me faire répéter les choses étonnantes qui s'y feront et le nom de ceux qui les exécuteront. Salut et fraternité.

« P. S. L'idée de nouveaux bataillons est impolitique, parce que ce serait la réunion d'hommes qui seraient en opposition dangereuse avec les corps existants et parce que ce serait une dépense de plus lorsqu'on est dans la presque impossibilité de solder ce qui existe ; d'ailleurs il faut renvoyer bien des officiers vieux ou mal intentionnés, donner de la confiance à une jeunesse précieuse, de l'avancement à quelques sous-officiers et de la place aux patriotes ; voilà le système que je voulais suivre et que j'ai indiqué à mon successeur.

« J'ai donné l'ordre pour la déportation demandée ; Musnier vous l'expédiera. Colli demande toujours du service ; si on le lui refuse, il sera très-dangereux, car je ne crois pas qu'il puisse être sans une activité quelconque ; il faut donc ou l'employer ou le déporter. »

L'armée d'Italie passa donc provisoirement aux mains du général Delmas. Elle ne devait pas y rester bien longtemps. Grouchy correspondit avec le nouveau général en chef, mais il regrettait vivement Joubert ; c'était en effet un de ces républicains jeunes, vertueux et convaincus, un de ces hommes de guerre comme les Hoche, les Marceau, les Desaix, dont les lauriers et la vie trop courte pour leur patrie n'ont jamais été flétris par aucune tache.

Les insurrections qui commençaient à éclater sur divers points du territoire piémontais, qui étaient préparées par les agents de l'ancien roi et dont les instruments, on n'en pouvait douter, étaient les royalistes, les émigrés et les membres du clergé, déterminèrent alors le général Grouchy à exercer une surveillance active sur tous les étrangers et à expulser du Piémont ceux qui, ayant moins de trois mois de domicile dans le pays, n'obtiendraient pas du général en chef de l'armée d'Italie l'autorisation d'y résider. En vertu d'une mesure rigoureuse prise le 7 février, tout contrevenant à cette disposition devait être considéré comme espion.

Bientôt un changement radical allait avoir lieu dans le sort du Piémont. Le gouvernement provisoire, gagné à la cause française et agissant selon les vues secrètes du Directoire, demande la réunion du pays à la France.

Voici la lettre par laquelle Grouchy prévint de cet acte important son général en chef :

Turin, 7 février 1799.

GROUCHY A DELMAS.

« Je vous rends compte, général, que le gouvernement provisoire a voté, par la délibération et l'acte dont je joins ici un exemplaire, la réunion du Piémont à la République française; il s'est en conséquence décidé à engager les Piémontais à émettre leurs vœux sur cette réunion. Des commissaires ont été, à cet effet, délégués par lui dans les diverses provinces. Ces mesures et les opérations qui en sont la suite ont été adoptées extrêmement inopinément et sans que j'y aie aucune part.

« Jusqu'à présent les vœux connus des Piémontais sont en majorité pour la réunion; toutefois il est des partis qui demandent l'indépendance, d'autres la réunion à la Cisalpine et à la Ligurie.

« Il résulte de ces diverses directions de l'opinion publique une vive agitation dans le Piémont, et, ce qui est plus fâcheux, une exaspération extrême de la part de certaines gens contre nous.

« Depuis quelques décades, des menées diverses ont tendu à rendre les Français odieux aux Piémontais; un petit nombre d'entre eux sont égarés, mais il en est, et le sang des républicains a coulé de nouveau. Il est extrêmement probable que le cours des événements relatifs à la question de la réunion, question agitée beaucoup trop tôt sans doute, sera marqué par des mouvements assez sérieux; il y en a déjà eu dans Turin, et les moyens que j'ai de les comprimer sont insuffisants; d'une part, peu de forces réelles me restent; de l'autre, les pouvoirs qui me sont confiés ne sont point adaptés aux circonstances actuelles.

« Il n'y a dans ma division qu'une demi-brigade et deux régiments de troupes à cheval; il s'y trouve il est vrai quelques bataillons de garnison, mais, uniquement composés de conscrits, ils ne sauraient être d'une réelle utilité pour contenir le pays.

« Général, s'il est des inconvénients à soumettre, même momentanément, le Piémont à un régime militaire, il est cependant certaines dispositions que les événements commandent et que je ne suis point autorisé à prendre, mes instructions ne pouvant prévoir les circonstances délicates qui se présentent. Ces mesures sont l'éloignement ou l'arrestation de ceux qui troublent la tranquillité, prêchent l'anarchie, le massacre des Français, et qui organisent des désordres ; la clôture de celles des sociétés populaires qui agitent le peuple et égarent l'opinion publique ; l'adoption du projet d'ordre que je joins ici, auquel je vous invite de donner votre assentiment, et qui doit, je crois, être communiqué aux Directoires cisalpins et liguriens.

« Je vous demande en outre, général, un régiment de troupes à cheval et deux bataillons de guerre français ; je puis vous envoyer en échange une demi-brigade piémontaise que je viens d'organiser, mais qui ne saurait équivaloir dans ce pays à une demi-brigade française.

« Veuillez enfin m'autoriser à prendre pour le maintien de l'ordre et la sûreté des troupes françaises les mesures politiques que je viens d'indiquer, comme aussi celles que des événements extraordinaires me feront juger nécessaires.

« L'assentiment des commissaires civils Amelot et Aymard donnera sans doute, près de vous, une valeur de plus aux vues que renferme cette lettre. »

La grave détermination du gouvernement provisoire était due, non-seulement à la pression exercée sur ses membres par le Directoire, mais aussi par les dangers fort réels que le Piémont courait en ce moment par suite des projets incendiaires d'un parti radical qui s'était formé pour expulser les Français de l'Italie, en employant les moyens même les plus criminels et ceux que répudient et répudieront toujours les nations civilisées.

Grouchy, auquel une police bien faite rendait compte de toutes les menées des révolutionnaires italiens, écrivit aux commissaires du Directoire Aymard et Amelot, le 8 février, à propos de ces projets :

« D'après divers renseignements qui me parviennent, il paraît, citoyens, qu'il existe un plan de révolutionner l'Italie dans un sens différent de celui qui a été mis à exécution.

« Ce plan s'opérerait en éloignant presque tous les Français de l'Italie et en n'y laissant que ceux dont l'exagération révolutionnaire appelle en France même des changements analogues aux changements qu'ils veulent opérer au delà des Alpes.

« Les républiques actuellement existantes disparaîtraient; le pouvoir passerait aux mains de comités composés uniquement de gens de la faction ; plusieurs d'entre eux se joindraient aux mécontents de l'intérieur de la République. Il en est, dit-on, qui déjà se rendent en France ; tous les ennemis du Directoire feraient cause commune, et l'anéantissement du régime constitutionnel serait la suite de la conjuration d'Italie.

« Quels que soient les fondements de ce plan général, il est difficile de ne pas croire à son existence, lorsque nombre de dépositions l'attestent et que des tentatives ont été faites pour y attacher divers agents, qui, n'appartenant qu'au régime constitutionnel, ont repoussé, comme ils le devaient, de pareilles suggestions.

« En Piémont, son établissement partiel a été tenté; des dénonciations verbales et par écrit ont fait connaître le projet bien formé et les mesures prises pour éloigner et massacrer les Français, diriger l'esprit public, et gouverner à l'aide des comités de résistance à l'oppression; des conciliabules ont été tenus, et on compte avec étonnement au nombre de ceux qui travaillent le plus activement contre les intérêts de la France en Piémont des membres ou des individus attachés à ce même gouvernement provisoire établi par nous.

« Un des plus actifs agents de ce projet est Fantoni; Mulassano, Rovère, Ronfano, Scaravelli et d'autres Italiens et Piémontais sont ses coopérateurs. Liés entre eux par la foi des serments, s'étant juré de faire tomber sous le poignard quiconque les décélerait ou abandonnerait leur cause, ce n'est qu'avec peine et par lambeaux qu'on arrache quelques renseignements (1).

« Mais les menées pour égarer l'esprit public et exaspérer contre les Français, leur égorgement partiel qui recommence, des affiches provocatrices et incendiaires, les ramifications étendues des sociétés popu-

---

(1) C'est à cette époque et à ces projets que l'on doit rapporter l'organisation de la trop fameuse association dite du *Carbonarisme*.

laires, leur active correspondance, un coup d'œil attentif enfin sur l'horizon politique de l'Italie, imposent le devoir à un ami de la France et de la liberté d'appeler toute l'attention du Directoire sur des faits dont les suites peuvent être funestes.

« Une déposition reçue hier et jointe ici offre des lumières sur le mode d'organisation secrète du Piémont ; il était effectué dans les provinces de Saluces, de Pignerolas, de Barge, quand j'ai fait arrêter Fantoni.

« Si l'on doit en croire une foule d'avis, tous les délégués du gouvernement provisoire, maintenant dans les provinces, n'y seraient pas allés pour remplir uniquement la mission qu'on leur suppose ; ils travailleraient, dit-on, à y former des moyens de résistance contre nous. Les demandes répétées du recrutement des campagnes et de toutes les gardes nationales ; le refus jusqu'à ce jour de prendre des mesures propres à assurer la tranquillité et éloigner des intrigants connus par leurs trames contre nous ; divers propos tendant à nous enlever l'attachement des Piémontais, semblent prouver qu'il est plusieurs des membres du gouvernement qui, dévoués à leurs intérêts particuliers et nationaux, sont loin de servir loyalement ceux de la France.

« J'ai cru devoir, citoyens, vous inviter de donner une attention sérieuse aux notions que je vous transmets. »

A cette lettre était joint le plan d'organisation secrète du Piémont arrêté dans les conciliabules tenus chez Fantoni et autres Piémontais. Dans ces conciliabules s'étaient trouvés plusieurs membres ou agents du gouvernement provisoire.

Voici ce plan :

« Cinq patriotes des plus épurés forment un comité secret de résistance à l'oppression française dans chaque ville chef-lieu de province.

« Les cinq qui devaient être nommés pour Turin, sont Cerise, Piccot, Fantoni et deux autres.

« Ce comité choisit quatre autres vrais patriotes qui exécutent ses ordres, pour ainsi dire, sans s'en apercevoir, croyant avoir délibéré eux-mêmes au comité réuni des neuf, ce qu'effectivement les cinq ont déjà établi entre eux.

« Les quatre doivent nommer à part huit autres bons patriotes, ce qui forme un comité général de dix-sept individus qui disposent à leur gré de toute la province. Naturellement les huit ne savent pas qu'il existe le comité des cinq.

« Les douze ensemble sont chargés de nommer un chef de colonne dans toutes les communes, et même deux, trois, etc., selon la force de la population.

« Les chefs de colonnes ne doivent jamais connaître le vrai but des opérations. Ils auront toujours le plus grand nombre de gens possible à leur disposition et prêts au besoin à faire tout ce qu'on leur indiquera. Le prétexte des mouvements sera toujours celui du bien de la *patrie* et de la *liberté*.

« Les comités des cinq de chaque province auront entre eux une correspondance continuelle et tous ensemble à la fois avec le comité de Turin.

« Ce dernier aura toujours une influence immédiate par la voie de l'or, des femmes, etc., etc., sur les gouvernements quels qu'ils soient, et sur son avis, au premier cas d'urgence, toutes les provinces seront debout.

« Pour donner au plan une plus grande force, on y ajoute des moyens de finances et d'instruction ; les premiers par des dons patriotiques qu'on persuadera les riches patriotes de fournir pour la cause publique, les seconds par la voie des journaux, feuilles publiques, etc., etc.

« Celui des patriotes qui se refuserait au besoin d'égorger un ennemi *de la liberté*, serait aussitôt égorgé lui-même, et le même sort est réservé à celui qui dévoilerait le secret de l'organisation d'après ce qui a été dit dans les conciliabules.

« Ce plan est déjà organisé dans la Romanie, dans la Ligurie, et cela en grande partie par les soins de Fantoni.

« Deux tiers de l'armée française d'Italie, selon lui, sont dans la détermination la plus absolue de se joindre auxdites républiques pour chasser à jamais le reste des Français de l'Italie et pour aller écraser l'aristocratie actuellement dominante à Paris.

« Tel est l'abrégé du grand plan qu'on nomme patriotique.

« Cette déposition m'a été faite par un individu appelé aux conciliabules par les conspirateurs, qui voulaient le nommer membre des cinq ; je l'ai transcrite sous sa dictée. »

Le général Delmas, informé de ce qui se passait en

Piémont, autorisa Grouchy à prononcer, *en lui en rendant compte*, l'arrestation de tout individu qui provoquerait l'anarchie, les massacres, et troublerait la tranquillité de quelque manière que ce fût.

Le général Musnier, chef d'état-major provisoire, écrivant à ce sujet au commandant du Piémont, terminait ainsi sa lettre du 9 février 1799 :

« Enfin, il vous autorise à ordonner, lorsque vous le jugerez nécessaire, la clôture des sociétés populaires, et à prendre, dans des circonstances extraordinaires et imprévues qui pourraient naître, les mesures politiques et militaires que vous dicteraient le maintien de l'ordre et la sûreté des troupes françaises. Le général en chef s'en rapporte pleinement à cet égard à la sagesse et à la sagacité que vous avez développées dans l'exercice du commandement délicat qui vous est confié. »

Grouchy ne tarda pas à être obligé d'user des moyens de répression mis à sa disposition par le général en chef et par les commissaires civils, ainsi qu'on le verra par la lettre ci-dessous à Delmas, en date du 11 février 1799.

« La fermentation s'étant accrue dans Turin, citoyen général, des cocardes différentes des cocardes nationales et un drapeau autre que le drapeau tricolore y ayant paru, des placards incendiaires appelant aux armes contre les Français couvrant les murs, enfin des premiers rassemblements se formant, j'ai dû prendre des mesures rigoureuses pour ramener la tranquillité, replacer la question de la réunion à la France dans les termes dont elle ne devait pas sortir, ceux de la liberté la plus complète, et assurer aux Français et aux couleurs nationales le respect qui doit les entourer.

« J'ai en conséquence fermé pour quelque temps la Société populaire, fait marcher contre les rassemblements et ordonné l'arrestation de tous les provocateurs au massacre et à l'anarchie. Ces moyens, que le petit nombre de Français qu'on savait ici faisait croire aux factieux que je n'étais pas à même de prendre, ont produit les plus heureux effets.

« Les nommés Fantoni, Bongioni, Richetta, Stura, Ferari, Cerelli, leurs chefs, ont été conduits à la citadelle, les rassemblements dissous sans effusion de sang, et la tranquillité a reparue. Je réponds qu'elle sera constamment maintenue au moyen des deux bataillons de la 5e demi-brigade légère que vous m'envoyez ; la 4e demi-brigade piémontaise, qui les remplacera à l'armée active, partira d'ici le 27 pour se rendre à Milan.

« Le Piémont manifeste son vœu pour la réunion à la France d'une manière qui jusqu'à cet instant est unanime ; je pense que Turin sera la seule commune où des dissidents se montrent momentanément avec quelque avantage. Toutefois leur nombre et leurs moyens ont été trop faibles pour que le vœu pour la réunion n'ait pas été prononcé à une très-grande majorité.

« Vous pouvez, général, compter sur mon zèle et mes efforts pour maintenir le calme et la soumission du Piémont, avec le plus petit nombre de Français possible. »

Le commissaire du Directoire, Aymard, un peu effrayé de ce qui se passait à Turin, se hâta de mettre la ville sous la dépendance de l'autorité militaire, en vertu d'un arrêté dont les considérants, tout en ayant l'air de flatter le gouvernement provisoire dont on se méfiait avec raison, lui enlevaient toute autorité pour la donner à Grouchy.

L'état des choses et des esprits en Piémont faisait désirer vivement aux commissaires civils et au général Grouchy la réunion de cette belle province à la France ; aussi pressait-il vivement le gouvernement provisoire d'en hâter la conclusion.

Aymard pria le général d'expédier, en poste, à Paris, un de ses officiers pour faire connaître au Directoire cet heureux événement. L'adjudant général Clausel, celui qui avait si habilement manœuvré dans l'affaire de l'abdication, dont le nom par la suite brilla d'un si grand éclat et qui termina sa carrière revêtu de la plus haute dignité militaire, fut chargé de cette mission auprès du Directoire.

Il était porteur de la lettre suivante, écrite au général de Grouchy en date du 16 février 1799 par les membres du gouvernement provisoire :

« Citoyen général, c'est avec la plus grande satisfaction que le gouvernement provisoire, dont chaque membre a déjà émis individuellement son vœu pour la réunion du Piémont à la France, se hâte de vous instruire officiellement, citoyen général, que ce même vœu vient d'être adopté par la volonté générale de la nation piémontaise. Les commissaires envoyés dans les provinces pour recueillir les suffrages ont déjà rendu compte au gouvernement qu'une immense majorité s'est prononcée pour la réunion, non-seulement par un vœu émis avec la plus grande liberté, mais encore avec des transports de joie.

« En attendant que le gouvernement provisoire envoie une députation en forme au Directoire exécutif, vous ajouterez infiniment, général, aux bienfaits dont la nation piémontaise vous est redevable, si vous voulez bien l'informer, par les voies les plus promptes et les plus sûres, de cet intéressant événement et le mettre en garde contre les faux récits que des intérêts individuels, l'intrigue et la malveillance pourraient répandre. »

Le général profita de cette circonstance pour recommander au Directoire un de ses aides de camp, qui lui avait rendu d'excellents services; il écrivit le 17 :

« Citoyens Directeurs, depuis 1793, le citoyen Dupuy, capitaine au 2ᵉ régiment de dragons, est employé près de moi comme aide de camp. Il a constamment partagé mes travaux, m'a secondé avec zèle et dévouement et s'est rendu également recommandable par son civisme et ses services.

« Il est l'un des plus anciens aides de camp de la République. J'ose vous demander de le nommer chef d'escadron; susceptible depuis longtemps, aux termes de la loi du 14 germinal, d'être promu à ce grade, il l'aurait déjà s'il fût resté à son corps.

« Si j'ai été assez heureux, citoyens Directeurs,

pour mériter votre assentiment et votre estime dans la carrière que j'ai parcourue, permettez que je sollicite l'avancement d'un bon officier et d'un ami comme la plus douce des récompenses que je puisse obtenir. »

Grouchy rendit compte ensuite au général en chef, par la lettre suivante datée de Turin 19 février, de l'envoi à Paris de l'adjudant général Clausel :

« Je vous ai déjà rendu compte, général, que la question de la réunion du Piémont à la France occupait le pays et y était agitée depuis quelque temps. Le vœu pour cette réunion a été prononcé à une immense majorité, malgré les manœuvres des intrigants et des agents de l'Autriche, qui se sont efforcés d'aliéner les esprits, en profitant de cette occasion pour peindre les Français sous les couleurs les plus odieuses et semer les bruits les plus absurdes.

« Le gouvernement provisoire m'a annoncé la détermination de la nation piémontaise par les deux lettres dont je joins ici les copies. Sur son invitation et sur la réquisition du commissaire du Directoire, Aymard, j'ai sur-le-champ envoyé un officier à Paris pour faire part de cet événement au Directoire exécutif.

« La tranquillité a commencé à renaître en Piémont, au moyen des mesures sévères que j'ai prises contre les chefs de parti et les agitateurs. L'arrestation de plusieurs d'entre eux a effrayé les autres; on relâche les moins ardents à mesure que l'ordre reparaît.

« Je fais chercher partout un officier autrichien

qui, dit-on, est venu ici, ainsi que deux ou trois étrangers qui ne le sont pas aux troubles qui ont eu lieu. »

On se rappelle qu'une insurrection assez grave avait éclaté dans la division commandée par le général Flavigny, et que ce dernier avait pris de bonnes mesures pour la réprimer. Grouchy lui manda, le 20 février :

« Vous avez parfaitement bien fait, mon cher Flavigny, de frapper un exemple, il était nécessaire; et si le cœur est serré à la pensée de cette juste sévérité, il faut reporter ses regards sur cette foule de malheureux Français odieusement égorgés et que le fer assassin atteindrait encore si on n'effrayait pas les lâches capables d'attenter traîtreusement à la vie de leurs semblables.

« Quant aux stylets que vous m'avez envoyés ici, un examen juridique les a rangés dans la classe des couteaux, et, dans le fait, leurs pointes, émoussées lors de leur fabrication, donne droit de les placer au nombre des armes permises. Toutefois, comme ces armes semblent beaucoup se rapprocher de celles qui doivent cesser d'être aux mains des Piémontais, vous ferez subir quinze jours de détention aux armuriers, à l'exception de celui qui est d'un âge avancé et que de suite vous ferez mettre en liberté, en lui donnant, comme aux autres, l'injonction de ne plus fabriquer à l'avenir des couteaux de cette espèce.

«Comme vous, je connais les éléments nombreux qui conspirent contre le maintien de la tranquillité dans ce pays; mais je sais aussi qu'avec de la fermeté, du zèle et une infatigable activité, on peut contenir les intrigants, les factieux, et assurer l'ordre public. Il faut savoir doubler ses forces, en leur donnant une sage direction; il faut savoir faire illusion sur leur nombre; il faut faire chérir les Français en empêchant toutes vexations, tous pillages, tous actes arbitraires.

« Telles doivent être les bases de notre conduite; j'approuve infiniment les colonnes mobiles; multipliez-les autant que vous pourrez; ce n'est pas leur force, mais leur quantité qui effrayera les brigands; d'ailleurs il faut que quatre Français mettent toujours en fuite vingt Italiens.

« Le chef des brigands, Augros, sera jugé par un conseil de guerre.

« Je partage votre sensibilité quant à l'éloignement de votre épouse; mais notre métier se compose de sacrifices qu'on peut sentir vivement, mais qu'on ne saurait regretter.

« Croyez, mon cher Flavigny, à mon entière satisfaction de votre conduite politico-militaire.

« Si les individus arrêtés à Alexandrie étaient nantis de stylets, que l'ordre soit exécuté. »

Cependant la première insurrection était à peine réprimée qu'une seconde, beaucoup plus sérieuse, éclata dans la province d'Acqui. Elle nécessita des mesures énergiques et la présence de Grouchy, qui s'y rendit de sa personne et se mit à la tête des troupes, après avoir prévenu le général en chef par les trois lettres suivantes, deux du 27 et la troisième du 28 février 1799 :

« Je vous instruis, général, qu'une insurrection vient d'éclater dans la province d'Acqui ; elle a éclaté à Strévi. L'arbre de la liberté a été abattu ; des proclamations royalistes et appelant le massacre des Français ont été répandues ; le commandant d'Acqui, le brave capitaine Bloyet, s'est porté dans cette commune avec tout ce qu'il avait de disponible du bataillon de garnison de la 29e légère, consistant en trente-six chasseurs et les officiers. Le commandant a été tué sur la place, un officier et sept chasseurs grièvement blessés, et le défaut de force a empêché que l'ordre ne fût rétabli.

« J'ai pris sur-le-champ tous les moyens propres à ramener la tranquillité, punir d'une manière éclatante cette commune rebelle et venger le sang français. Comptez sur des mesures également énergiques et sages.

« Toutefois, général, je l'ai déjà dit et je le répète, l'état du Piémont, les manœuvres constantes des royalistes et des ennemis de la liberté, l'esprit haineux et fanatique des Piémontais, rendent difficile qu'avec aussi peu de Français la tranquillité soit maintenue. Je n'ai dans ma division que deux bataillons de guerre de la 68e. Le reste n'est que bataillons de garnison, qui, ainsi que vous le voyez, ne fournissent pas plus de trente à quarante hommes disponibles.

« Si des mouvements insurrectionnels se manifestaient dans plusieurs points à la fois, je serais gêné. Je n'ai d'ailleurs presque personne à Oneille ni sur les côtes, qui d'un moment à l'autre peuvent être insultées. »

« Général, l'insurrection royaliste et antifrançaise de la province d'Acqui prenant des accroissements, je me hâte de vous en faire part par un courrier extraordinaire. Les insurgés se sont emparés d'Acqui ; ils ont fait prisonnière la garnison, composée de bataillons de paix de la 29ᵉ demi-brigade et ont arrêté tous les patriotes.

« Ainsi que je vous l'ai déjà marqué, j'ai pris toutes les mesures répressives et dirigé contre eux une colonne composée de deux bataillons de la 68ᵉ demi-brigade et deux escadrons du 12ᵉ dragons. Il ne reste à Turin qu'un bataillon de guerre de la 68ᵉ et deux escadrons de dragons ; on ne peut faire aucun fond sur les bataillons de garnison, seules troupes qui existent dans les provinces. Vous voyez, général, leur absolue nullité.

« Cette insurrection n'est pas la seule qui soit au moment d'éclater ; une fermentation sourde existe dans plusieurs points et notamment dans la partie d'Aost ; il faudrait être peu clairvoyant pour ne pas s'apercevoir que le moment des hostilités autrichiennes sera celui d'un soulèvement, sinon général, du moins dans diverses provinces ; les manœuvres de l'aristocratie, du royalisme, des prêtres et du parti antifrançais ne permettent pas de doutes à cet égard.

« Il est possible alors, général, que le Piémont soit aussi funeste aux communications de l'armée avec la France que la Romanie l'a été à celles de Naples.

« Je vous renouvelle donc avec instance la demande

d'une demi-brigade et surtout de quelques officiers généraux capables. Je ne suis pas secondé, je dois vous le dire. Des moyens suffisants dans ces premiers instants préviendront des maux réels et rendront disponibles pour l'armée des forces qu'occupera ce pays si on ne les châtie maintenant.

« Le commissaire civil Aymard se joint à moi pour vous assurer de la vérité de cette assertion.

« Je suis informé que les manœuvres de quelques Liguriens entrent pour beaucoup dans les événements d'Acqui; ils sont accusés d'avoir armé les insurgés et même de marcher avec eux. Je vous invite, général, à écrire à ce sujet au directoire de cet État. »

« J'ai l'honneur de vous prévenir, général, que je me rends dans la province d'Acqui, où l'insurrection prend des accroissements d'autant plus réels que les moyens répressifs sont nuls; les conscrits ou se rendent ou désertent.

« Je vais tout faire pour empêcher que le soulèvement ne devienne général, j'ai réuni le restant des troupes sur lesquelles je peux compter; elles consistent en deux bataillons de guerre et un régiment de dragons; je me mets à leur tête et vais frapper un coup prompt et décisif afin d'être ensuite ailleurs s'il est besoin.

« J'ai pris les moyens convenables pour la sûreté et la tranquillité de Turin, dont je laisse le commandement au général de brigade d'artillerie Sugny.

« Rien ne sera négligé pour étouffer le mal avant qu'il s'accroisse davantage; mais je dois vous assurer encore que ce n'est pas avec deux bataillons de guerre et deux régiments de troupes françaises à cheval, dont un, le 5ᵉ de cavalerie, est presque nul, qu'il faut croire tenir en bride le Piémont.

« Veuillez, si vous le pouvez, m'envoyer une demi-brigade et diriger le plus promptement possible deux bataillons sur Alexandrie et un sur Turin.

« J'aurai aussi besoin de plus de cavalerie et d'officiers capables de conduire des colonnes, ainsi que je vous l'ai déjà marqué.

« Si vous êtes à même de me donner un des corps qui sont ou étaient à Lodi, je vous le rendrai aussitôt que j'aurai fini de ce côté. »

Au moment de se rendre à Acqui, le général écrivit aux religieux franciscains du sanctuaire de Belmont la lettre sévère ci-dessous :

« Je suis informé, citoyens religieux, qu'abusant de l'influence que votre ministère vous donne sur l'esprit des campagnes, vous les excitez à la désobéissance aux lois en cherchant à leur inspirer de la haine pour les Français et pour les principes républicains. Comme vous paraissez oublier que le gouvernement démocratique est conforme en tout aux préceptes de l'Évangile, dont vous faites des applications aussi fausses que criminelles, puisqu'elles tendent à égarer le peuple et à troubler la tranquillité publique, je vous préviens que j'aurai les yeux continuellement fixés sur votre conduite, et que je prendrai les mesures les plus rigoureuses, si vous ne vous empressez pas d'effacer la mauvaise impression que vos discours et vos conseils ont laissée dans l'esprit des citoyens des communes qui vous environnent.

« Je vous invite donc, citoyens, à réfléchir sur l'inconséquence de vos procédés, et je vous conseille, pour votre propre intérêt, de remplir désormais plus dignement vos fonctions. Souvenez-vous que vos sermons et vos discours au tribunal de la confession doivent avoir continuellement pour objet de recommander la tranquillité ainsi que le respect aux lois et aux autorités constituées, en inspirant l'amour de la patrie, la fraternité, la douceur, l'oubli des torts, en un mot toutes les vertus qui caractérisent le bon républicain. »

Les mesures énergiques que le gouvernement provisoire vit prendre par le général effrayèrent plusieurs de ses membres, qui travaillaient en dessous contre la France, et, au nom de tous, le président envoya à Grouchy l'adresse suivante :

« Le gouvernement provisoire, dès les premiers moments de son installation, n'a cessé de faire passer dans l'âme de ses concitoyens les sentiments de reconnaissance et d'attachement qui l'animent pour la nation française et ses agents, tant civils que militaires ; ce dont vous avez une preuve non équivoque dans l'empressement avec lequel il a émis et fait recueillir le vœu pour la réunion du Piémont à la grande République ; aussi est-ce avec une profonde indignation qu'il a appris que le sang d'un commandant français s'est répandu dans une des communes de son territoire, et, se regardant déjà comme ne faisant qu'une seule et même nation avec la France, il envisage le meurtre du citoyen commandant d'Acqui comme un attentat commun au Piémont et à la France, dont les intérêts sont et doivent être désormais confondus. Nous redoublons donc, citoyen général, et notre vigilance et notre activité pour donner la plus grande efficacité à tous les moyens qui sont en notre pouvoir, afin d'atteindre le but auquel nous tendons en commun, persuadés que vous nous seconderez par tous ceux que vous avez en main; de notre côté, sans nommer un commissaire de notre corps, qui devient inutile dans une expédition militaire, nous chargeons une personne de confiance qui se trouve sur les lieux de tâcher, d'accord avec notre commissaire naturel dans cette province, de se procurer et de nous faire parvenir tout ce qui peut avoir quelques rapports, soit de près, soit de loin, à cette malheureuse et criminelle affaire qui peut être le résultat d'une impulsion momentanée. Du vôtre, citoyen général, nous ne doutons pas que, par la sévérité avec laquelle vous ferez punir les vrais coupables, vous n'apportiez un remède à un mal dont les racines, par les avis que nous recevons, peuvent s'étendre au loin, même dans une terre voisine et étrangère. Cette considération nous convainc que, tout en usant d'une juste sévérité, le plus grand bien de la chose publique exige que la vigueur que les circonstances nécessitent ne s'étende pas de manière à porter avec elle la consternation du désespoir; c'est au reste ce que le gouvernement soumet à votre sagesse et à votre patriotisme. »

Grouchy était parvenu en quelques jours, au moyen

d'une répression des plus énergiques, à faire rentrer dans le devoir les révoltés de la province d'Acqui. Il écrivit au général en chef Delmas, le 3 mars 1799:

« Je me hâte de vous rendre compte, général, des mesures que j'ai prises jusqu'à ce moment pour arrêter l'insurrection et des résultats qui en ont été la suite.

« Aussitôt que j'ai eu des données certaines relativement à ce mouvement, voyant qu'il s'étendait à presque toute la division de l'est, qui comprend tout le pays situé entre le Pô et les frontières de la Ligurie, je me suis occupé des moyens de l'empêcher de s'étendre davantage; j'ai donné ordre à l'adjudant général Séras, commandant la division du midi, de ramener tout ce qu'il pourrait et d'occuper ou renforcer Céva, Mondovi, Béné, Chérasque; je lui ai en outre prescrit de se rendre avec le surplus de ce qu'il avait de forces à Albe, afin d'agir de là contre les insurgés des deux vallées de la Bornida. Il a été ordonné à l'adjudant général Mollard, commandant la division du nord, d'occuper, soit avec des gardes nationales sûres, soit avec ses meilleurs conscrits, Crescentino, Tria, Casale et autres points sur les bords du Pô, afin que l'insurrection ne gagnât point de l'autre côté de ce fleuve.

« Espérant que vous m'enverriez quelques secours du côté d'Alexandrie, j'ai compté sur eux pour la partie de Tortone, où je n'avais personne à envoyer.

« Ces dispositions faites, je suis parti de Turin avec deux bataillons de la 68ᵉ et 400 chevaux.

« Arrivé à Asti, la moitié de ces forces, conduite par l'adjudant général Flavigny, a été dirigée sur Alexandrie, que menaçaient les insurgés; l'autre a été destinée à marcher sur Acqui, où le bataillon de la 29ᵉ légère avait été pris et où les insurgés étaient aussi en grand nombre, menaçant et pillant les communes qui n'avaient point voulu prendre part à l'insurrection.

« Le 1ᵉʳ, les insurgés s'étant présentés devant Alexandrie, quelques volées de coups de canon les ont éloignés; une sortie, dans laquelle le 2ᵉ régiment de dragons piémontais et la garde nationale d'Alexandrie se sont parfaitement montrés, a chassé ce rassemblement; plusieurs rebelles ont été tués ou faits prisonniers, entre autres le médecin Porta, chef de cette bande; il a été fusillé à Alexandrie, ainsi que vingt-cinq autres rebelles pris les armes à la main. Par un mouvement combiné, la colonne de l'adjudant général Flavigny a dû se porter vers Acqui, où je marchais d'Asti, Flavigny passant par Cantalupo, où étaient les brigands en force, et moi par Nizze-la-Paille, où une colonne de révoltés était aussi et où j'espérais la joindre; ils avaient évacué l'un et l'autre de ces points, de sorte qu'on n'a atteint que des partis qui ont été détruits, tous ceux pris les armes à la main ayant été tués sur la place. Strévi, où un détachement et le capitaine Blayat avaient été lâchement assassinés, a été livré aux flammes.

« Les colonnes sont arrivées simultanément à Acqui; cette commune a ouvert ses portes et le bataillon de la 29ᵉ a été mis en liberté; j'en ai fait arrêter le chef, car quoique cet ancien militaire ait eu jusqu'à ce jour une réputation sans tache et des actions honorables, sa conduite à Acqui, où il s'est rendu sans brûler une amorce, est bien étonnante.

« J'ai fait arrêter à Acqui tous les membres d'une nouvelle municipalité et les commandants nommés par les rebelles; ils subiront leur sort. La colonne mobile d'Albe opère en ce moment dans la vallée de la Bornida; les révoltés ne tiennent nulle part, ce qui est fâcheux.

« Le 3e régiment de cavalerie en a cependant rencontré un assez grand nombre entre Tortone et Alexandrie; il les a attaqués avec audace et intelligence, les a dispersés, en a tué une trentaine, et pris dix ou douze.

« Demain, je marche vers le Tortonais, où je présume que les insurgés peuvent encore être rassemblés, ainsi que du côté de Valence. Je les poursuivrai sans relâche. »

Les exemples de sévérité prescrits par le commandant du Piémont, les mesures politiques adoptées par lui, l'organisation des colonnes mobiles circulant sans cesse dans tout le pays insurgé, ne tardèrent pas à mettre un terme à cette insurrection organisée par le parti contraire à l'annexion à la France, par les royalistes.

Cette insurrection était d'autant plus grave à ce moment, et il était d'autant plus urgent de la réprimer promptement, qu'elle servait admirablement bien les projets de la coalition et qu'elle pouvait retenir dans le Piémont une partie de l'armée française que l'on allait avoir à opposer sous peu aux troupes autrichiennes prêtes à entrer en ligne et soutenues par les troupes russes en mouvement pour se rapprocher de nous.

A la lettre du 3 mars de Grouchy à Delmas était jointe la proclamation ci-dessous, affichée en français et en italien dans tout le Piémont :

« Un exemple terrible, mais nécessaire, vient de vous apprendre que le sang français, traîtreusement répandu à *Strevi*, ne coulait point impunément; cette commune rebelle avait osé se mettre à la tête d'une insurrection contre les républicains. Les fauteurs de l'aristocratie et du royalisme empruntant des masques divers, pour mieux cacher leur but, étaient parvenus à vous égarer. Ces coupables instigateurs ont pour la plupart reçu la mort, juste prix de leurs forfaits; *Strevi*, livré aux flammes vengeresses, vous montre le sort qui attend toute commune qui attenterait à la vie d'un républicain.

« Mais que tout rentre dans l'ordre : que ceux qui ont pris part à l'insurrection déposent leurs armes, que l'arbre de la liberté se relève de toute part, et le jour de la vengeance, jour toujours pénible au Français, cessera de luire. Que celui de la vérité vous éclaire enfin sur vos vrais intérêts; que les Piémontais soient sourds à des perfides suggestions, à des bruits mensongers.

« On vous parle de réquisition ; aucune réquisition a-t-elle pesé sur vos contrées ? On vous fait craindre pour vôtre culte; ne le respectons-nous pas ? La grande Nation est venue briser vos fers... croyez-vous qu'elle veuille vous en donner de nouveaux ? Non, nous vous jurons de vous traiter en amis et en frères, aussi longtemps que vous serez fidèles à la cause de la Liberté.

« Acqui, 13 ventôse an VII. »

L'insurrection de la province d'Acqui avait pris des proportions telles que les commissaires du Directoire Amelot et Aymard et le gouvernement provisoire lui-même à Turin avaient été un instant dans une inquiétude réelle. L'annonce des succès obtenus par Grouchy leur causa une vive satisfaction, qu'ils s'empressèrent de témoigner au général par les lettres suivantes :

Turin, 4 mars 1799.

AMELOT A GROUCHY.

« Mon collègue, mon cher général, m'a communiqué la lettre par laquelle vous lui faites part de vos succès contre les insurgés et des exemples sévères que vous avez faits pour leur en imposer. Le nombre des ennemis de la République est grand, mais le courage et la prudence de ses défenseurs leur seront toujours supérieurs, surtout lorsqu'ils sont conduits par vous.

« Le Directoire a dû s'occuper le premier de ce mois du Piémont ; ainsi nous saurons avant peu à quoi nous en tenir. Soyons toujours fermes, défendons les droits de notre patrie et nous serons approuvés. »

Turin, 4 mars 1799.

AYMARD A GROUCHY.

« Je commençais à être sérieusement en peine sur votre compte, mon cher général, lorsque j'ai reçu votre lettre du 12 à dix heures du soir. Cette lettre a comblé nos espérances. Grâce à la sagesse des mesures que vous avez prises, à votre coup d'œil prompt et à votre activité ordinaires, les trames des ennemis de la liberté seront encore une fois déjouées. Le peuple, que les agents des coalisés parvient à égarer, ouvrira les yeux sur ses propres intérêts. Vous avez exercé une sévérité commandée par les circonstances; ces exemples préviendront de plus grands malheurs. Votre conduite dans toute cette affaire obtient ici une approbation générale; la ville de Turin est restée tranquille parce qu'elle comptait sur vous. Quelques hommes ont été arrêtés portant des cocardes bleues, un homme a été trouvé porteur de petits portraits en gravure représentant le Pelletier et Marat. La garde nationale a fort bien fait son devoir, le général Sugny a parfaitement rempli vos intentions et exécuté vos ordres. Le gouvernement provisoire, la municipalité ont entendu la lecture de votre dépêche avec le plus grand intérêt; on l'imprime dans ce moment par extrait et, elle sera répandue avec profusion et affichée partout.

« Achevez de ramener l'ordre, mon cher général, et puis revenez jouir de quelque repos; j'ai des choses intéressantes et neuves à vous apprendre. »

Turin, 4 décembre 1799.

LE GOUVERNEMENT PROVISOIRE A GROUCHY.

« Citoyen général, le gouvernement provisoire a appris avec la plus vive satisfaction, les heureuses nouvelles de votre expédition contre les insurgés de la province d'Acqui. Tel devait être le résultat de vos sages dispositions et du courage des braves que vous commandez. C'est un nouveau titre que vous avez acquis à la reconnaissance du peuple piémontais.

« Le gouvernement n'a cessé de veiller à la tranquillité publique de toutes les provinces, et particulièrement de la commune de Turin. Quelques troubles ont paru se manifester dans les montagnes du Canavais il y a cinq ou six jours, mais ils n'ont eu aucune suite. Cependant il y a envoyé un commissaire pour éclairer le peuple sur les faux bruits que des malveillants y avaient répandus. Turin est parfaitement tranquille. Des hommes pourtant armés de gros bâtons, au nombre de vingt-huit, sont entrés avant-hier au soir à huit heures par les portes du palais et du Pô; quelques-uns de ceux qui entraient par la porte du palais ont crié *Vive le roi!* Le même cri a été fait entendre hier par deux forcenés dans les rues, ils ont été arrêtés sur-le-champ et conduits en prison. Deux ont été arrêtés avec des cocardes bleues. Quelques efforts qu'ils fassent, les ennemis de l'ordre échoueront toujours contre la vigilance sévère des autorités constituées et la bonne volonté des citoyens amis de la liberté. Au reste, par tous les renseignements qui lui sont parvenus sur les causes des agitations qui ont eu lieu, le gouvernement est persuadé qu'il n'y a en Piémont d'autre parti que celui de l'aristocratie et du fanatisme contre la liberté.»

A peine l'insurrection d'Acqui était-elle apaisée, qu'une autre moins sérieuse éclata le 6 mars, sur la rive gauche de la Madeleine, à quelque distance de Fossano.

Informé que des rassemblements nombreux se montraient sur ce point, Grouchy donna l'ordre à l'adjudant général Séras de marcher aux insurgés avec les troupes de la division du sud, dont une partie se trouvait à Albe. Il dirigea en outre de Turin, sous le commandement d'un capitaine de son état-major général, un détachement de carabiniers piémontais.

L'adjudant général Séras forma plusieurs colonnes qui sillonnèrent le pays, pénétrèrent dans toutes les communes insurgées, livrèrent quelques combats et rétablirent l'ordre. Une quarantaine de révoltés furent tués, quarante autres furent faits prisonniers, et une maison d'où l'on avait tiré sur les carabiniers, dont deux avaient été blessés mortellement, fut brûlée. L'ordre était donné d'agir de même à l'égard de toutes les maisons d'où partiraient des coups de feu.

Grouchy fit ensuite procéder immédiatement au désarmement général des campagnes. Les cloches, qui avaient donné le signal de la révolte en sonnant, furent brisées, et les douze communes insurgées durent verser une forte contribution de guerre dans la caisse de l'armée.

Cependant divers changements étaient prêts à s'opérer dans l'armée d'Italie. Schérer, envoyé de Paris pour prendre le commandement en chef, passé provisoirement aux mains de Delmas depuis le départ de Joubert, était arrivé à Milan, son quartier général. Grouchy, voyant que l'on ne tarderait pas à en venir aux mains contre les troupes autrichiennes, demandait à quitter le commandement du Piémont. Le 18 mars, écrivant à Schérer pour le prier de placer comme chef d'état-major à Turin l'adjudant général Beker, son ami, il ajoute :

« Il (Beker) sera rendu à l'armée active dès que vous accéderez à mon vœu de sortir du Piémont. »

Le bruit du prochain départ de Grouchy ne tarda pas à transpirer. Les notables de Turin adressèrent spontanément, le 14 mars, au Directoire exécutif, la demande ci-dessous :

AU DIRECTOIRE EXÉCUTIF.

« La nouvelle répandue depuis quelques jours dans cette commune, avec une espèce de certitude, que le général Grouchy, commandant en Piémont, soit destiné ailleurs, a porté l'affliction et l'alarme dans le cœur de tous les honnêtes et vrais républicains. Comme le moment de son départ pourrait bien être celui du triomphe des désorganisateurs et des anarchistes de toutes les classes, que ce brave et vertueux général a su comprimer jusqu'ici par sa sagesse et sa fermeté éclairée, les citoyens négociants soussignés, amis zélés de la liberté, du bon ordre public et des Français, dont ils ont le doux espoir d'être bientôt proclamés les chéris frères, ont déterminé d'adresser leurs vœux au Directoire français, pour qu'il veuille bien donner un coup d'œil favorable au Piémont, en lui laissant pour commandant le général Grouchy, à cette fin d'en affermir de plus en plus la liberté du Piémont et en assurer le bonheur et la tranquillité. (Suivent les signatures.)

« Les citoyens ci-avant soussignés formant la pluralité des principaux banquiers et négociants de Turin, espèrent que le Directoire français, qui veut fortement partout le bonheur public, voudra bien avoir un égard prononcé à la pétition qu'ils ont l'honneur de lui adresser. »

Grouchy ne quitta pas encore le Piémont, où il continua à exercer son commandement à la satisfaction générale. Il proposa et fit adopter un projet d'organisation de la province en quatre départements, dont Turin, Verceil, Alexandrie et Mondovi devaient être les chefs-lieux. Chacun de ces départements avait une population d'environ cinq cent mille âmes. On leur donna le nom des fleuves ou grandes rivières qui les traversent : départements du Pô, de la Sésia, du Tanaro, de la Stura.

Le général forma deux demi-brigades d'infanterie légère piémontaise, et ne cessa de s'occuper sans relâche de l'organisation du pays et du maintien de la tranquillité. Il voulait que, lors de la prochaine annexion, et lorsqu'il quitterait le pays pour rejoindre l'armée, le Piémont fût calme et remis à la France dans les meilleures conditions possibles, de façon à former quatre beaux départements nouveaux pour la République.

Les deux lettres ci-dessous du général en chef Schérer font connaître les décisions prises relativement aux propositions de Grouchy.

Milan, 15 mars 1799.

SCHÉRER A GROUCHY.

« J'ai adressé au Directoire, par un courrier extraordinaire, le projet que vous m'avez envoyé, sur la division du Piémont en départements, et je lui demande, mon cher général, une décision par le retour du courrier; si le Directoire diffère à statuer, je prendrai sur moi d'ordonner la division départementale, et d'opérer l'épuration et la réduction des membres du gouvernement provisoire.

« Je présume qu'au moment où je vous écris, les troubles qui ont éclaté dans la province de Mondovi sont pacifiés, et que vous avez fait faire une justice éclatante des scélérats qui ont assassiné le chef de la garde nationale de Robilante.

« J'ai écrit au général Lapoype et au citoyen Belleville relativement à la part que quelques Génois paraissent avoir prise aux mouvements du Piémont; je vous engage à prendre de votre côté tous les renseignements qu'il sera possible de se procurer pour suivre la trace de ces complices de la sédition du Piémont.

« En prévenant le Directoire des mesures prises pour assurer l'exécution de son arrêté qui expulse de l'armée piémontaise et ordonne de déporter en Sardaigne les individus inscrits sur la liste des émigrés du département du Mont-Blanc et des Alpes-Maritimes, j'ai appelé son intérêt sur le sort du citoyen Saint-Pierre, qui a rendu des services dans la révolution de son pays; j'attends sa décision pour lui et pour ceux que des services distingués mettraient dans le même cas.

« J'ai reçu le projet que vous m'avez adressé de l'organisation d'une seconde demi-brigade piémontaise d'infanterie légère; il serait peut-être à désirer que vous puissiez vous réserver le choix de la moitié des officiers particuliers, et si cela ne nuit pas à sa prompte organisation et n'offre aucun sujet de plainte, il faudra adopter cette forme d'organisation qui vous mettra à même de placer ceux que vous croirez utile de faire entrer dans ce corps. Mais dans le cas où, d'après l'état des choses, la formation que vous me proposez vous paraîtrait préférable, vous pouvez la suivre, je laisse cet objet absolument à votre disposition. »

Milan, 17 mars 1799.

SCHÉRER A GROUCHY.

« J'ai reçu, avec votre lettre du 25, mon cher général, les pièces qui y étaient jointes, concernant la prétendue mission d'ambassadeur donnée par le gouvernement ligurien au citoyen Massiconi, près du gouvernement provisoire du Piémont.

« Dans l'état politique actuel de ce pays, la République ligurienne n'a pas eu le droit, ainsi que vous l'aviez jugé, de revêtir le citoyen Massiconi du caractère d'ambassadeur près le gouvernement provisoire du Piémont, et, de son côté, ce gouvernement ne peut ni avoir d'ambassadeurs, ni en recevoir qui traitent directement avec lui. Il reste dépendant de la puissance militaire qui l'a créé; c'est elle qui le maintient, et c'est près d'elle seule, ou du gouvernement français, que doivent se rendre les députés des nations qui ont des intérêts à traiter avec cet État.

« En conséquence, vous pouvez appliquer au citoyen Massiconi les mesures générales de sûreté qui ont été mises à votre disposition, et, d'après les renseignements que vous me donnez sur la conduite du citoyen, vous lui enjoindrez de se retirer, dans vingt-quatre heures, de Turin, et d'être sorti dans trois jours du territoire piémontais.

« Vous ferez part en même temps au citoyen Belleville, consul général à Gênes, des renseignements que vous avez recueillis sur la conduite de Massiconi, et sur la part que des Génois ont prise aux derniers troubles du Piémont. Je lui écris de mon côté, sur ce double objet, en lui recommandant de suivre la trace des manœuvres secrètes du gouvernement ligurien, qui paraît exciter sourdement la sédition, avec l'apparence d'y rester étranger. »

Grouchy ne tarda pas à être informé que l'état du Piémont présentait encore des indices de troubles prochains pouvant être des plus graves. Il se hâta de prévenir le général en chef qu'on était menacé d'un mouvement sérieux contre les Français.

Les rapports qui lui parvenaient de toutes les provinces, ceux de Turin étaient unanimes pour annoncer la probabilité d'une explosion prochaine. « Les gens qui la désirent et la préparent, disait le général dans sa lettre du 21 mars à Schérer, appartiennent à deux classes bien distinctes, mais qui poussent au même but dans des vues extrêmement différentes. Les uns sont les ex-nobles, les prêtres et les agents de l'Angleterre et de l'Autriche]; les autres sont les anarchistes qui appellent le pillage, espérant l'utiliser à leur profit et arriver à la fortune et aux places par un nouvel ordre de choses. »

Après avoir déduit les principaux moyens prétextés pour exaspérer les populations contre les Français, tels que le discrédit du papier, la rareté du numéraire, le bruit d'une réquisition d'hommes, les craintes sur la religion, Grouchy ajoutait dans cette même lettre :

« La plupart des dispositions législatives adoptées par le gouvernement provisoire, en bouleversant tout, sans avantage pour la cause de la liberté, et trop souvent [par des vues d'intérêt particulier à quelques-uns de ses membres, porte le désespoir dans les diverses classes, et accroît le nombre des mécontents.

« Déjà je vous ai instruit que, parmi les membres de ce gouvernement, il en était plusieurs qu'il était impossible de ne pas compter au nombre de nos ennemis; je vous ai dit qu'ils avaient secrètement coopéré à la dernière insurrection, et qu'anarchistes dangereux, ils appartenaient au parti anticonstitutionnel dans la République et désorganisateur dans tous les pays.

« Depuis que ces membres s'attendent à des changements dans le gouvernement, il n'est pas de mesures dangereuses, et je dirai contre-révolutionnaires, qu'ils ne provoquent. Je n'en citerai qu'une :

« Au nombre des causes des insurrections, ils placent le désarmement des campagnes et m'ont proposé de distribuer des armes pour prévenir le retour des troubles.

« Les choix des membres des municipalités par le gouvernement ou ses agents sont détestables. Ils sont tombés sur des hommes tellement immoraux et décriés, que ceux destinés à assurer l'ordre et la tranquillité sont, dans une foule de communes, les agents des mouvements insurrectionnels.

« Tant de causes d'agitation appellent de prompts remèdes : il est de mon devoir de les solliciter et d'en demander l'application instantanée; en voici quelques-uns :

« La réduction du gouvernement provisoire, son épuration et sa transmutation proposée par le commissaire Aymard en une simple commission dont les opérations ne puissent avoir d'effet avant la sanction de l'autorité française.

« Quant aux dispositions militaires et à celles politiques qui sont de mon ressort, elles sont prises : quoique avec peu de monde, j'espère tout contenir ou comprimer, j'aurais seulement bien besoin des dépôts de troupes à cheval que vous m'avez annoncé vouloir placer en Piémont ; permettez que je sollicite leur prompte arrivée.

« J'ai démenti jusqu'à ce jour les bruits de réquisition ; l'intention du général Joubert et mes instructions précédentes portaient qu'il n'en soit fait aucune d'hommes ou de choses. Relativement au culte, j'ai annoncé partout qu'on n'y porterait point atteinte.

« Mais, général, je demanderais que vous m'autorisassiez à proclamer de nouveau de la manière la plus formelle que vous n'entendez faire aucune réquisition d'hommes, et que votre intention est que le libre et entier exercice du culte ait lieu comme par le passé.

« D'un côté, je puis vous répondre que les enrôlements volontaires vous donneront des hommes, et je vous assure qu'une conscription ne se ferait qu'avec danger et qu'il faudrait une armée pour la faire marcher. De l'autre, je puis vous assurer que les Piémontais sont trop fanatisés pour qu'on s'occupe en cet instant des objets de leurs préjugés religieux.

« Comptez sur mon activité, mon zèle et mon dévouement à remplir la tâche qui m'est imposée en Piémont, mais n'oubliez pas que mon plus vif désir est d'en sortir. »

Schérer se rendit facilement aux raisons données par Grouchy ; car on trouve dans une lettre qu'il écrit, le 23 mars, de Mantoue, au Directoire le passage suivant :

« Le Piémont mal organisé ne nous procure presque plus rien, ni hommes ni argent. Veuillez prendre des mesures, elles sont de la plus grande urgence. Le général Grouchy et le commissaire Aymard me mandent qu'il faut absolument épurer le gouvernement provisoire, même avant votre réponse, la chose publique étant en danger. J'envoie l'ordre au général Grouchy de casser l'ancien gouvernement provisoire, de lui faire rendre compte et de nommer une commission administrative, en attendant votre décision. Ce général se concertera avec le commissaire Aymard pour cette mesure, qui devient de plus en plus nécessaire. »

Le lendemain Schérer mandait à Grouchy lui-même :

« D'après les renseignements que vous me donnez, mon cher général, sur l'état des choses en Piémont, je n'hésite pas à supprimer l'ancien gouvernement et j'écris au citoyen Aymard de s'entendre avec vous pour cette suppression et pour le remplacement de ce gouvernement par une commission surveillée par l'autorité française. En même temps il faudra s'assurer de ceux des membres de l'ancien gouvernement jugés dangereux pour le pays, ou prévenus de prévarication dans leurs fonctions, soit sous le rapport des finances, ou sous celui de trahison et de complicité dans les derniers troubles. Il sera d'ailleurs demandé compte au gouvernement de sa gestion depuis son institution.

« Je ne prononce point encore sur la division du Piémont en départements et sur l'établissement d'un nouvel ordre judiciaire et administratif, parce que cette mesure peut être différée jusqu'au retour du courrier que j'ai expédié à Paris.

« Je sens la nécessité d'adopter une mesure quelconque pour rendre quelque crédit au papier et s'occuper de le retirer de la circulation. La première me paraît être de proclamer que le prix des biens nationaux sera payable, partie en numéraire et partie en papier, d'après une échelle de dépréciation qui sera établie et qui porterait la valeur du papier au-dessus du cours.

« J'écris sur tous ces objets au citoyen Aymard et je le charge de vous donner copie de ma lettre, que je ne prends pas le temps de vous envoyer d'ici pour ne pas retarder le départ du citoyen Saint-Pierre.

« Il faut ôter à l'inquiétude publique l'aliment que lui donnent nos ennemis par le bruit d'une conscription militaire : je vous autorise à proclamer, même de concert avec le citoyen Aymard, qu'il n'est aucunement question de réquisition d'hommes en Piémont, et que mon intention est de tenir sur cet objet la promesse du général Joubert.

« Proclamez également de concert, qu'il ne sera porté aucune atteinte au culte religieux des habitants ; prévenez en même temps, je vous prie, tout sujet de tracasserie sur cet objet par des ordres positifs aux commandants des garnisons et cantonnements.

« Les citoyens Laumond et Aymard doivent s'entendre pour assurer les services par des délégations sur les biens nationaux et pour les mesures qui tiennent au papier-monnaie.

« Je vous réponds brièvement, mon cher général, parce que le temps et les affaires me pressent. D'ailleurs regardez comme vous étant commune une lettre au citoyen Aymard. Je compte pleinement sur votre zèle et vos efforts réunis pour prévenir de nouvelles secousses dans le Piémont, et j'attends beaucoup de la mesure qui va s'exécuter sur le gouvernement actuel. Demandez-moi la latitude de pouvoir que vous jugerez nécessaire : je vous investirai avec plaisir et confiance de toute l'étendue d'autorité qu'il m'est possible de vous déléguer, parce que je suis également persuadé de votre volonté de faire le bien et de vos moyens personnels pour l'opérer. »

Cependant les hostilités étaient recommencées en Italie. Schérer, avec une armée de trente-trois mille combattants, avait ordre de forcer la ligne de l'Adige défendue par Kray à la tête de trente-six mille hommes. Le général autrichien occupait Vérone et Legnano, et par un camp retranché couvrait, de Pastringo, les belles positions de Rivoli.

Schérer avait, comme Jourdan en Allemagne, subordonné son mouvement offensif à celui de Masséna dans les Grisons. Dès qu'il sut les opérations reprises sur les Hautes-Alpes, il fit ses dispositions pour ouvrir les routes du Tyrol. Son plan était de porter à Trente l'une de ses six faibles divisions, celle de Sérurier, de rallier ainsi Dessolle, de prendre à revers le cours de l'Adige, de forcer les Autrichiens à abandonner cette ligne.

Le premier choc eut lieu à Pastringo le 26 mars. Trois des six divisions sous les ordres directs de Schérer maintinrent une partie de l'armée de Kray par des démonstrations contre Vérone et Legnago, tandis que Moreau avec les trois autres enlevait le camp retranché après trois heures du plus rude combat.

Malheureusement l'armée d'Helvétie ayant été contenue à l'entrée du Voralberg, Dessolle n'avait pu pénétrer dans le haut Tyrol. Les dispositions de Schérer avaient donc échoué. Ce dernier, néanmoins, sachant que les Russes et les Autrichiens accouraient à marche forcée pour joindre Kray, voulut les prévenir. Un premier échec à Solo le contraignit à livrer, le 5 avril, la bataille de Magnano, à la suite de laquelle, n'étant ni vainqueur ni vaincu, il se trouva dans une position assez désavantageuse. Croyant ne pouvoir sans danger conserver plus longtemps l'offensive, il se replia derrière le Mincio, ce qui jeta le découragement dans son armée. Kray passa cette rivière à Valleggio pour investir Peschiera, tandis que son adversaire opérait sa retraite sur la Lombardie et portait son quartier général à Milan. Macdonald, rappelé enfin de Naples, rétrograda également, protégé par la division Montrichard, jetée dans ce but sur la rive droite du Pô.

L'armée de Schérer se trouva, vers le milieu d'avril, rangée sur l'Adda, la gauche à Lecca, le centre à Cassano, la droite à Lodi et Pizzighitone.

Le commandant en chef établit son quartier général dans cette dernière ville et écrivit de là, le 14 avril, à Grouchy :

« La position de l'armée exige, mon cher général, que je fasse porter des troupes sur Plaisance et dans le Ferrarois, et je suis forcé d'en tirer encore de votre commandement pour cette destination. Faites partir de suite un bataillon de la 68° demi-brigade avec deux escadrons du 12° régiment de dragons sous les ordres du général Clauzel pour se rendre à Plaisance, que ces troupes seront chargées de défendre ; elles s'y rendront à grandes marches.

« Je vais faire diriger de même deux autres bataillons avec un régiment de cavalerie sur le Pô. Toutes ces troupes réunies sous les ordres du général de division Montrichard seront destinées à agir sur le Pô et à observer les mouvements de l'ennemi et à réprimer en même temps les mouvements insurrectionnels qui se sont manifestés dans le Ferrarois.

« Vous resterez dans le Piémont, où votre présence peut être du plus grand poids pour le maintien de la tranquillité dans le pays. C'est surtout dans ces circonstances que le talent dans les chefs doit suppléer au nombre, et, à ce double titre, votre présence dans le Piémont est indispensable.

« Je vais vous charger, mon cher général, de publier, dans l'étendue de votre commandement, la valeur brillante et les services distingués de toutes les troupes piémontaises employées à cette armée. Je ne puis assez en faire l'éloge ; chefs, officiers et soldats de toutes armes se sont montrés à l'envi dignes de combattre à côté des Français et méritent de partager leur gloire, puisque sur tous les rapports ils ont rivalisé de bravoure avec eux.

« Je vous engage en même temps à employer toutes les mesures qui vous paraîtront convenables pour l'engagement de ces corps piémontais. Ne négligez rien, mon cher général, pour mettre les bataillons de garnison de tous ces corps en mesure de tenir, autant que possible, le bataillon de campagne au complet.

« L'armée est venue prendre position sur l'Adda, pour se refaire un peu et se réorganiser; mais j'espère ne pas tarder à reprendre l'offensive.

« *P.-S.* Je n'ai encore reçu que le premier bataillon de la 5ᵉ légère; donnez-moi des nouvelles du deuxième, que j'attends et dont j'ai besoin. »

Grouchy, forcé de se défaire de la majeure partie des troupes régulières sur lesquelles il pouvait compter pour maintenir le Piémont, avant d'envoyer ces renforts à l'armée d'Italie, se décida à faire, de son autorité privée, un appel au général Muller commandant la division territoriale à Grenoble. Il lui envoya son chef d'état-major, l'adjudant général Clausel, en lui demandant de mettre à sa disposition une des demi-brigades sous ses ordres et quelques escadrons, ce que le général Muller s'empressa de faire avec beaucoup de bonne grâce, ce qui permit au commandant du Piémont de contenir le pays toujours prêt à se soulever.

Schérer écrivit vers la même époque à Grouchy de se tenir prêt à le venir joindre avec tout ce dont il pourrait disposer, ce qui rendit le général fort heureux; mais il ne devait pas voir se réaliser encore ses espérances.

Le 17 avril, au départ de Clausel pour l'armée, les fonctions de chef d'état-major en Piémont furent confiées à l'adjudant général Campana. Les quatre subdivisions prirent le nom de départements. Celui de la Sésia fut donné à l'adjudant général Mossard (quartier général à Verceil); celui de la Stura à l'adjudant général Séras (quartier général à Mondovi); celui du Tanaro à l'adjudant général Flavigny (quartier général à Alexandrie); celui du Léridan à l'adjudant général Campana, chef d'état-major (quartier général à Turin).

En envoyant l'adjudant général Clausel à l'armée de Schérer avec un bataillon et deux escadrons, Grouchy ne put taire au général en chef que sa position devenait fort critique.

« Le Piémont est extrêmement dégarni, écrit-il le 17 avril; la fermentation y est grande, surtout dans la partie qui avoisine la Ligurie; et malheureusement les moyens de contenir le pays sont insuffisants. Comptez toutefois sur mes efforts et sur mon zèle, en regrettant vivement, je l'avoue, de ne pas le déployer sur un autre théâtre. Il ne tiendra pas à moi de remplir ici les devoirs qui m'y sont imposés, etc. »

Le 20 avril il écrit de nouveau, en annonçant le départ de quatre compagnies piémontaises pour Milan :

« L'aristocratie et la noblesse s'agitant de toutes les manières pour soulever le Piémont, ou répandant de fausses nouvelles et dénaturant les événements, j'ai dû prendre des mesures de sévérité contre quelques ex-nobles, de concert avec le citoyen Musset, etc. »

Le 25 avril Grouchy fit partir de Turin pour Paris, sous l'escorte de son aide de camp le capitaine Dupuy, le convoi transportant les objets d'art recueillis en Piémont.

Nous avons laissé Schérer sur l'Adda et disposé à défendre cette ligne. Kray eût peut-être hésité à marcher sur Milan, laissant derrière lui la garnison de Mantoue et l'armée de Macdonald; mais le corps autrichien de Mélas, les Russes de Souwarow le rallièrent; ce dernier prit le commandement en chef des cent mille hommes concentrés devant Schérer et prononça immédiatement son mouvement offensif contre l'armée française. Il laissa Kray avec vingt mille hommes pour assiéger Mantoue et Peschiera; Kleinau avec sept mille pour séparer Montrichard et Macdonald; avec les soixante-dix mille hommes qui lui restaient, moitié Autrichiens, moitié Russes, il se dirigea sur l'Adda.

Schérer était à Cassano; il écrivit de là à Grouchy, le 24 avril :

« Je vois avec grand plaisir, mon cher général, la rapidité avec laquelle se forme la deuxième demi-brigade légère piémontaise, et j'approuve le choix que vous me proposez du citoyen Trombetta pour chef de cette demi-brigade, d'après le bien que vous me dites de sa conduite.

« J'espère que les mesures que vous avez prises, de concert avec le citoyen Musset, pour comprimer l'aristocratie et la noblesse qui menaçaient d'exciter des troubles, feront rentrer dans l'ordre les partisans de ces mauvais citoyens et nous sauveront de la triste nécessité de déployer une plus grande sévérité.

« Je vous ai chargé dans une de mes lettres, mon cher général, de témoigner publiquement dans le Piémont combien j'étais satisfait de la conduite qu'ont tenue les troupes piémontaises devant l'ennemi ; aujourd'hui je me plains de la désertion considérable qui a lieu dans ces corps pour se rendre à l'intérieur. Voyez à prendre toutes les mesures que vous jugerez les plus convenables pour faire rentrer à leurs corps tous ces déserteurs.

« Un objet auquel il est pressant en même temps de pourvoir pour assurer le succès des mesures que vous prendrez à cet égard, serait de ne pas laisser les troupes piémontaises dans un dénûment absolu d'effets d'habillement et d'équipement. L'ancien gouvernement provisoire, qui devait pourvoir à ces dépenses, ne s'en est que faiblement occupé, et ces troupes manquent de tout aujourd'hui. J'ai donné des ordres pour qu'il leur soit délivré les effets du plus pressant besoin ; mais les ressources du Piémont devraient particulièrement y pourvoir et ce pays ne fournit absolument rien à l'armée. Voyez à ce sujet, mon cher général, le citoyen Musset. Les circonstances exigent que l'on emploie toutes ses ressources, et le Piémont ne peut pas en être entièrement dénué.

« L'armée prend aujourd'hui position sur l'Adda, dont elle défendra le passage à l'ennemi, s'il tente de le forcer ; elle y attendra les renforts qui lui sont annoncés et qui lui arrivent de toutes parts. Au moyen de ces secours, je me trouverai en mesure de prendre l'offensive avec avantage, jusque-là je défendrai l'Italie pied à pied. »

Le surlendemain du jour où il avait écrit cette lettre

Schérer remettait le commandement de l'armée à Moreau et prenait la route de Paris en passant par Turin. Le 28 avril il traversait cette ville et faisait remettre à Grouchy la lettre ci-dessous :

« Je ne fais que passer, mon cher général, pour me rendre à Paris où je suis appelé. Moreau est nommé général en chef de l'armée, et elle est entre bonnes mains. Si je puis vous voir un instant, je le ferai, sinon recevez-en mes excuses, car je suis pressé d'aller à Paris.

« Hier on se battait sur l'Adda : je ne sais point encore si l'ennemi aura été forcé de repasser le fleuve, mais si cela n'était pas, je crois que l'armée se retirera sur le Tésin, il est bon que vous en soyez averti.

« Tout le monde me dit qu'il serait très-possible de faire lever les dix régiments provinciaux qui sont dans le pays. Je le mande au général Moreau ; en attendant je pense que vous feriez une chose bien utile si vous appeliez près de vous les dix colonels de ces corps et si vous les engagiez à lever ces régiments et à les mettre sur pied, en les traitant de la même manière que le roi de Sardaigne ; ne négligez pas ce moyen d'augmenter nos forces : il peut avoir, dit-on, son appel dans quinze jours de temps, car ces corps sont armés, équipés, et ils s'attendent, dit-on, à partir.

« Adieu, mon cher général, je me souviendrai toujours de l'amitié que vous m'avez témoignée, et croyez que j'en fais grand cas. Je vais hâter à Paris les secours en argent, hommes et chevaux. Écrivez une lettre à Laumond, commissaire civil à Florence, pour l'engager à envoyer promptement de l'argent : il doit y avoir en route par Gênes 500,000 francs. Si le commissaire Musset pouvait procurer quelques fonds, ils viendraient bien à propos, car quand j'ai quitté l'armée il ne restait rien en caisse. Cet état des finances est terrible : si on n'y remédie promptement, il peut avoir de terribles conséquences.

« C'est un effort qu'il faut faire en attendant les secours de France. »

L'armée passée sous les ordres de Moreau n'était plus en état de tenir tête aux forces de l'ennemi. Le 27 avril 1799, elle fut battue à Cassano ; la division Sérurier fut prise, le cours de l'Adda aux mains de Souwarow et la retraite ordonnée sur Milan.

Moreau fit bonne contenance. Sa marche en Lombardie fut très-belle. Il parvint à gagner le temps nécessaire pour évacuer sur la France par le mont Cenis les familles compromises et les embarras. Il réunit ensuite les débris de son armée, les porta sur le Tésin, franchit cette rivière à Pavie et à Buffalora ; puis il vint se concentrer sous le canon d'Alexandrie, au confluent du Pô et du Tanaro, au nord de cette place située sur la Bormida, à quelques pas de la rive droite du fleuve.

Le 30 avril le quartier général était à Novarre. Le chef d'état-major Dessolle prévint Grouchy que le jour suivant l'armée serait sur la Sésia et le 2 mai à Chivas ; que le 3 elle passerait le Pô à Turin, n'ayant pas de pont à Valence.

Dans la journée du 1er mai, Moreau écrivit lui-même, de Verceil et de Novarre, au général les trois lettres ci-dessous :

1ᵉʳ mai.

« Vous avez dû recevoir de mes nouvelles, mon cher général. Je serai demain matin à (*un mot illisible*).

« Je crains qu'ayant été obligé de venir recueillir la division Sérurier, l'ennemi ne me prévienne dans la rivière de Gênes. Envoyez ce que vous avez de disponible vers Alexandrie et Tortone, j'y ferai passer autant de troupes que je pourrai par les bacs le long du Pô. Il faut également, en attendant votre arrivée, que Lapoype envoie de (*un mot illisible*) garder les débouchés des Apennins.

« Je crains un peu les paysans. Il serait bon que vous envoyiez quelque ordonnance le long du Pô pour faire ramener sur la rive gauche les bacs depuis Turin.

« Je serai demain chez vous de bonne heure. Le général Lemoine s'est porté sur Tortone, mais je crains qu'il n'y ait pas reçu mes derniers ordres. »

1ᵉʳ mai.

« J'ai reçu, mon cher général, votre lettre de ce jour, vous me ferez bien plaisir si vous pouvez m'envoyer quelques troupes, mais vous êtes trop nécessaire dans le Piémont pour en sortir. Employez tous les moyens qui sont en vous pour qu'il reste tranquille.

« Pouvons-nous espérer d'y recruter les troupes

piémontaises qui ont beaucoup souffert ? Quel danger trouveriez-vous à faire organiser les milices ?

« Vous avez bien fait de garder le bataillon de la 107ᵉ. Donnez-moi des détails sur les places du Piémont, leur approvisionnement, leur armement, sur les rivières et les lignes qu'elles gardent. Je n'ai pas encore le pays dans la tête; comme vous l'avez parcouru, vous devez bien le connaître.

« J'ai accepté la plus affreuse corvée qu'on puisse prendre, mais je sentais que je pouvais être utile et je n'ai pas balancé. »

1ᵉʳ mai.

« Mon cher général, l'ennemi se jette évidemment entre moi et l'armée de Naples. Je n'ai pas de pont sur le Pô et il faut que j'aille par Turin pour me rapprocher de lui. On m'a dit que les passages étaient mauvais entre ici et Turin. Si vous avez le temps, donnez des ordres pour qu'on puisse en jeter plusieurs sur la chaussée de Turin, celle d'en haut j'entends, car nous avons un corps de troupes qui passe les rives du Pô par Turin.

« Envoyez à Gênes, à Alexandrie, à Tortone, etc., pour avoir des nouvelles; nos espions ne peuvent passer ni le Pô ni le Tésin. Il est malheureux qu'il ait fallu venir ici pour recevoir la division Sérurier et gagner la seule chaussée où nous avions un pont. J'en avais ordonné un à Valence, mais on n'a pas pu l'exécuter.

« J'ai écrit au général Lemoine que, s'il était forcé

de jeter ses troupes dans la place de Tortone et d'Alexandrie, il le fît dans la proportion d'un tiers dans la première et de deux tiers dans Alexandrie. Tâchez également de jeter ce que vous avez de troupes disponibles dans Casale et surtout rassemblez-moi tous les renseignements possibles sur les lignes à prendre sur les deux rives du Pô, et que vos espions envoyés vers Alexandrie et Tortone me donnent des nouvelles de l'ennemi. Je crois qu'il se portera vers l'armée de Naples. Salut d'amitié. »

P. S. « Je serai ce soir à Verceil; je précéderai peut-être l'armée d'une minute pour aller vous voir. Faites rentrer tout le dépôt possible dans la place forte.

« Je vous prie de faire dire à mon aide de camp, qui est à Turin avec quelques chevaux, de se tenir prêt à en partir. »

Dès que l'armée d'Italie fut entrée en Piémont, Moreau résolut de rallier toutes les troupes qui occupaient cette province et de s'adjoindre leur chef, le général Grouchy.

Les fonctions de chef d'état-major général se trouvant vacantes en ce moment, elles furent données au général, plus en état que tout autre de les bien remplir. (1)

Grouchy reçut donc l'ordre de quitter le commandement du Piémont et de prendre son nouveau poste

---

(1) Tous les biographes du général citent la phrase suivante d'une lettre que Moreau lui aurait écrite à cette époque : « Ne perdez pas une minute à venir, car j'ai grand besoin d'hommes de votre trempe; il m'en reste trop peu tels que vous, etc. » Le fait est possible, probable même. Toutefois nous devons à la vérité historique de déclarer que nous n'avons pas trouvé dans les papiers de Grouchy cette lettre de Moreau.

à l'armée active. La municipalité de Turin n'eut pas plutôt appris que Grouchy quittait cette ville, qu'elle lui écrivit, le 5 mai, par l'organe de son président :

« Nous apprenons, citoyen général, que vous allez quitter notre commune. C'est avec beaucoup de regret que nous vous voyons éloigner de nous. Mais c'est la voix de la patrie, c'est celle de l'armée qui vous appelle. Allez donc, citoyen, rejoindre vos braves frères d'armes ; allez cueillir avec eux de nouveaux lauriers, s'il en est encore à ajouter à ceux que vous avez déjà cueillis.

« En emportant nos regrets, vous emportez, citoyen, notre reconnaissance. Cette commune vous doit d'avoir vu la plus difficile des crises, qui puisse arriver dans une association politique, se passer avec calme ; elle vous doit d'avoir conservé dans toute l'étendue du Piémont la tranquillité dans des circonstances où, par le choc des partis, elle se trouvait sans cesse en danger. De tels titres vous assurent à jamais la reconnaissance du peuple de cette commune et de tous les Piémontais. Agréez-en les témoignages par la municipalité qui en est l'interprète, et l'assurance du souvenir qu'elle conservera à jamais des services que vous lui avez rendus. »

Avant de continuer le récit des événements, nous allons donner une biographie du général Joubert, par le général de Grouchy, à cette époque.

La voici telle qu'elle a été écrite et telle que nous l'avons trouvée dans les papiers de M. de Grouchy :

« Les négociations du congrès de Rastadt duraient

encore lorsque le général Joubert vint remplacer le général Hâtry dans le commandement de l'armée de Mayence, dont une des divisions m'était confiée. Comme on commençait à prévoir quelle serait l'issue de ces négociations, de nombreux renforts furent dirigés vers les bords du Rhin et le nouveau général en chef se hâta de faire prendre à l'armée une attitude et des dispositions plus militaires que celles qu'elle avait. Un camp assez considérable fut formé près de Friedberg. Il y fit exécuter de grandes manœuvres de guerre; elles eurent lieu avec un ensemble et une précision qui frappèrent d'étonnement les nombreux officiers étrangers accourus de diverses parties de l'Allemagne pour en être témoins.

« L'armement, l'équipement et l'habillement du soldat n'occupèrent pas moins activement Joubert, que ne le faisait l'instruction des troupes. Il ne négligea aucun des moyens propres à mettre l'armée à même de glorieusement reparaître sur le sanglant théâtre où elle allait prochainement avoir à figurer. Toutes les ressources qu'offrait l'occupation de la rive droite du Rhin furent utilisées. Les contributions qu'on y percevait furent appliquées aux besoins, et réparties avec une telle justice, que ceux-là même qui vendaient leurs bourses au profit des défenseurs de la République, honoraient l'homme dont la conduite si pure et si désintéressée offrait un frappant contraste avec celle de tant d'officiers généraux et d'agents dont les exactions et l'immoralité avaient attiré sur le nom français la haine et les malédictions des habitants de cette partie de l'Allemagne. — Heureux ceux d'entre eux qui, par une mort glorieuse, ont tiré sur les turpitudes de la vie administrative et politique un voile qu'il n'est plus permis de soulever.

« Joubert ne fit connaître aucun des plans qu'il aurait suivis, s'il eût été chargé de diriger la guerre en Allemagne. Toutefois son caractère et ses antécédents me permettent de croire qu'il eût adopté celui d'une rapide invasion, de la même espèce que celle si glorieusement commencée par Hoche, après la bataille de Neuwied.

Joubert ayant été envoyé de l'armée de Mayence à celle d'Italie, où j'eus ordre de le suivre, ne tarda pas à se démettre de ce nouveau commandement. Les motifs de sa démission se fondèrent principalement sur la conviction qu'il avait de l'impossibilité d'obtenir d'heureux résultats politiques ou militaires aussi longtemps que l'autorité serait partagée entre des commissaires civils et un général en chef. Il reconnut dans cette division le système de défiance, d'espionnage et de contre-poids, qui prévalut pendant la durée des dernières périodes du régime du Directoire. Doué d'un caractère fier, plein de franchise et de loyauté, voulant fortement le bien, et ne croyant plus pouvoir le faire, Joubert ne balança pas. Mais ici il se montra véritablement grand. Rien de personnel ne se fit remarquer dans ses discussions avec les commissaires civils ; ce ne fut jamais avec tel ou tel d'entre eux, mais avec leur institution, qu'il était aux prises.

Loin de là, et pour éviter le conflit des prétentions et le scandale des débats auxquels ne manque pas de s'associer l'entourage des gens en place, ce qui ne manque jamais de devenir funeste à la chose publique, il s'éloigna de Milan, centre de toutes les commissions civiles, et jusqu'à son rappel, fixant son quartier général à Reggio, il alla ensevelir dans cette ville solitaire sa profonde douleur de voir adopter à l'Italie un plan dont les résultats devaient être l'anéantissement de tout esprit public et la spoliation régularisée dans ces belles contrées.

L'événement le plus marquant du premier commandement de l'armée d'Italie par Joubert est sans contredit la révolution du Piémont. Dès lors que toutes les probabilités annoncèrent qu'une coalition nouvelle s'organisait, il eût été d'une haute imprudence de laisser sur nos derrières un prince uniquement attaché à la République par l'empire des circonstances, que ses principes, ceux de sa cour et de ses ministres tendaient évidemment à replacer parmi nos ennemis, dès qu'il pourrait avec impunité s'y ranger; enfin qui se trouvait à même de couper nos communications avec la France, et de nous mettre entre deux feux, quand il le voudrait. En effet, quoique nous eussions garnison dans quatre de ses places principales, il avait toujours à sa disposition une armée forte de douze à quinze mille hommes, de très-bonnes troupes, en cas de rupture avec l'Autriche. Il était donc sage et même nécessaire de s'assurer entièrement le Piémont, et le Directoire le sentait. Cependant, toujours incertain quand il fallait prendre un parti décisif, il balançait encore. L'invasion de cette partie de l'Italie rallumerait très-probablement, il est vrai, les feux de la guerre ; mais Joubert, qui vit que de toutes parts on les avait trop attisés pour qu'il fût encore possible de l'empêcher d'éclater, agit alors que les gouvernants délibéraient. Il prouva, par cette hardie détermination, combien les intérêts de la chose publique prévalaient en lui sur les considérations personnelles. Que d'hommes eussent été arrêtés par l'immense responsabilité qu'il pouvait y avoir à attacher ainsi le grelot. L'insuccès dans l'exécution perdait Joubert, mais la réussite assurait l'armée dans ses positions, lui offrait des ressources immenses, et la fortifiait de l'armée piémontaise tout entière, qui, d'ennemie qu'elle eût été, devenait une des divisions de la nôtre.

« Dépositaire des pensées les plus secrètes de Joubert à cet égard, je fus chargé de l'affaire relative à l'abdication du roi de Sardaigne, et de la révolution piémontaise. Je partageai sa glorieuse responsabilité. Cette révolution était faite alors qu'on délibérait dans les conseils sur la question de la déclaration de guerre au roi sarde. Les notes que j'ai communiquées jettent un jour suffisant sur les événements qui l'amenèrent et la suivirent.

« L'amour de la liberté et de l'indépendance des peuples en général fut aussi, je dois le dire, l'un des mobiles des opérations de Joubert en Piémont. Quelle âme libérale et philosophique se refuserait en effet au vœu d'une république démocratique en Italie! Qui ne serait ardemment désireux d'arracher ces belles contrées à une nullité politique qui semble leur partage, de créer ou de rendre un caractère national à ces peuples qui, descendants des anciens maîtres du monde, ne savent aujourd'hui que tendre les mains aux fers que successivement les étrangers vont leur porter! — Ah! dussent les combinaisons politiques de l'Europe ranger de tels vœux au nombre des erreurs révolutionnaires, toujours elles seront chères aux âmes de la trempe de celle de Joubert. — En quittant l'armée, Joubert n'en emporta pas universellement les regrets. Quelque affligeante que soit cette vérité, on ne saurait la taire : la création des commissaires civils, et les discussions auxquelles elle donna lieu avaient fait naître dans l'armée différents partis. L'influence connue des commissaires près le gouvernement leur avait attaché bien des gens, disposés d'ailleurs à s'éloigner d'un chef dont l'austérité républicaine ne convenait pas également à tous. Mais à son départ la douleur des patriotes italiens fut aussi vive que vraie. Sur lui surtout ils fondaient toutes leurs espérances. Ils regrettaient également son intégrité et son ardent républicanisme. Le choix de son successeur ne les satisfaisait ni ne les tranquillisait pour l'avenir. Aussi le retour de Joubert fut-il une fête pour les amis de la liberté italienne. Injustes envers Moreau, ils oublièrent trop que, si la possibilité de leur délivrance existait encore, elle était entièrement le fruit d'un dévouement dont l'histoire offre peu d'exemples et de talents dont le développement dans la campagne malheureuse de l'an VII est aussi réel qu'il a été brillant durant celle de l'an VIII en Allemagne.

Le vulgaire, quoi qu'on en dise, est bien aveugle! Ce n'est que par le résultat du moment qu'il juge, et quand il souffre, jamais il n'est juste. C'est en Italie surtout, où cette affligeante assertion a été bien complétement justifiée.

Quoi qu'il en soit, le rappel de Joubert, sous plus d'un rapport, était bien vu de la part du gouvernement. Il faut agir avec et pour les hommes, d'après ce qu'ils sont, et non d'après ce qu'ils devraient être. Plus que personne alors, Joubert pouvait rallier les Italiens au drapeau français, et leur faire oublier ce qui leur en coûtait à cette époque pour le suivre.

Mais ce retour se fit trop attendre, et il retarda les opérations de plus de quinze jours. Si Moreau en eût conservé le commandement, il ne les eût pas perdus, et jamais d'ailleurs il n'eût donné bataille à Novi, ni à l'époque où Joubert attaqua l'ennemi. Cette funeste perte de temps eut une influence majeure et qu'on ne saurait nier, puisque, agissant quinze jours plus tôt, Mantoue tenait encore; que le corps du général Kray, qui en formait le siége, n'était point réuni à l'armée austro-russe, et qu'un succès aux frontières de la Ligurie reportait le théâtre de la guerre sur le Mincio et pouvait sauver la clef de l'Italie.

Joubert, en revenant à l'armée, eut peu ou point de dispositions politiques à prendre, elles ne pouvaient que succéder à des succès.

Ses dispositions militaires parurent généralement mauvaises.

La marche par laquelle il alla à la rencontre de l'ennemi est une faute. L'ennemi eût pu se placer entre les ailes de l'armée, et les accabler avant leur réunion, qui ne se fit qu'en avant des montagnes et presque en sa présence. Une des fautes majeures de la campagne est celle commise par nos adversaires, qui ne nous atttaquèrent pas lorsque nous débouchâmes.

L'incertitude sembla présider aux dernières opérations de Joubert. Dans la nuit qui précéda la bataille, il était encore incertain s'il attaquerait ou se retirerait. Il ne fit aucune disposition le jour de l'affaire; il fut attaqué ne croyant pas l'être, et se fit tuer bravement sans doute, mais inutilement pour le gain de cette bataille. Ses détails, l'influence qu'elle eut sur le reste de la campagne et l'exposé des événements qui la précédèrent et la suivirent sont écrits d'une manière succincte, mais fidèle, dans le précis d'une portion de campagne de l'an VII joint à ces notes.

Les succès des Russes en Italie sont principalement dus au caractère de Souwarow, de cet homme extraordinaire qui s'est montré si actif et si audacieux, et à un âge où la plupart s'appesantissent, n'ayant plus cette vigueur et cette énergie, qui s'envolent avec les années, couvrant du manteau de la prudence la timidité de leurs déterminations et la lenteur de leurs mouvements.

Des marches rapides, une insupportable raideur contre les obstacles que l'art ou la nature pouvait apporter à ses projets, le physique robuste et patient du soldat, mais plus que tout le reste, le système constamment suivi de toujours tenir son armée réunie, de ne la faire agir qu'en masse, de ne jamais avoir de détachements et de tomber avec toutes ses forces sur le point d'attaque qu'il se choisissait, tels sont les vrais mobiles des victoires de Souwarow, mobiles auxquels nous donnâmes le plus d'influence et de développement possible, en commettant presque toujours la faute de livrer ou de recevoir la bataille lorsque l'armée était affaiblie par de nombreux détachements, par une foule de garnisons, voulant à la fois contenir ou garder le pays, garantir ses derrières et se battre.

Il serait trop long d'énumérer toutes les fautes politiques, administratives, ou militaires que nous avons commises en Italie, et de faire voir que les Austro-Russes ne surent pas autant en profiter qu'ils auraient pu le faire. De simples notes présentent d'ailleurs un cadre trop resserré pour que j'essaye de donner de tels développements ; ils nécessiteraient des volumes.

A l'époque du retour de Joubert à l'armée, la jonction de celles de Naples et d'Italie était effectuée malgré nos revers à la Trébia et la grande supériorité des ennemis ; nos fautes nous avaient servi non moins que nos combinaisons. L'armée française comptait encore quarante-cinq mille combattants, dont quarante à quarante-deux mille hommes de très-bonne infanterie, et environ trois mille chevaux ; elle occupait la Ligurie et avait ses positions sur les versants de Apennins vers le Piémont, où Tortone et Coni étaient les seules places qui nous restassent. — Notre droite se prolongeait vers la Toscane, qu'on venait d'évacuer; mais on occupait fortement Bobbio, pont de Vénioli, la Spezzia et les forts de l'extrême rivière du levant. Mantoue tenait encore; cette place ne tomba qu'après l'arrivée de Joubert et à l'époque de la stagnation dans laquelle l'armée demeura durant quelques jours. — L'Italie entière était en armes contre nous : la Cisalpine avait disparu, et avec elle ses trop débiles brigades. — L'armée piémontaise, dont les impolitiques arrêtés du Directoire nous avaient enlevé les faibles restes, se réorganisait par les soins des Austro-Russes et commençait à figurer parmi leurs troupes. La Ligurie seule était fidèle à la cause de la liberté.

La mort de Joubert et la perte de la bataille de Novi changèrent peu la situation des choses. La vigoureuse défense de l'aile gauche de notre armée, le dévouement de quelques généraux et d'une poignée d'hommes qui arrêtèrent la poursuite des Austro-Russes, avaient sauvé la majeure partie de l'armée et permis à Moreau d'en rallier promptement la droite et le centre. Il avait pris position à une demi-lieue en arrière du champ de bataille, disputé si longtemps, et il occupait des positions plus avancées dans le Piémont que celles où nous étions avant de combattre. Enfin la Ligurie demeurait encore intacte.

Si alors des fautes n'eussent pas été entassées sur des fautes; si, avant de vouloir reprendre l'offensive, on eût laissé plus complétement s'organiser l'armée des Alpes et qu'on eût agi avec ensemble, avec habileté;

que le gouvernement aussi eût laissé le commandement à Moreau, ou l'eût remis en des mains assez fermes, assez énergiques pour comprimer ce funeste esprit de parti qui a si cruellement nui aux succès de nos armes, devant la campagne de l'an VII, je ne balance pas à avancer que l'ennemi eût été éloigné longtemps des frontières françaises, qu'on eût pu faire une guerre défensive et de chicane, au bas des Alpes et des Apennins, qu'appuyés sur Fenestrelles, sur Coni, sur Gavi, nous eussions hiverné en Piémont, couvert la Ligurie, et que nous eussions été à même de reparaître victorieusement en Italie au printemps de l'an VIII.

Mais Championnet, en se proposant un but qu'il n'était point en mesure d'atteindre, acheva de ruiner nos affaires. Il essaya de livrer des batailles et les perdit, laissa prendre Coni ; tout le Piémont fut évacué ; l'armée se désorganisa et nos frontières furent découvertes et insultées.

Il était réservé au génie de Bonaparte d'anéantir en une campagne de quarante jours les résultats d'une campagne de quatorze mois et de devenir une seconde fois, par la victorieuse exécution du plus vaste des plans, le conquérant et le libérateur de l'Italie.

Avoir des succès en Allemagne, battre le prince Charles, le rejeter sur le Danube; porter ensuite un fort détachement de l'armée d'Helvétie, tirer sur les derrières de la position de Kray sous Vérone; rappeler pour le moment fixé de l'attaque de l'Adige les trente mille Français qui étaient à Naples, passer le Bas-Pô, vers Ferrare, et tourner la gauche de Kray, au même instant qu'on l'attaquait de front. Il eût peut-être été anéanti avant l'arrivée des Russes, et ceux-ci, attaqués à mesure qu'ils arrivaient et accablés par notre supériorité doublée par l'enthousiasme d'un premier succès, eussent probablement éprouvé le même sort.

Au lieu de cela, Macdonald fut oiseusement laissé à Naples la veille du jour où commencèrent les hostilités ; Schérer affaiblit son armée par un détachement de sept à huit mille hommes, chargés d'aller révolutionner et spolier la Toscane; Jourdan, qui s'était mis en campagne avec une armée numériquement trop faible pour se mesurer avantageusement avec le prince Charles, battu, découvrit le flanc gauche de Masséna. Ce dernier ne put venir au secours de l'Italie et profiter de ses premiers succès dans les Grisons, et fut forcé de se replier sur ses premières positions en Helvétie.

Tel est l'exposé des premières opérations de la campagne de l'an VII, dont les suites furent moins funestes qu'elles n'eussent pu l'être après un tel début et tant de fautes.

Vers la fin de son commandement du Piémont, Grouchy eut à recevoir à son passage à Turin le pape Pie VI et à veiller à l'exécution des ordres du Directoire pour le transport en France, à Briançon, du chef de la chrétienté.

Après le meurtre du général Duphot, l'entrée de l'armée française à Rome, la proclamation de la république dans la ville éternelle, le souverain Pontife avait été conduit à Sienne. Après un séjour de trois mois dans cette ville, on le transféra dans la Chartreuse près Florence, où il arriva le 2 juin 1798. Lorsque la guerre recommença en Italie, dans les premiers mois de 1799, la garde de Pie VI pouvant entraver les opérations militaires, le Directoire prit la détermination de faire transporter en France l'auguste prisonnier.

Ce n'était pas chose facile et sans danger pour la vie de Pie VI, car, outre son âge avancé (80 ans révolus), le souverain Pontife était à moitié paralysé. Néanmoins on l'enleva le 1er avril et on le dirigea sur Parme, où il resta jusqu'au 13 du même mois. On lui fit continuer son voyage sur Plaisance, où il arriva le 14, sur Lodi, où il séjourna le 15. On avait l'intention de le diriger sur Turin par Milan; mais à peine eut-il franchi le Pô, qu'il fut ramené à Plaisance pour gagner la capitale du Piémont par une autre route.

Grouchy fut prévenu dans les premiers jours d'avril, par la lettre ci-dessous du général en chef :

Mantoue, 8 avril 1799.

SCHÉRER A GROUCHY.

« En exécution des ordres du Directoire exécutif, citoyen général, d'après lesquels le pape doit être conduit à Briançon, le général Gaultier, commandant en Toscane, l'a dirigé, le 8 du courant, sur Parme, où il doit être arrivé depuis quelques jours, escorté par un détachement de vingt cavaliers du 1ᵉʳ régiment. Le général Gaultier ne lui a pas fait connaître, par ménagement, la destination à laquelle il doit se rendre ; je donne aujourd'hui les ordres de le conduire à Turin. Faites sur-le-champ les dispositions nécessaires pour vous tenir en mesure contre les mouvements que pourrait occasionner son arrivée dans le Piémont, et surtout son départ pour Briançon. Prévenez-en le commandant de cette place, et envoyez à l'avance quelques troupes sur la route pour couvrir et assurer sa marche.

« Vous ordonnerez de préparer un lieu convenable pour le recevoir à la citadelle de Turin, et vous recommanderez les égards convenables pour sa personne.

« Instruisez-moi de son arrivée, de son départ, et s'il en arrive quelque mouvement un peu sérieux, faites-le-moi savoir très-promptement.

« Vous jugerez, d'après la sensation que sa présence pourra faire, s'il ne serait pas prudent de disposer tout pour son départ aussitôt qu'il sera rendu à Turin, de ne pas attendre l'effet que pourrait produire son séjour, et de le faire partir secrètement dans la nuit, s'il est nécessaire. »

Le général de Grouchy, ayant reçu cette lettre le 11, écrivit immédiatement à l'adjudant général Flavigny, qui commandait le département de Tanaro à Alexandrie : « Je vous préviens que le pape se rend de Parme à Turin, pour de là être conduit en France. Le général en chef me prie de prendre toutes les mesures propres à empêcher que sa présence momentanée en Piémont n'y occasionne aucune fermentation. Donnez en conséquence les ordres nécessaires. Le pape est escorté par vingt cavaliers du 1er régiment. Si cette escorte n'est pas trop fatiguée, qu'elle pousse jusqu'à Turin. Faites marcher Sa Sainteté le plus rapidement possible. Toutefois, qu'on ait partout les égards dus à son âge et à son caractère. — Faites éclairer par les dragons du 2e régiment la route où passe le pape, afin de prévenir tout rassemblement que le fanatisme pourrait occasionner en apitoyant sur son sort ou autrement. Que les précautions soient prises, non-seulement sur la route d'Alexandrie à Turin, mais aussi sur celle de Parme à Alexandrie. »

Le même jour, 11 avril 1799, Grouchy expédia au commandant de Briançon un officier de son état-major, porteur de la lettre suivante :

« Je vous préviens, citoyen, qu'en exécution des intentions du Directoire exécutif, le pape doit être conduit à Briançon. Il est en route pour s'y rendre, et y arrivera peu de jours après l'officier porteur de cette dépêche. Vous voudrez donc bien vous concerter de suite avec la municipalité de cette commune à l'effet de lui procurer un logement convenable. Vous ferez en outre les dispositions nécessaires pour qu'il soit traité avec les égards dus à son âge, à sa position et à ses malheurs, quelque mérités qu'ils soient. Vous veillerez à ce que sa présence ne trouble en rien la tranquillité publique et ne devienne pas l'occasion de troubles ou de mouvements que le fanatisme pourrait chercher à susciter. Je vous charge également de prendre les dispositions convenables pour que la route qui conduit de Suze à Briançon, soit éclairée par quelques détachements de votre garnison. N'ayant que des troupes piémontaises à Suze et en très-petite quantité, je ne puis prendre des dispositions suffisantes à cet égard. Il faut que vous suppléiez, autant qu'il sera en vous, à ce que le défaut de moyens ne me permet pas de faire. Préparez aussi des facilités convenables pour que le pape soit transporté, aussi commodément que possible, dans les parties du mont Genève, qui ne sont pas susceptibles d'être franchies par les voitures. En vous transmettant ces ordres, je ne fais qu'obéir à ceux du général en chef de l'armée d'Italie, et quoique vous ne vous trouviez pas dans l'étendue de mon commandement, j'aime à croire, citoyen, que vous ferez dans cette circonstance tout ce qui dépendra de vous pour l'accomplissement des intentions du Directoire, quel que soit le canal qui vous en donne connaissance. »

Un chef de bataillon, nommé Fay, reçut également l'ordre de Grouchy de se préparer à accompagner le pape, de Suze à Briançon, pour assurer la tranquillité sur la route. « Vous ferez courir le bruit, lui écrit le général, qu'il (le pape) se rend à Chambéry, et donnerez même sur la route des ordres afin de faire croire qu'il passe le mont Cenis. Il faut employer tous les moyens propres à empêcher que, le fanatisme s'apitoyant sur son sort, on ne parvienne à égarer le peuple à son occasion. Tenez secret le contenu de cette lettre, ainsi que celle du général en chef, et prenez les mesures de sagesse et de fermeté qui conviennent. »

Après avoir pris les mesures indiquées ci-dessus, Grouchy écrivit, le 13 avril, à Schérer : « J'ai fait les dispositions convenables, citoyen général, pour prévenir les mouvements que le passage du pape pourrait occasionner en Piémont. Des détachements sont placés sur la route, et des ordres sont donnés pour que le fanatisme ne puisse profiter de sa présence et exciter contre les Français. Les égards dus à son âge et à ses malheurs, quelque mérités qu'ils soient, seront observés. Je vous instruirai, citoyen général, du moment de son arrivée ici et à Briançon. Jusqu'à présent je n'ai point encore de nouvelles qu'il soit entré sur le territoire piémontais. Il y aurait quelques inconvénients à ce qu'il séjournât à Turin. Je hâterai donc, autant que possible, son départ pour la destination qui lui est assignée par le Directoire. »

Le 21 avril, le commandant de la place d'Asti reçut aussi l'ordre de se joindre à l'escorte du pape, dès qu'il serait prévenu par l'adjudant général Flavigny de la marche du saint-père, pour le conduire jusqu'à Turin. « Vous aurez soin, lui dit Grouchy, de vous régler de manière qu'il arrive à la nuit et qu'il entre à la citadelle par la porte de secours. »

Le 22 avril, Grouchy, prévenu de l'arrivée prochaine de Pie VI, manda au commandant Fay : « J'ai lieu de croire que le pape passera sous deux ou trois jours. Il faut continuer de garder le silence à cet égard et prendre toutes les précautions possibles pour empêcher la malveillance de se servir de ce prétexte pour troubler la tranquillité publique. Mon intention est que vous l'accompagniez, ainsi que je vous l'ai déjà dit, et que vous tâchiez de lui faire passer les Alpes par le mont Genève, afin qu'il soit rendu plus tôt à sa destination. »

Pie VI arriva en effet à la citadelle de Turin le 23 avril au soir et y passa les journées des 24 et 25 pour prendre un peu de repos. Le général de Grouchy écrivit, dès le 24, au cardinal Gerdil : « Celui de mes aides de camp qui vous remettra cette lettre, citoyen cardinal, est chargé de vous conduire près du saint-père, qui, ne devant passer que peu d'instants dans cette commune, ne pourra vous y voir que dans la soirée. La sagesse de jugement qui guide constamment toutes vos démarches, vous fera sentir, comme à moi, qu'il convient que cette visite se fasse sans éclat. Je me borne donc à vous renouveler, en cette circonstance, les sentiments de haute considération que vous m'avez inspirés. »

Immédiatement après le départ de Turin du saint-père, départ qui eut lieu le 26, Grouchy manda au général en chef : « J'ai l'honneur de vous rendre compte que le passage du pape dans la partie du Piémont qu'il a déjà traversée à Turin, n'y a amené aucune espèce de troubles. Les précautions ont été prises de manière que l'opinion publique trompée sur la route qu'il devait suivre, le temps qu'il devait séjourner dans chaque commune, le moment où il se mettrait en route, n'a pas permis aux fanatiques ou aux malintentionnés d'utiliser sa présence pour occasionner des rassemblements et exciter contre les Français. »

Pie VI entra dans Briançon le 30 avril, après un voyage long et une traversée du mont Genève fort pénible, malgré toutes les précautions prises pour la rendre aussi facile que possible. En arrivant, le commandant Fay se hâta de remettre aux mains du commandant de la place, Michaud, le précieux dépôt qui lui avait été confié. Le commandant Michaud lui remit en échange le singulier reçu dont voici la copie *littérale* :

« Nous, commandant temporaire de la place de Briançon, déclare avoir reçu du citoyen Fay, chef de bataillon, commandant la subdivision en Piémont, le pape Pied six (*sic*), pour rester à Briançon d'après les ordres du Directoire exécutif. — A Briançon, le 11 floréal an 7e de la république fr. une et ind. — Le commandant de la place : J. B. Michaud. » Au-dessous un cachet républicain.

Le commandant Fay envoya le 1er mai à Grouchy ce reçu avec la lettre ci-dessous :

« Briançon, le 12 floréal an VII de la République française.

« Fay, chef de bataillon, commandant par intérim la subdivision de l'Eridan, au général de division Grouchy, commandant en Piémont.

« Mon général, j'ai l'honneur de vous annoncer que je suis arrivé hier à Briançon avec le pape, que vous m'avez ordonné d'escorter.

« Pendant sa route de Suze à Briançon, mes soins et ceux du commandant Michaud ont tout prévu, et il n'est résulté aucun accident ; au contraire, l'affluence du peuple a été presque insensible dans les communes où il a passé, n'y ayant aperçu que quelques vieilles bigottes et des curieux qui n'ont témoigné qu'une légère sensation en le voyant passer; on ne s'est point apitoyé sur son compte, et Briançon est aussi tranquille qu'avant son arrivée.

« J'ai beaucoup à me louer de l'intelligence et du patriotisme des citoyens Poitavin et Silvestre, le premier secrétaire de la municipalité d'Oulx et le second habitant de celle de Sézanne. Ils ont voulu me suivre jusqu'à Briançon et ont infiniment coopéré à empêcher que le peuple ne se rassemblât et ne s'apitoyât sur le sort du pape. Ils sont généralement aimés et estimés des habitants de leur pays et ont infiniment d'intelligence. Le citoyen Michaud m'a fait les plus grands éloges sur la pureté de leurs mœurs et de leur civisme; je vous prie en conséquence d'engager le citoyen Musset, commissaire civil et politique du gouvernement français, de penser à ces deux braves et dignes citoyens, en les plaçant soit comme commissaires du Directoire exécutif du chef-lieu de leur commune, soit comme juges de paix.

« J'ai pareillement à faire les plus grands éloges de la conduite qu'ont tenue les officiers, sous-officiers et dragons du 1er régiment piémontais, ainsi que des deux officiers du 3e bataillon de la 4e demi-brigade piémontaise qui formaient l'escorte du pape.

« Ils se sont tous comportés avec zèle, fermeté et bravoure, et la moindre des plaintes ne m'a été portée contre eux.

« Vous trouverez ci-joint, mon général, le reçu que m'a donné le citoyen Michaud, commandant à Briançon, à qui j'ai remis le pape ; il l'a logé convenablement, et il n'est vu de personne, jusqu'à ce qu'il en soit autrement ordonné par le gouvernement. Salut et respect. (Signé : Fay). »

On a souvent mis en doute cette pièce singulière, le reçu du pape. On a quelquefois brodé sur ce document et prétendu que le saint-père avait donné lieu, de la part d'un officier de gendarmerie, à une pièce ainsi libellée : *Reçu un pape en bon état ;* enfin la *Biographie Michaud*, à l'article de *Pie VI*, prétend que l'on put à peine faire quelques préparatifs indispensables pour le transport du prisonnier, etc. Cette notice dit aussi que des hussards piémontais lui offrirent leurs pelisses et qu'il les remercia.

Tout cela est erroné. Nous avons donné les documents vrais sans rien modifier. La correspondance de Grouchy prouve que l'on eut tous les égards convenables pour l'auguste voyageur, et quant aux pelisses des hussards piémontais, comme les hussards étaient des dragons, l'anecdote tombe d'elle-même.

Au commencement d'avril 1799, la municipalité de Verceil chargea deux de ses membres d'offrir, de la part de la commune, au général de Grouchy une somme considérable (24,000 fr.) en numéraire, et une paire de pistolets de fabrique anglaise. Grouchy refusa d'accepter ce cadeau et le fit remettre par son aide de camp Dupuy aux deux députés, qui donnèrent à ce dernier le reçu ci-dessous, et écrivirent au général la lettre qui suit le reçu :

« Nous soussignés dans la qualité de député de la commune de Verceil, déclarons avoir retiré du citoyen Dupuy capitaine de cavalerie française, aide de camp du général Grouchy commandant en Piémont, une petite caissette contenant mille pièces de 24 livres du Piémont chacune, que nous lui avions consignée hier au soir avec une paire de pistolets d'arçons à l'anglaise pour être présentés audit général Grouchy à titre de reconnaissance publique que la commune de Verceil voulait lui témoigner pour tous les ennuis que nous lui avons donnés au nom de nos commettants et pour tous les soins qu'il a eu la bonté de prendre afin que ladite commune fût nommée et érigée en chef-lieu de département pour les raisons politiques et irréfragables que nous lui avons mises sous les yeux à cet objet, et à l'avantage aussi de la grande nation.

« Nous livrons le présent au susdit citoyen Dupuy aide de camp du général Grouchy, pour sa décharge et quittance soit auprès dudit général que de qui ce soit d'autre, de nous avoir rendu ladite caissette contenant comme ci-dessus lesdites mille pistoles de 24 livres chacune que nous avons comptées, reconnues, vérifiées et retirées derechef auprès de nous avec les susdits pistolets d'arçons, et cela à son instance et d'ordre du général Grouchy. En foi de quoi nous nous sommes signé à Turin, le seize germinal an VII de la République.

« Citoyen général, la grandeur et l'élévation de

vos sentiments, citoyen général, sont connues en Piémont et partout ailleurs. Mais nous avons été trèsmortifiés que vous ayez refusé une faible marque de reconnaissance que nous vous avions fait offrir par votre aide de camp.

« En exécution de vos ordres, nous l'avons retirée de lui. Il nous reste à espérer que vous agréerez du moins les offres sincères de tous les cœurs de la commune de Verceil, qui se dévouent entièrement et aveuglément à votre volonté en particulier et à celle de toutes les autorités françaises.

« Notre commune vous proteste, citoyen général, avec toute l'ingénuité, qu'elle désire ardemment des occasions pour faire connaître à la grande nation que son amour senti pour la liberté la rendra digne à jamais de sa protection. Salut et respect. »

Le général de Grouchy ayant fait la campagne d'Italie depuis mai 1799 jusqu'à la bataille de Novi, où il fut blessé grièvement et pris, et ayant lui-même rédigé le récit des événements militaires, nous ne croyons pouvoir faire mieux que de donner ici la relation inédite dont il est l'auteur, et que nous trouvons dans ses papiers. La voici :

« Le général Moreau, ayant pris le commandement de l'armée, se retira, après l'affaire de l'Adda, derrière le Tésin. La nécessité de se tenir à portée d'opérer sa jonction avec l'armée de Naples, l'eût déterminé dès lors à marcher vers Gênes, et passant à cet effet le Tésin, près Pavie, sans prendre position derrière ce fleuve, il eût également passé le Pô, et se serait placé avec l'armée entre Tortone, Gavi et Alexandrie; ces places lui eussent servi de point d'appui, et quelque inférieur qu'il fût à l'ennemi, il lui eût été difficile de le pousser plus loin. Mais ignorant ce qu'était devenue la division Serrurier, il n'envoya qu'un faible corps vers Tortone et Alexandrie, pour en renforcer la garnison, et occupant avec le gros de l'armée les bords du Tésin, il poussa quelques bataillons dans le haut Novarrais. On présumait que la division Serrurier, forcée par les Austro-Russes à Lecco, aurait effectué sa retraite par le lac Majeur, ce qui rendait nécessaire de s'étendre sur la rive droite du Tésin, depuis Bufalora jusqu'au lac, de crainte que l'ennemi, en venant à passer le Tésin dans cette partie, ne coupât entièrement la division Serrurier. Ces précautions étaient inutiles. Le général Moreau, qui avait son quartier général à Novarre, y fut bientôt instruit de la capitulation de cette division; alors il fit passer le Pô à Casal et à Valence aux divisions Victor et La Boissière, les dirigeant sur Alexandrie. Le reste de l'armée eût suivi, si le pont de Valence, le seul qui existât sur le Pô depuis la Sésia jusqu'à Turin, n'eût été brûlé par une de ces mesures extraordinaires autant que funestes qui ont été si fréquentes pendant les mouvements rétrogrades de l'armée. D'un autre côté, le pont de bateaux que nous avions près de Pavie, et que le général Moreau avait ordonné, le jour même de l'affaire de l'Adda, de remonter, ne l'avait point été, de sorte que pour faire arriver ce qu'il avait d'artillerie sur la rive droite du Pô, il fut contraint de venir passer le fleuve à Turin. Il se porta donc vers cette ville avec la division Grenier et quelques débris de la division Serrurier qui s'étaient réunis aux corps envoyés dans le haut Novarrais.

« La marche d'une portion de l'armée de Turin avait l'avantage de rendre l'ennemi incertain de l'ensemble de nos projets, de couvrir les gros équipages de l'armée et de protéger la retraite de tous ceux qui abandonnaient Milan à raison de l'occupation de cette place par les Autrichiens. Le Piémont s'était d'ailleurs entièrement insurgé. Après les affaires du 16 et de l'Adda, une foule de patriotes, nombre de dépôts de corps et de détachements, enfin les renforts que l'on espérait recevoir de France, eussent été compromis ou coupés sans ce mouvement.

« Après avoir fait filer au mont Cenis et à Coni tout ce qu'il avait de trop en artillerie et en équipage, et avoir assuré la rentrée en France des administrations et commissions civiles, et de tous les non-combattants qui se trouvaient à la suite de l'armée, et donné les ordres nécessaires relativement à Turin et à sa citadelle, le général Moreau se porta vers Alexandrie pour s'y réunir aux divisions Victor et La Boissière.

« L'ennemi ne poursuivit que faiblement l'armée après son passage du Tésin. Il ne franchit la Sésia que trois jours après elle, et il y en avait dix ou douze que nous étions partis de Turin, quand ses coureurs parurent devant cette ville.

« Secondés toutefois par les insurgés piémontais que commandait Brandalucioni, les Autrichiens ne tardèrent pas à s'en rendre maîtres, partie par surprise et en partie par la défection de la garde nationale qui leur livra une des portes.

« La citadelle, bombardée plutôt qu'assiégée dans les derniers jours de prairial (milieu de juin), capitula dans les premiers de messidor (fin de juin). Nous reviendrons sur ce fâcheux événement.

« L'armée rassemblée sous les murs d'Alexandrie et forte de vingt-trois à vingt-quatre mille hommes prit la position de Bassignano, appuyant sa droite à Alexandrie, sa gauche à Valence, et éclairant les rives du Pô jusqu'à Verrua (en face Crescentino), ainsi que celles de la Bormida jusque vers Acqui. Les Russes occupaient la Tumeline et les Autrichiens étaient entre Voghera et Tortone; le général Moreau envoya en conséquence quelques bataillons en Ligurie, où il y avait peu de troupes françaises, et qui pouvait être attaquée d'un moment à l'autre. Il donna le commandement de ce pays au général Pérignon.

« Bataille de Valence. — Le 12 mai 1799, les Russes passèrent le Pô à Bassignano; le général Moreau, qui, de sa personne, était à Valence, ayant replié les corps qu'il avait à Bassignano et aux environs, plaça sa droite aux hauteurs de Pecetto, qu'il fit occuper, et sa gauche au Pô, ayant Valence derrière lui. Il reçut la bataille dans cette position; les Russes essayèrent à diverses reprises de nous chasser des hauteurs et du village de Pecetto; ils furent toujours repoussés, complétement battus et culbutés dans le Pô où plus de deux mille se noyèrent; on leur prit cinq pièces de canon, des caissons, un drapeau, et si une de nos colonnes venant d'Alexandrie et qui devait filer le long du Tanaro eût mis plus de célérité dans sa marche, tout le corps russe eût été pris ou détruit; le prince Constantin fût tombé entre nos mains, et cette affaire eût probablement entraîné de grandes conséquences.

« Un corps autrichien tenta aussi de passer le Pô à Ponté de Stura, près Casal; il ne fut pas plus heureux que les Russes; tout ce qui passa de notre côté fut fait prisonnier.

« Le lendemain de l'affaire de Valence, les Russes abandonnèrent la *Tumeline* et n'y laissèrent que quelques Cosaques, et, filant par leur gauche, on nous rapporta qu'ils étaient venus se réunir aux Autrichiens qui, ayant passé la Scrivia, se montraient entre Tortone et Alexandrie; nous n'étions séparés que par la Bormida, sur laquelle nous avions un pont.

« Le général Moreau, craignant avec raison que les Austro-Russes, après leur réunion, ne se portassent en force sur Gênes, ce qui eût rendu impossible sa jonction avec l'armée de Naples, se décida à tout faire pour défendre la Ligurie et conserver par là ses communications avec la Toscane.

« *Premier combat de San-Giuliano.* — Le 16 mai, il envoya une très-forte reconnaissance vers San-Giuliano pour s'assurer si l'armée ennemie était réellement entre Tortone et Alexandrie, ainsi que le disaient nos rapports. Cette reconnaissance, poussée trop loin peut-être, devint une affaire sérieuse. Elle était commandée par le général Victor, qui, ayant trouvé l'armée ennemie à Giuliano, et étant pressé par elle, se retira dans le plus bel ordre. Le général Colli se distingua particulièrement dans cette journée, qui nous donna quelques centaines de prisonniers et les lumières dont nous avions besoin. Nous perdîmes sept à huit cents hommes, mais on ne nous prit ni un soldat ni une pièce de canon.

« Certain de la présence des principales forces des Austro-Russes entre la Scrivia et la Bormida, le général Moreau fit partir, dans la nuit même du 16 au 17 mai, la division Victor pour Gênes, la dirigeant, pour dérober sa marche, par Acqui et Cairo et ne lui donnant pas de canon afin de la rendre plus légère. Cette colonne n'arriva dans la Rivière qu'après s'être vivement battue contre les insurgés piémontais, qu'elle dut percer dans les environs d'Acqui et de Cairo.

« Avec le reste de l'armée et l'artillerie, le général Moreau se porta, par Asti, vers Turin, poussant des têtes de colonnes à Montcarlier et Carignan; il se détermina à faire ce mouvement par diverses raisons.

« Il était devenu indispensable de comprimer les insurrections du Piémont qui embrasaient tout le pays; guidés par les officiers piémontais et savoyards, qui, malgré d'éclatants services, avaient été expulsés de dessous nos drapeaux, sous prétexte qu'ils étaient émigrés, guidés, dis-je, par ces officiers, les insurgés coupaient toutes les communications de l'armée avec la France (nous fûmes près de cinq semaines sans recevoir de nouvelles), lui enlevaient ses moyens de subsistance, ses convois, enfin la tenaient comme bloquée de toutes parts, lui faisant sur ses derrières une petite guerre aussi bien entendue que meurtrière.

« On espérait que le gouvernement, qui devait être instruit des pertes et de la position de l'armée, lui aurait envoyé de l'intérieur, soit par Coni, soit par le mont Cenis, des renforts qu'il fallait aller recueillir, car ils eussent été trop faibles pour percer jusqu'à nous. (Aucun de ces renforts ne nous vint, et il ne commença à en arriver que longtemps après et alors que nous étions dans la rivière de Gênes.) On avait à assurer le passage en France de ceux des gros équipages de l'armée qui avaient été dirigés sur Coni, ayant trouvé le chemin du col de Tende impraticable; ils étaient encombrés dans cette place et ne pouvaient retraverser le Piémont pour gagner le mont Cenis.

« Enfin, dans l'impossibilité de nous rendre à Gênes par le chemin de Novi, qu'on ne pouvait suivre qu'en passant la Bormida, devant un ennemi triple en force et en lui prêtant le flanc pendant plus de trois lieues, on se trouvait forcé de chercher une route plus en arrière à travers les Apennins.

« Mais il fallait avoir le temps d'ouvrir cette route, qui n'existait point, et pour cela éloigner les Austro-Russes des montagnes, en leur faisant croire que nous allions prendre la position de Turin ou quelque autre au centre du Piémont. On le détournait aussi de toute entreprise sur la Ligurie, et, en l'attirant à nous, on le dégageait d'autant de l'armée de Naples.

« Cependant nombre de difficultés semblaient devoir

impossibiliter la marche que se proposait le général Moreau.

« Le fort de Ceva, qui bat le seul chemin de voitures, conduisant au pied des Apennins, qu'il nous convenait de suivre, avait été pris par les paysans piémontais, qui y avaient introduit une garnison autrichienne.

« La province de Mondovi, qu'il fallait traverser, était insurgée et au pouvoir des rebelles, qui l'occupaient en force. Le général Delaunay, qui s'y était porté avec la garnison de Coni pour les en chasser, avait été battu et tué.

« Enfin, après avoir dépassé Mondovi et Ceva et être arrivé aux Apennins pour faire passer l'artillerie dans la rivière de Gênes, on avait à ouvrir une route à travers les montagnes, depuis Garessio, où finit celle praticable aux voitures, jusqu'à Loano. Cette route, qui n'avait jamais été faite, paraissait impossible à construire à la plupart; le général Moreau sut vaincre ces divers obstacles.

« Maître de Carignan et des hauteurs de Montcarlier, il poussa un corps de cavalerie à Rivoli, et, faisant filer son convoi de Coni par Pignerole, Orbassan et Sate, il passa le mont Cenis sans être entamé.

« Ce premier but atteint, l'armée quitta les environs de Turin, et, pour mieux donner le change, au lieu de se porter par Chérasco vers Mondovi, elle alla d'abord à Coni, comme si elle eût dû se retirer en France par le col de Tende; puis, prenant tout à coup sur la gauche, elle se rendit à marches forcées à Mondovi, dont elle s'empara après une affaire sanglante contre les insurgés; de là, tournant Ceva en se frayant un chemin à travers les bois, elle fila dans la vallée de Garchio, jusqu'à Garessio même. Une route fut alors percée à travers les Apennins, malgré des rochers, des précipices et des obstacles de tout genre, et l'armée avec toute son artillerie franchit les terribles montagnes et arriva sans perdre un chariot dans la rivière de Gênes.

Cependant, afin d'assurer entièrement la marche de l'armée, de donner tout le temps nécessaire pour ouvrir la route et arrêter les troupes légères ennemies qui suivaient notre arrière-garde, un corps aux ordres du général Grouchy, après s'être rendu maître des hauteurs de Castellino et des redoutes de Testanera et Fayabayon, dont les insurgés et quelques Autrichiens furent chassés, prit position au-dessus de Ceva. Il tint en respect les ennemis, qui, ayant enfin deviné nos projets, commencèrent à s'avancer, et il feignit de faire le siége de Ceva, où on jeta seulement quelques obus. Dès que l'artillerie et l'armée eurent passé les montagnes, le corps qui était resté devant Ceva vint occuper Montezimoto, Saint-Jean de Murialto, le mont Sette, achevant de couvrir ainsi le flanc gauche de l'armée jusqu'à son arrivée à Savone et Gênes, où il se rendit également.

Le général Pérignon, qui commandait en Ligurie, avait contenu l'ennemi, qui s'était montré vers Gavi et quelques autres points; il l'avait empêché de pénétrer dans la rivière de Gênes, et ayant garni de troupes les débouchés de la rivière de Levant jusqu'à

Pontremoli, qu'il fit occuper par la division Victor, la communication avec la Toscane était assurée; c'est ainsi qu'après une marche aussi étonnante que hardie, toute l'armée se trouva réunie et en mesure de faire sa jonction avec l'armée de Naples, sans qu'il fût possible à l'ennemi d'y mettre obstacle.

Le général Moreau, qui jusqu'alors n'avait reçu aucune nouvelle du général Macdonald, présumait qu'il viendrait le joindre dans la rivière de Gênes, en passant par le chemin de la Corniche; mais le 13 juin il apprit que le général Macdonald s'était au contraire déterminé à prendre la route par Modène et à déboucher sur Plaisance; jugeant alors que le général aurait besoin de plus de forces qu'il n'en avait pour opérer sa jonction par la plaine et en avant des montagnes, il mit à ses ordres la division Victor, forte de neuf à dix mille hommes. Elle était à Pontremoli et se porta par Fornovo sur Plaisance.

Pour faciliter encore davantage le mouvement du général Macdonald, le général Moreau s'avança, avec les treize ou quatorze mille hommes qui lui restaient, vers Gavi et Serravale. Il tenait par là en échec les troupes autrichiennes qui se trouvaient entre Alexandrie et Tortone et les empêchait de se joindre au corps d'armée russe que le général Souwarow conduisait à la rencontre de l'armée de Naples. Le général Moreau se proposait en outre de faire lever le siège de Tortone, de repousser les Autrichiens de l'autre côté de la Bormida, s'ils voulaient tenir sur la rive droite de cette rivière, et de filer rapidement ensuite par sa droite sur Robbio, en suivant les collines de Villanova et de Varzi ; il avait fait occuper Robbio par quelques troupes liguriennes et françaises aux ordres du général Lapoype, et cette petite ville devait être le point de contact et de réunion des deux armées. Celle de Naples y eût appuyé sa gauche, celle d'Italie sa droite, et le mouvement du général Moreau devait se combiner de telle manière avec la marche du général Macdonald, que l'armée d'Italie se serait trouvée sur le flanc droit du général Souwarow, alors que celui-ci aurait attaqué l'armée de Naples.

« Ce plan était bien conçu et eût probablement réussi, si les communications entre les deux armées eussent été parfaitement libres ; mais les paysans armés arrêtèrent les courriers et assassinèrent les officiers porteurs des ordres ; on ne fut point instruit à temps des mouvements du général Macdonald, et le défaut d'ensemble fit manquer l'exécution du plan, ainsi qu'on le va voir.

« Le 18 juin, le général Moreau se trouvait entre Gavi et Serravale, avec les divisions Grenier et Grouchy ; le général autrichien Alkaïny faisait le siége de Tortone. Les généraux Bellegarde et Sekendor et le gros de l'armée ennemie étaient à Alexandrie, ayant leurs avant-postes à Sizzolo-Formigaro et à la Cofano-Spinola, et le général Kean, avec une quinzaine de mille hommes, était occupé au siége de la citadelle de Turin.

« Le 19 juin, le général Moreau commença le mouvement qui devait faire lever le siége de Tortone ; il dirigea la division Grenier par Serravale et les collines de la rive droite de la Scrivia, qui viennent aboutir à Tortone. La division Grouchy se porta également vers cette place, en passant par Novi, d'où elle chassa les avant-postes ennemis, et par la rive gauche de la Scrivia, traversant cette rivière à Rivalto où elle laissa une forte avant-garde. Elle s'étendit jusqu'à la forteresse et occupa, comme avant-poste, la Principia. Durant cette marche, les flanqueurs de la division Grouchy fusillèrent constamment avec les troupes légères autrichiennes, mais sans engager d'affaires sérieuses; le général Alkaïny, sans nous attendre, se hâta d'abandonner le siége de Tortone et se replia sur San-Giuliano.

« Pour dérober sa marche à l'ennemi, le général Moreau commença, le 20 juin, à faire filer vers Voghera la division Grenier, dont il ne retint qu'une brigade à Castel-Nuovo di Scrivio, et il ordonna à la division Grouchy de chasser les Autrichiens de Pozzolo et de San-Giuliano et de les pousser de l'autre côté de la Bormida. Il ne croyait pas qu'ils tinssent dans la plain entre Tortone et Alexandrie, et, imaginant qu'ils repasseraient promptement la Bormida, il comptait également porter vers l'armée de Naples la division Grouchy, dès qu'elle aurait reployé l'ennemi en face duquel elle ne devait laisser que quelques troupes légères, pour qu'il n'eût pas connaissance de notre mouvement.

« Le général Grouchy, informé que les forces principales des Autrichiens étaient vers Giuliano, fit d'abord marcher le général de brigade Garreau, avec quatre bataillons et un régiment de cavalerie à Pozzolo, pour qu'il en chassât ceux qui étaient dans cette partie, et lui donna ordre de se porter ensuite à San-Giuliano. Le chemin qu'il avait à suivre pour y arriver en venant de Pozzolo, le conduisait naturellement sur les derrières de ce village. L'adjudant-général Serras, qui était destiné à soutenir avec un corps d'environ huit cents hommes le général Garreau, fut envoyé à cet effet jusqu'au chemin Della Levata; il lui fut prescrit de marcher, aussitôt après l'enlèvement de Pozzolo, par la droite vers San-Giuliano, et de tomber sur le flanc de l'ennemi que la brigade du général Colli attaquerait de front, se portant vers Giuliano par le chemin de Torre di Garofolao. A peine le général Grouchy eut-il dépassé Torre di Garofolao, qu'il trouva les Autrichiens, qui avaient fait un mouvement en avant et qui l'attaquèrent. La brigade de Colli fut déployée sur la droite de la route et la cavalerie dans la plaine vers Sallès. On repoussa vivement l'ennemi jusqu'à San-Giuliano, où le combat devint très-sérieux. Les Autrichiens, étaient les plus nombreux et avaient beaucoup d'artillerie, tandis que nous ne les attaquions qu'avec cinq bouches à feu. Cependant, malgré leur extrême supériorité, la brigade de Colli, qui n'était que de deux bataillons, les combattit avec avantage, jusqu'à ce que la tête de la colonne du général Garreau et le corps du général Serras venant à paraître, l'ennemi qui se trouvait cerné commença à se retirer dans le plus grand désordre. Chassé de San-Giuliano, il prit position à Cassina-Grossa, s'y réunissant aux généraux Bellegarde et Sekendorf, qui à la première nouvelle de l'attaque s'y étaient portés d'Alexandrie avec toutes leurs forces. Les corps de Colli et de Serras poursuivirent chaudement l'ennemi et l'attaquèrent de front à Cassina-Grossa, sans lui donner le temps de se reconnaître, tandis que le général Garreau le prenait encore par le flanc. Malgré leur nombre et leurs efforts pour s'y maintenir, nous emportâmes le village. Deux fois ils y rentrèrent, et deux fois ils en furent rechassés à la baïonnette. A cinq heures du soir ils essayèrent pour la troisième fois de s'en rendre maîtres, et ils étaient encore repoussés, lorsque le général Moreau, qui fut informé de l'opiniâtreté du combat et que l'ennemi, passant la Bormida avec toutes ses forces, s'était porté vers Cassina-Grossa, y amena lui-même la portion de la division Grenier, qui se trouvait encore dans les environs de Tortone. L'arrivée de ce renfort rendit la victoire plus complète ; les Autrichiens, qui, par une contre-manœuvre, avaient essayé de tourner une de nos ailes, eurent plusieurs corps de coupés ; ils furent repoussés jusqu'à la Bormida, qu'ils repassèrent en hâte. On leur fit quinze cents prisonniers ; on leur enleva quatre pièces de canon, nombre de caissons, et, de leur aveu, ils perdirent trois à quatre mille hommes. Si nous eussions eu deux heures de jour de plus, peu d'entre eux nous seraient échappés ; toutefois leur défaite était si complète que pendant la nuit ils firent filer tous leurs gros équipages à Valence, et les généraux Sekendorf et Bellegarde se disposaient à évacuer Alexandrie et à repasser le Pô, lorsqu'ils reçurent un courrier qui leur apprit que le général Souvarow avait battu le général Macdonald sur les bords de la Scrivia, et que, la citadelle de Turin ayant capitulé, le corps de troupes qui en avait fait le siége s'avançait vers Alexandrie, où ces nouvelles les décidèrent à rester. Ainsi la force des circonstances ne donna pour ainsi dire aucun résultat à la journée du 20 juin, et aux succès de la division Grouchy qui, comptant à peine sept mille hommes, avait battu et poursuivi pendant trois lieues un ennemi double en nombre et qui avait quatre fois autant d'artillerie.

« S'il eût été possible d'établir un concert suffisant avec le général Macdonald, il se serait tenu sans doute sur les collines du Plaisantin, ne fût pas descendu dans la plaine et eût refusé la bataille jusqu'à notre jonction, qui n'aurait eu lieu qu'après que le général Bellegarde aurait été réduit, pour quelque temps du moins, à l'impossibilité d'agir. Ainsi nous eussions eu tout le temps nécessaire pour combattre Souvarow avec autant d'avantage que de supériorité.

Le général Moreau, ayant aussi été informé de la défaite du général Macdonald, jugea qu'il importait d'attirer à lui le général Souvarow, afin de dégager autant que possible l'armée de Naples et lui faciliter sa retraite vers la Toscane; il réunit en conséquence la presque totalité de la division Grenier à la division Grouchy sur les bords de la Bormida et fit toutes les démonstrations qui pouvaient engager à lui croire l'intention de passer cette rivière.

Le général Souvarow, instruit de l'échec du général

Bellegarde, et apprenant qu'il était encore menacé, se hâta de marcher à son secours et ne laissa que le général *Klainau* à la poursuite du général Macdonald; mais le général Moreau, ayant par là rempli le dessein qu'il se proposait, quitta les rives de la Bormida aussitôt que les têtes de colonnes russes parurent à Voghera et à Salo, et il se replia sur Gavi, reprenant dans les montagnes les fortes positions qu'il y avait déjà occupées pour couvrir la rivière de Gênes. Débarrassé des Russes, le général Macdonald, qui n'était suivi que par un corps autrichien trop faible pour l'entamer, fit tranquillement sa retraite vers la Toscane et opéra enfin sa jonction par le chemin de la Corniche dans la rivière de Gênes.

« L'objet le plus important après cette réunion était d'empêcher la prise de la citadelle d'Alexandrie, qu'on ne pouvait douter que les Austro-Russes n'attaquassent vigoureusement.

« Mais les vingt-trois mille hommes en plus que ramenait le général Macdonald, harassés de fatigue, la majeure partie sans souliers, sans habits et ayant leurs armes dans le plus grand délabrement, étaient pour l'instant hors d'état d'agir. La pénurie des munitions, la triste situation de la cavalerie entièrement ruinée par son passage dans la rivière de Gênes, où on était réduit à la nourrir avec de la mousse plutôt que de foin arrachée des montagnes, où par les longues marches qu'elle avait eu à faire pour y arriver, le défaut de tout moyen de transport et d'attelage d'artillerie dont les chevaux étaient morts ou mourant d'inanition, condamnait l'armée à une funeste inaction.

« Non-seulement elle manquait absolument de cartouches, mais même de moyens pour en confectionner; il fallait tout faire venir de France, les poudres, les plombs pour les balles, les boulets. Les Anglais bloquaient Gênes et ne laissaient rien passer, et les transports par le chemin de la Corniche étaient aussi longs que difficiles.

« On eut recours à tous les expédients, on coula des obus à Gênes même, on se procura du plomb partout où l'on en put trouver, et on déploya toute l'activité et le zèle possibles pour réorganiser l'armée, la munir des objets indispensables qui lui manquaient, et se mettre à même d'agir. Malheureusement elle ne put reprendre l'offensive assez tôt pour sauver la citadelle d'Alexandrie, qui capitula au commencement de thermidor (milieu de juillet 1799).

« Vers cette époque, le général Joubert fut nommé au commandement de l'armée d'Italie, et on chargea le général Championet d'en organiser une autre sous la dénomination d'armée des Alpes. Elle était destinée à agir par Suze et Coni, et devait seconder celle d'Italie.

« Lorsque le général Joubert arriva à Gênes, l'armée se trouvait à peu près outillée. Quoique ayant encore peu de cartouches, Mantoue tenait, et le général en chef crut devoir livrer bataille au général Souwarow avant que cette place ne tombât, et qu'il ne fût renforcé par l'armée qui en faisait le siége. Le caractère connu du général Souwarow permettait de croire que, si on parvenait à le battre, ce serait d'une manière sévère et complète, et que les suites d'une victoire dégageraient Mantoue et reporteraient le théâtre de la guerre dans les environs.

« Le général Joubert se proposa donc d'attaquer, et le général Moreau crut devoir acquiescer à la demande que lui fit le général Joubert de ne quitter l'armée qu'après la bataille.

« Le général Pérignon, qui commandait la gauche, composée des divisions Grouchy et Lemoine, eut ordre de descendre de ses positions dans les Apennins, par le chemin des Bormida et ceux latéraux sur Acqui.

« Le général Saint-Cyr, qui commandait la droite, composée des divisions Laboissière et Vatrin, dut se porter sur Novi par le chemin de Gavi et ceux environnants.

« L'ennemi occupait les fortes positions de *Terzo* et de la Médisima, entre Gavi et Serravale, dont il poussait vivement le siége, et qu'il prit avant qu'on fût en mesure de dégager le fort.

« Le mouvement de l'armée, qui devait être de trente-cinq à quarante mille hommes, allait commencer lorsque l'on sut que Mantoue avait capitulé. Le général Joubert ne crut pas néanmoins devoir changer son plan, espérant combattre le général Souwarow avant que les troupes qui étaient devant Mantoue ne l'eussent joint. Il se trompa dans ses calculs à cet égard, et lorsque nous parvînmes vers Novi, on apprit que le général Kray était arrivé à l'armée austro-russe, lui amenant vingt-deux mille hommes de renfort.

« Cependant le corps aux ordres du général Pérignon débouchait devant la position de *Terzo*; le général Joubert la fit attaquer par la division Grouchy, dont une des brigades la tourna par Monastera, la division Lemoine la menaçant sur son front.

« Décidé alors à nous attirer dans la plaine, l'ennemi ne tint que faiblement à *Terzo;* la division Grouchy lui fit un certain nombre de prisonniers, et, après une couple d'heures de fusillade, le général Bellegarde, qui commandait à *Terzo,* se retira à *Fressanara.* Le corps du général Pérignon, filant par Capriata, après quelques combats partiels, vint prendre position en avant de Pasturana, et se réunit heureusement au général Saint-Cyr, réunion qu'il était facile à l'ennemi d'empêcher.

« Le corps du général Saint-Cyr éprouva dans sa marche moins de résistance encore de la part de l'ennemi, qui, à son approche, quitta la position de la Médisima et descendit dans la plaine, près de *Pozzolo.*

« Le 27 thermidor (14 août 1799) au soir, l'armée française, qui n'était forte que de trente-trois à trente-quatre mille hommes (car on avait laissé plusieurs bataillons en arrière, dans le dessein de conserver la liberté des communications, qu'eussent interceptées les paysans piémontais), l'armée, dis-je, se trouva en bataille sur les dernières hauteurs aboutissant à la plaine de Novi; sa droite était vers *Bettole,* et sa gauche en avant de Pasturana.

« L'armée austro-russe se montrait en bataille, en avant de Pozzolo; elle avait sa droite dans la direction de *Fressanara,* et sa gauche vers Rivalta; une seconde ligne, où était la presque totalité de sa nombreuse cavalerie, s'étendait derrière Pozzolo et Rivalta, et diverses réserves formaient en quelque sorte une troisième ligne qui ne pouvait guère être aperçue, non plus que la seconde. Les forces des Austro-Russes s'élevaient à soixante mille hommes et peut-être davantage. On ne leur en croyait cependant que quarante mille.

« L'ennemi ayant quitté les fortes positions de Terzo et de la Médisima, on devait présumer qu'il voulait nous engager à descendre dans la plaine, pour tirer avantage de sa supériorité en cavalerie et en artillerie. Personne n'eût imaginé qu'il viendrait nous attaquer dans les mêmes positions qu'il nous abandonnait, et c'est néanmoins ce qui arriva ; le général Joubert comptait livrer bataille le 28 thermidor (15 août), vers midi. Il fut prévenu, et notre aile gauche fut attaquée à trois heures du matin. Il paraît certain que le général Souwarow eut d'abord le dessein de nous faire quitter la montagne, et de nous combattre en plaine. Mais, s'étant aperçu que le général Joubert n'avait pas fait occuper les hauteurs entre Novi et Serravale, ni celle entre Serravale et Aquata, il jugea qu'il pouvait nous tourner de ce côté avec facilité et grand avantage. En conséquence, il changea de résolution dans la nuit du 27 au 28 (14 au 15 août).

« Le général Souwarow était au centre avec les Russes ; le général Kray commandait la droite, forte de vingt-deux mille hommes environ, et le général Mélas conduisait la gauche, qui était à peu près d'égale force.

« Le général Kray eut ordre d'attaquer notre gauche avec assez de vigueur pour fixer toute notre attention, afin que le général Mélas pût se porter sur notre flanc droit sans être aperçu ou inquiété. Le général Souwarow fit commencer l'attaque à trois heures du matin, pensant qu'à neuf le mouvement du général Mélas serait achevé, et projetant alors de rendre l'affaire générale ; mais il avait mal calculé les distances, comme aussi les suites que pouvait avoir l'attaque de notre gauche. Les troupes du général Mélas ne parvinrent sur notre flanc et derrière notre droite, que dans la soirée, et jusqu'alors les troupes du général Kray, contre les divisions Grouchy et Lemoine, avaient été si vivement repoussées, que le succès de notre aile gauche pouvait et semblait devoir entraîner le gain de la bataille.

« Le combat fut, il est vrai, opiniâtre et sanglant. Toujours chassés, les Autrichiens se présentèrent de nouveau avec une grande valeur; dans la journée ils firent jusqu'à onze attaques, mais toutes leur furent malheureuses; elles leur coûtèrent beaucoup de monde en tués et prisonniers et leur firent perdre du terrain; c'est à cette gauche que périt Joubert, il s'y était porté dès les premiers coups de fusil, et ayant voulu conduire lui-même quelques bataillons à l'ennemi, il reçut vers six heures du matin une balle dans la poitrine, et expira peu d'instants après.

« On cacha sa mort à l'armée, et le général Moreau en prit le commandement.

« La gauche combattait sans que la droite ni le centre fussent engagés, seulement quelques bataillons de la brigade du général Colli qui faisait le centre de l'armée furent détachés pour soutenir la division Lemoine, et deux fois cette même brigade Colli chargea avec autant d'à-propos que de succès l'ennemi qui pressait le général Lemoine.

« Vers midi, le général Kray étant déjà chassé au loin dans la plaine, et poussé de manière à craindre d'être entièrement défait, fit prévenir le général Souwarow qu'il était hors d'état de se soutenir et d'attendre plus longtemps l'effort du général Mélas, qu'ainsi il était urgent qu'il opérât de suite une diversion plus près de lui pour le dégager. Alors le général Souwarow se détermina à faire attaquer notre centre par les Russes, mais ce fut sans succès. Nos troupes étaient fraîches, bien disposées ; leurs positions étaient bonnes et notre artillerie fut parfaitement servie : trois fois les Russes revinrent à la charge, et trois fois ils furent culbutés et poursuivis au loin.

« Le général Kray, de son côté, éprouvait de nouvelles pertes, et vers quatre heures le général Grouchy préparait un dernier mouvement en avant qui eût placé sa division sur le flanc droit et les derrières de l'armée ennemie et probablement amené une victoire complète, quand le corps du général Mélas, ayant enfin achevé son mouvement, commença à attaquer notre droite. Six bataillons de grenadiers conduits par le général Lusignan fondirent sur le flanc de la division Laboissière ; le combat y fut vif et longtemps disputé, et le général Lusignan fut fait prisonnier. Mais une autre division autrichienne, filant par les hauteurs en deçà de Serravale, s'était portée sur le chemin qui conduit de Novi à Gavi, et un troisième corps aux ordres du général Landon, passant par les montagnes au delà de Serravale, était venu prendre position entre Arquata et Carrosio, de sorte que notre droite, attaquée en flanc et complétement tournée, commença à plier. Le général Moreau crut alors devoir ordonner à l'armée de reprendre les positions qu'elle occupait la veille de la bataille. Sachant le chemin de Gavi occupé par l'ennemi, il prescrivit à l'artillerie de filer par Posturana et Franca-Villa; à la division Vatrin de prendre un chemin intermédiaire entre celui de San-Cristoforo de Pasturana, et aux divisions Grouchy et Lemoine de se porter sur Acqui.

« La division Lemoine fut spécialement chargée de couvrir la retraite. Une portion de la 68⁰ demi-brigade, à la tête de laquelle se mit le général Colli, eut ordre de retarder et d'amuser autant que possible les Russes, en tenant jusqu'à la dernière extrémité dans la position qu'elle avait si bien défendue pendant toute la journée.

« Cependant quelques troupes légères ennemies, pénétrant entre la division, étaient parvenues jusqu'au delà de Pasturana et fusillaient sur le chemin de ce village à Franca-Villa, chemin que devait suivre l'artillerie.

« Une charge d'une des brigades de la division Grouchy, qui se retirait l'arme au bras, et des artilleurs à cheval rouvrit à l'instant la route (1); mais pendant qu'elle s'était trouvée interceptée, quelques conduc-

---

(1) Grouchy, voyant faiblir le 39⁰, saisit le drapeau de cette demi-brigade et se précipita avec son état-major, tête baissée sur les Autrichiens. Un boulet brise la hampe du drapeau; le général met aussitôt son chapeau au bout de son sabre et repousse au loin l'ennemi.

teurs d'artillerie n'étant plus surveillés par les canonniers à cheval qui chargeaient, coupèrent les traits des chevaux et se sauvèrent. D'autres charretiers effrayés versèrent plusieurs canons et caissons à la descente de Pasturana, qui est extrêmement difficile à raison de sa rapidité; enfin, nombre de chevaux des attelages avaient été tués dans cet endroit, de façon que l'étroit et rapide défilé de Pasturana fut encombré de pièces renversées, de chevaux morts et que le passage y devint impossible.

« Les généraux Grouchy et Pérignon, qui allaient se retirer, fermant la marche de cette division, prévoyant la perte de cette artillerie qui n'avançait plus, voulurent, en retournant à la tête du village et en y rétablissant encore le combat, donner le temps de désencombrer la route et de sauver les pièces; ils rassemblèrent donc tout ce qu'ils purent ramasser de traîneurs et de soldats de divers corps et divisions restés en arrière et les ramenèrent à l'ennemi. La fusillade recommença et l'on tint ferme à la tête du village; toutefois ils y eurent bientôt toute l'armée ennemie sur les bras, et, au moment où, faisant un dernier effort, ils dirigèrent une charge à la baïonnette dans une des rues de Pasturana, ils furent hachés de coups de sabres et de coup de baïonnettes et faits prisonniers.

« Si leur dévouement ne put sauver l'artillerie, il empêcha du moins l'ennemi d'entamer notre arrière-garde et de ramasser nombre de prisonniers, qui ne lui eussent probablement pas échappé si, avec une poignée de soldats, on ne l'eût arrêté jusqu'à la nuit close devant Pasturana ; par ce moyen notre armée opéra tranquillement sa retraite et fut à peine poursuivie.

« Le général Colli, qui, avec un bataillon de la 68ᵉ demi-brigade, combattait toujours en se retirant, contribuait efficacement aussi, par sa fermeté et par un feu des plus vifs, à arrêter les Russes et à les éloigner de notre arrière-garde. Arrivé à hauteur de Pasturana, il y prit encore position ; mais, notre armée étant déjà éloignée, l'impossibilité d'emmener l'artillerie étant reconnue, il n'eut plus qu'à sauver les braves qui l'accompagnaient. Il prescrivit les dispositions nécessaires, et, favorisée par la nuit, qui était déjà obscure, la majeure partie de ce bataillon parvint à rejoindre l'armée. Malheureusement le général Colli eut son cheval tué sous lui et fut fait prisonnier après avoir reçu plusieurs coups de baïonnettes.

« Les différentes divisions de l'armée arrivèrent dans la nuit aux positions qu'elles devaient occuper, et s'y établirent dans un si bon ordre, que le général Souwarow, qui s'était vanté d'entrer dans Gênes le lendemain, n'osa pas même les y attaquer.

« Si, après seize heures de combat, l'armée française perdit le champ de bataille, elle conserva cependant après l'affaire des positions plus en avant, d'une grande marche, que celles qu'elle occupait avant qu'elle eût lieu. Alors nos avant-postes se trouvaient à Villagio, Rossiglione, Sassello, Cairo, Baguarco, etc. Ils furent placés le 29 thermidor (16 août), en avant à Roccagrimalda, à Pouzone, à Spigno, à Cesegno, et l'armée poussa des incursions à Savilliani, Fossano,

Alba, Robbio et jusques aux portes de Plaisance.

« Nous eûmes dans cette bataille de 3 à 4,000 hommes hors de combat, et on nous fit 11 à 1,200 prisonniers. Les Austro-Russes perdirent plus de 8,000 hommes, dont 1,400 furent prisonniers.

« Sans l'accident qui fit tomber au pouvoir de l'ennemi la majeure partie de notre artillerie, on pouvait mettre en doute que la victoire lui appartînt, puisqu'il ne retira aucun fruit de cette journée sanglante et qu'elle lui coûta le double d'hommes qu'à nous.

« Ayant été fait prisonnier à la bataille de Novi, les opérations ultérieures de l'armée ne me sont qu'imparfaitement connues, et je ne me permettrai pas d'en parler. »

Le 8 septembre 1799, étant à Grœtz, le général de Grouchy écrivit à son père la lettre ci-dessus :

« Ma femme vous a sans doute appris, mon cher papa, qu'à la bataille de Novi, j'ai été grièvement blessé, et que mes blessures m'ont fait tomber au pouvoir de l'ennemi ; mais quelque nombreuses qu'elles soient, elles sont sans danger. Quatre coups de sabre, dont un me fend le crâne, une balle, plusieurs coups de baïonnette, devraient envoyer un homme dans l'autre monde, et de tout cela je serai seulement un peu estropié du bras droit, ayant eu la clavicule coupée en deux endroits ; mais l'usage de l'avant-bras et des doigts est complet. J'ai craint la trépanation, mais elle ne sera pas nécessaire, mes maux de tête ayant cessé, et ma plaie de la tête étant superbe.

« Au demeurant, mes souffrances m'affectent moins que le regret d'avoir vu la victoire nous échapper après l'avoir fixée si longtemps, au point où j'ai combattu avec ma division. Après treize heures de combat, après avoir repoussé onze attaques de l'ennemi, lui avoir fait mille prisonniers, et poursuivi le corps entier du général Kray pendant plus d'une lieue, la défaite de notre droite et de notre centre a mis Moreau dans le cas de m'envoyer l'ordre de me retirer. C'est dans cette retraite, qu'un autre divisionnaire avait ordre de couvrir avec sa division et ne couvrait point, que j'ai été haché par l'ennemi, non ma division que j'avais mise à couvert, mais ma pauvre cavalerie. Il est surtout pénible de se voir écharper en faisant le métier des autres. Si quelque chose m'a consolé, c'est l'éclatante justice que m'ont rendue les généraux ennemis, et notamment Kray, qui a eu la générosité de s'avouer battu. Dans deux mois il ne paraîtra guère à mes blessures, et j'espère être à même, si j'obtiens d'être échangé, de prendre ma revanche de MM. les Austro-Russes, qui en vérité ne sont pas ce qu'on croit. Ils sont plus forts de notre impéritie et de nos sottises que de ce qu'ils valent.

« On me fait espérer, mon cher papa, que je serai bientôt renvoyé en France sur parole. Je vous reverrai avec bien de l'empressement et de la joie. Vous la partagerez, j'en suis bien sûr, et cette pensée accroît mon désir de rentrer dans une patrie, qui d'ailleurs se montre bien ingrate envers moi. Mais n'importe, je la servirai toujours de tous mes moyens et je montrerai à mes dénonciateurs mes blessures, quatre aides de camp tués à mes côtés, quelques succès sur l'ennemi et une conduite irréprochable.

« Adieu, mon cher papa, je vous embrasse ainsi que mon frère. Aimez-moi, et pensez à moi. »

A la bataille de Valence, le 12 mai, un des aides de camp du général de Grouchy, M. Fougeroux, fut grièvement blessé et laissé à Alexandrie. Le beau-frère de cet officier lui ayant écrit pour demander de ses nouvelles, reçut la lettre ci-dessous, datée du 27 juin 1799 :

« J'ai reçu, citoyen, votre lettre du 11 du mois dernier; mes occupations ne m'ont pas permis d'y répondre de suite. Il est vrai que mon aide de camp Fougeroux est celui qu'a voulu désigner le journal que vous me citez; mais la situation de ce brave officier ne doit point affliger sa famille, puisque j'ai pris toutes les précautions possibles pour que rien ne lui manquât. Après l'avoir vivement recommandé et lui avoir fourni tout l'argent dont il avait besoin, je l'ai laissé à Alexandrie dans la crainte que les fatigues d'un déplacement ne lui fissent perdre la jambe blessée, qu'on espérait de lui conserver. Je me suis informé de sa santé par toutes les occasions favorables et j'ai appris avec la plus grande satisfaction qu'il est aussi bien portant que le permet son état; je m'attends donc à le voir bientôt en état de rejoindre son poste. Vous apprendrez sans doute avec plaisir que votre beau-frère a été nommé chef d'escadron sur le champ de bataille, et qu'il n'est point prisonnier de guerre, quoique la ville où il se trouve soit occupée par l'ennemi. Veuillez bien assurer votre famille que je ne laisserai échapper aucune des occasions d'être utile à Fougeroux, qui mérite à bien des titres l'attachement de tous ceux qui le connaissent. »

M. Fougeroux, malgré les soins qui lui furent prodigués, mourut à Alexandrie en mars 1800, des suites de sa blessure. Grouchy apprit cette nouvelle pendant sa captivité par la lettre d'une dame de Grimaldi à laquelle il avait lui-même rendu des services. Il fut très-affecté de la mort de ce brave officier, qu'il aimait beaucoup.

Le général de Grouchy était ami sincère. Sa correspondance le prouve. Pendant cette campagne, il donna plusieurs fois des marques de son affection à des camarades et compagnons d'armes. En voici une qui résulte de la lettre qu'il écrivit le 24 juillet 1799 au général comte de Bellegarde :

« Monsieur le général, vous me fîtes espérer, la dernière fois que vous m'écrivîtes, que vous me donneriez des nouvelles de l'adjudant général Beker. Je viens d'en recevoir une lettre datée de Milan et écrite il y a environ six semaines ; à cette époque il était dans la dernière misère, ne recevant que 3 fr. par jour et hors d'état de reconnaître les soins qui lui étaient donnés.

« Permettez que je vous demande de lui faire passer vingt-cinq louis, que je vous rendrai à l'instant que vous me ferez savoir que vous accédez à mon vœu. Les rapports qui ont déjà existé entre nous, Monsieur le général, vous ont donné trop de droits à mon estime pour que je craigne d'être importun en vous faisant une telle demande. J'y ajouterai celle que l'adjudant général Beker soit renvoyé en France sur sa parole; la blessure grave qu'il a reçue le mettra très-longtemps hors d'état d'agir et nécessite des soins et des secours qu'il ne peut guère recevoir que dans sa famille. Les hasards de la guerre m'ont enlevé les officiers qui m'étaient les plus chers; j'aurai une éternelle reconnaissance de ce que vous ferez pour Beker et mon aide de camp Fougeroux, dont je suis fort inquiet. »

Les biographes sont, en général, portés à l'exagération, soit dans la louange, soit dans le blâme. Ceux du général de Grouchy lui octroient douze blessures à la bataille de Novi. Ils nous le représentent un drapeau à la main, ramenant au combat une de ses demi-brigades ébranlées. Enfin c'est le grand-duc Constantin qui le fait enlever du champ de bataille et soigner par son propre chirurgien. Le second de ces deux faits est exact, mais nous n'avons pas trouvé la preuve du troisième dans les documents laissés par le général (1). Quant aux douze blessures de Novi, comme le brave Grouchy, dans sa lettre à son père, ne parle que de ses quatre blessures, il y a lieu de croire que le nombre de douze est fort exagéré.

(1) Ajoutons cependant qu'en juin 1807, à Tilsitt, le général de Grouchy écrivit au grand-duc Constantin une lettre (dont nous donnerons connaissance à sa date), dans laquelle on trouve des témoignages de reconnaissance si fortement exprimés qu'il est admissible que le général avait des raisons personnelles de gratitude envers le prince. Disons encore que M. Pascalet, longtemps en relations avec M. de Grouchy, a dû tenir de lui beaucoup de détails sur la vie intime du maréchal.

A cette même bataille de Novi où il fut atteint grièvement et fait prisonnier, un général servant dans les rangs autrichiens, M. de Lusignan, avait été pris par l'armée française. M. de Lusignan était d'origine française. Pris les armes à la main dans les rangs ennemis, son sort pouvait être terrible. Le général en chef autrichien sollicita son échange avec Grouchy, ce à quoi Moreau, ami intime de ce dernier, consentit volontiers.

M. de Lusignan fut renvoyé, mais le général de Grouchy n'étant pas transportable dut être laissé à Novi. Dès qu'il se crut en état de supporter les fatigues du voyage, il demanda à se rendre à Gênes. On le lui refusa et on l'évacua sur Pavie, puis sur Vérone.

Le général, choqué du manque de parole de l'ennemi, écrivit au général en chef de l'armée autrichienne, M. de Mélas, pour se plaindre.

Ce dernier lui répondit de Turin, le 11 janvier 1800 :

« Général, c'est bien à tort que vous m'accusez dans votre dernière de ne point vouloir vous tenir parole. Veuillez vous persuader que c'est bien à regret que des ordres supérieurs et la conduite de la France envers nos prisonniers m'empêchent d'accéder à la demande que vous me faites.

« Comme cependant vous me dites vous trouver dans un état qui ne vous permet point d'entreprendre un long voyage, vous entreverrez aisément vous-même qu'il serait bien plus naturel de vous rendre pour le moment à Gratz, dont vous n'êtes point fort éloigné, et tâcher de vous y remettre, jusqu'à l'arrivée de la belle saison. D'ici à ce temps-là j'ai tout lieu de croire que les choses s'arrangeront avec la France relativement à l'échange des prisonniers, et je serai à même d'acquiescer à vos désirs.

« Si vous trouvez bon de vous rendre à Gratz, vous y trouverez non-seulement toutes les commodités possibles, mais des médecins habiles qui assurément emploieront tous les ressorts de leur art pour vous guérir parfaitement. Je vais donner des ordres pour vous faciliter le voyage. »

Le général de Grouchy, suivant le conseil de Mélas, se rendit en effet à Gratz, où il fut bien soigné. Il revint en 1805 dans cette ville avec le 2e corps de la grande armée (Marmont), et son premier séjour lui permit de renouer des relations qui, comme le constate dans ses Mémoires le duc de Raguse, furent fort utiles aux troupes françaises.

Cette lettre, comme bien l'on pense, ne pouvait satisfaire M. de Grouchy, qui, apprenant le passage du général Kray dans la ville où il se trouvait alors, lui écrivit le 27 janvier 1800 :

« Général, on ne m'a instruit de votre passage que quelques heures après que vous étiez parti ; si je l'avais su à temps, j'eusse quitté le triste réduit d'où mon état ne me permet pas de bouger depuis plus de deux mois, pour aller me plaindre à vous-même de la déloyauté dont je suis la victime. Commandant la division de gauche de l'armée française, à la bataille de Novi, le soir je fus fait prisonnier, après avoir été cruellement blessé ; le lendemain, le général Mélas m'autorisa à rentrer en France sur parole, ainsi que le général Moreau venait de le faire envers le général Lusignan, qui avait partagé mon sort. Mais mes blessures rendant impossible que je supportasse aucun mouvement, pour l'instant je dus rester à Novi. Quelques jours après, quand je voulus me faire transporter à Gênes, le général Mélas me fit dire qu'il était obligé de suspendre momentanément mon départ, qui toutefois, n'était que retardé : dans quatre lettres, il m'a constamment répété depuis l'assurance de ma prochaine rentrée en France ; voilà cependant près de six mois que j'attends l'effet de sa parole formelle et par écrit, et successivement j'ai été transporté à Pavie, à Vérone et ici, où les fatigues du voyage, que malgré mes réclamations on m'a fait faire pendant une saison rigoureuse, et en partie sur des charrettes, ont rouvert mes blessures, et me retiennent grabataire depuis que je suis arrivé.

« Je sais, général, que le gouvernement français a récemment proposé mon échange. Mais, incertain s'il aura lieu, j'en appelle à votre loyauté, pour qu'on tienne enfin la parole dont je suis dépositaire. Hors d'état de servir d'ici à longtemps, ne pouvant me rétablir que par l'usage des eaux et en recevant des soins éclairés et assidus, que je sois échangé ou non, je vous demande de presser le conseil de guerre de me laisser aller, afin que je puisse profiter cette année de la saison des eaux qu'on m'a fait manquer l'an dernier.

« Ne vous étant pas personnellement connu, j'ai peu de titres à votre intérêt, je l'avoue ; mais peut-être ma conduite politique et militaire a pu m'en donner à votre estime, et ma fâcheuse situation suffirait seule près de celui qui montra tant de sensibilité auprès de plusieurs de mes amis, et notamment de Marceau.

« Si d'ailleurs la générosité, l'humanité et le respect envers les engagements ne sont plus le partage de ceux qui parcourent la carrière que nous suivons, on doit probablement déclarer qu'on fera la guerre en barbare, et assurément ce ne peut être le vœu de nos deux gouvernements. »

Voici du moins ce qui avait empêché l'ennemi de mettre en liberté le général de Grouchy. Cela ressort des deux lettres suivantes, la première écrite à Mélas par Moreau en date du 20 août 1799, cinq jours après la bataille; la seconde du général Jullien, chargé de l'échange des prisonniers.

« Monsieur le général en chef, je vous remercie des soins que vous avez fait donner aux généraux Pérignon et Grouchy. Je présume que le général Colli, fait également prisonnier, n'a pas été blessé, puisque vous ne m'en parlez pas. Je vous prie de le renvoyer sur parole dès qu'il vous sera possible de le faire. Agréez mes remercîments des recherches que vous avez fait faire du général Joubert; il a été retiré du champ de bataille.

« Je renvoie aux généraux Pérignon et Grouchy leurs domestiques et les effets dont ils peuvent avoir besoin, etc. »

Voici la seconde lettre datée de Finale, le 30 septembre 1799, et adressée au ministre de la guerre :

« Citoyen ministre, le général Moreau a demandé depuis longtemps l'échange du général Colli et le renvoi sur parole des généraux Grouchy et Pérignon. L'échange du premier vient d'être terminé et sa rentrée aura lieu sous peu de jours. On s'obstine à garder encore les généraux Grouchy et Pérignon, et nous n'avons pas de généraux de leur grade à offrir en échange. L'ennemi dans un cartel avait proposé une échelle de proportion relative aux individus pour lesquels il n'existerait pas de grade correspondant. Mais nous n'avons pu y accéder, puisque la convention de Francfort prescrit formellement l'échange de grade à grade. Veuillez donner des ordres à cet égard. »

Mme de Grouchy, de son côté, faisait ses efforts pour obtenir la rentrée en France de son mari. Le général Masséna, commandant l'armée d'Italie, lui répondit le 12 mars 1800 :

« Citoyenne, j'ai reçu aujourd'hui la lettre que vous m'avez écrite, pour obtenir sur parole le retour du général votre époux en France. J'ai de suite fait écrire au général Mélas, pour qu'il exauce vos vœux à cet égard. Je ne puis vous dire combien je serais flatté d'avoir contribué à rendre à la patrie un militaire aussi distingué, et d'avoir trouvé l'occasion de vous être utile.

« Salut et considération particulière. »

Grouchy, malgré ses justes réclamations, malgré les démarches faites en sa faveur, ne revit la France qu'un peu plus tard. Il fut renvoyé en effet sur parole; mais cela ne suffisait pas à son âme ardente. Ses blessures étant à peu près fermées, il lui tardait de reprendre un service actif.

Il ne le pouvait avant son échange, qui eut lieu à la fin de juin par le cartel effectué des généraux ennemis Hermann et Don. Le ministre de la guerre Carnot se hâta de lui annoncer cette bonne nouvelle le 24 juin 1800, et, le 6 juillet, le prévint qu'il était mis à la disposition du général commandant en chef l'armée de réserve.

Il resta peu de temps à cette armée. Voyant que les opérations avaient cessé et apprenant qu'un corps se réunissait à Amiens, il demanda à y être employé ou à être envoyé à l'armée d'Helvétie, commandée par son ami le général Canclaux.

Le ministre lui répondit le 22 août que l'on ne connaissait pas encore la destination des troupes réunies à Amiens, et qu'il faisait part de son désir à Canclaux.

« Si l'ennemi nous force à recommencer les hostilités, soyez persuadé, général, que le gouvernement utilisera le zèle et les talents distingués dont vous avez donné tant de preuves. »

En effet, le lendemain même, des lettres de service datées du 23 août 1800 furent expédiées à Grouchy pour l'armée du Rhin sous Moreau. Toutefois, cette armée étant au repos, depuis l'armistice de Parsdorff (15 juillet), ce fut le 27 octobre seulement, et en vertu de nouvelles lettres de service, que Grouchy fut définitivement attaché à l'armée du Rhin. On était à quelques jours de l'ouverture des hostilités devenues imminentes et qui eurent lieu le 22 novembre suivant.

LIVRE SIXIÈME

ALLEMAGNE ET CAMP DU NORD

De la fin de 1800 à septembre 1805.

Le général de Grouchy arrive à l'armée de Moreau, le 2 décembre, veille de la bataille de Hohenlinden. — Formation de cette armée. — Composition et force de la division Grouchy. — Plan de campagne de Moreau. — Bataille du 3 décembre. — Lettres et rapport de Grouchy. — Lettre de Moreau. — Marche de l'armée du Rhin, passages de l'Inn et de la Salzbach. — Second rapport de Grouchy à Moreau. — Marche sur le Danube. — Armistice (25 février). — Paix de Lunéville. — Grouchy rentre en France. — Il est désigné en 1801, par le premier consul, pour mener en Toscane les infants nommés roi et reine d'Étrurie. — Voyage. — Correspondance relative à cette mission. — Grouchy est chargé de l'inspection générale des troupes à cheval de la Cisalpine et de l'armée d'Italie (fin de 1801). — Les instructions qu'il reçoit. — Nouvelle inspection de troupes à cheval (1802). — Lettre de Grouchy au ministre Berthier (10 avril). — Origine du remplacement ; arrêté d'avril 1802. — Pétition de Grouchy au premier consul pour une réclamation fondée de son père. — Camps du nord. — Grouchy envoyé à celui de la Hollande sous Marmont. — Il reçoit le commandement de la 2ᵉ division d'infanterie de ce corps, qui devient le 2ᵉ de la grande armée. — Grouchy est invité au couronnement de l'empereur.

L'ordre envoyé au général Grouchy portait de se rendre sans délai à son poste. Le général revint d'Italie en toute diligence, et fut assez heureux pour arriver au quartier général de Moreau à Ansiny, deux jours avant la célèbre bataille de Hohenlinden. La 1ʳᵉ division de la réserve de l'armée, une des plus belles et des plus nombreuses, était alors commandée provisoirement par le général de brigade Grandjean. Grouchy reçut ordre, le 2 décembre 1800, d'en prendre le commandement, ainsi que cela résulte d'une lettre du général Dessoles, ami de Grouchy et chef d'état-major général de l'armée.

La division Grouchy était formée des 46e, 57e et 108e demi-brigades de bataille, présentant un effectif de 9,000 combattants; des 6e de cavalerie, 11e de chasseurs et 4e de hussards donnant 2,000 chevaux, de 250 artilleurs, de 200 hommes du génie; total général environ 12,000 hommes. Les deux brigades étaient aux ordres des généraux Boyé et Grandjean. Grouchy, dont le quartier général était à Lintz lorsqu'il rejoignit la division, avait pour aides de camp les capitaines de cavalerie Dupuis et Ferrière et le sous-lieutenant de chasseurs Grimaldi.

Un mot sur les événements militaires qui avaient eu lieu à l'armée du Rhin, avant l'arrivée de Grouchy.

Aussitôt l'armistice dénoncé, l'archiduc Charles d'un côté à la tête de 90,000 hommes, Moreau d'un autre avec 140,000 partagés en quatre corps, se mirent en mouvement sur la petite rivière de l'Iser, affluent de gauche de l'Inn. L'archiduc voulait pousser aux montagnes du Tyrol l'armée française. Il avait sur sa droite, vers Ratisbonne, le corps de Klenau (10,000 hommes); celui de Simbschen d'égale force sur le Mein; à sa gauche, sur le haut Sun, Hiller avec 20,000 combattants.

Moreau couvrait Munich en avant de cette ville. A sa droite la réserve (lieutenant général Legrand), divisions Richepanse, Grandjean (bientôt Grouchy), et Decaen; à gauche, le général Grenier avec les divisions Legrand, Hardy et Ney. En arrière vers Hellendorf et au pied des montagnes du Tyrol, Lecourbe avec trois autres divisions; à l'extrême gauche, Sainte-Suzanne (trois divisions), se liant par Landshut sur l'Iser avec Ney.

Son plan de campagne était de pousser les Autrichiens avec les trois premiers corps, de les attirer sur le Bas-Inn et de surprendre par sa droite le passage de cette rivière.

Dans les derniers jours de novembre les deux armées marchèrent l'une à l'autre par les deux rives de l'Iser ; mais Moreau voyant bientôt que Munich était menacé par le corps autrichien de Keinmayer, qui, ayant gagné Landshut, se trouvait plus rapproché de la capitale de la Bavière que le corps de Legrand, se décida à battre en retraite pour couvrir cette place.

Le 2 décembre, comme Moreau était prévenu que l'archiduc voulait franchir de gré ou de force le défilé de Hohenlinden, il prit ses dispositions en conséquence, et par un ordre du jour bien clair, bien net, ses généraux furent prévenus des positions qu'ils devaient occuper dans la forêt de Hohenlinden ou aux abords, sur un terrain admirablement choisi.

La division Grandjean, devenue le jour même division Grouchy, eut mission de soutenir la division Ney, passée à sa gauche et en arrière de Hohenlinden, clef du champ de bataille. « Elle devra recevoir, dit l'ordre de l'armée, et soutenir vigoureusement tous les efforts de l'ennemi débouchant de Hohenlinden sur lui. »

Cette division était une des plus fortes et une des plus solides de l'armée de Moreau. L'effort principal de l'archiduc devait lui échoir, mais aussi la majeure partie de la gloire de cette journée.

Le 3 décembre, avant le jour, Grouchy reçut du général Lahorie, chef d'état-major du centre, l'ordre complémentaire ci-dessous :

« Le général Moreau me charge de vous prévenir, mon cher général, que le général Richepanse doit se porter demain par la route Haag à Mühldorff, en avant de Ramering, à cheval sur la chaussée, mais en s'éclairant jusqu'à l'Inn.

« Le général Grenier, de son côté, doit suivre l'ennemi dans la vallée de Lésen.

« L'intention du général en chef est que vous suiviez le mouvement du général Richepanse pour aller prendre position avec une partie de votre division sur Aschau, et le reste sur Reichersheim. Si le général Decaen est à même de marcher sur Haag, il a ordre de le faire pour le couvrir sur la route de Wasserbourg, avec une réserve prête à se porter au besoin sur la route de Mühldorff.

« Le général en chef désirerait que vous fissiez fouiller la forêt d'Hohenlinden pour y ramasser les soldats ennemis qui peuvent s'y trouver. »

Le 3 décembre eut lieu la bataille de Hohenlinden, dans laquelle la division Grouchy joua un beau rôle.

Le soir même le général écrivit à Moreau :

« Mon général, j'ai l'honneur de vous rendre compte que j'ai pris position à *Strasmeyer* sur la route de *Haag*, un peu sur la gauche et en avant de *Mattenpot* ; j'ai avec moi la 46ᵉ, la 6ᵉ de cavalerie et le 11ᵉ de chasseurs. Richepanse est en avant de moi vers Haag. Une partie de la division Ney en arrière, au débouché du grand bois. J'attends vos ordres, mon général, et la rentrée de la 57ᵉ et 108ᵉ quand vous n'en aurez plus besoin.

« Richepanse a emmené le 4ᵉ de hussards et une partie de mon artillerie ; ce que j'ai ici est bien réuni et ensemble.

« Recevez, général, l'expression de ma joie de cette belle journée et toute ma gratitude de l'excellente division que vous m'avez confiée. »

Deux jours plus tard, le 5 décembre 1800, Grouchy expédia au général en chef son premier rapport officiel sur cette bataille.

Il est daté de Reichersheim au sud-est de Hohenlinden ; le voici :

« Mon général, je vous envoie ci-joint un premier rapport de la journée du 3 décembre.

« Le 2 au soir, la division sous mes ordres occupait une position sur la droite et un peu en avant du village de *Hohenlinden*. La 108ᵉ demi-brigade était placée sur le terrain qui se trouve entre la grande route et les bois ; la 48ᵉ demi-brigade et la 57ᵉ en échelons sur la lisière du même bois, gardant les divers chemins qui la traversent et se dirigent vers *Wasserbourg* et *Ebersberg* ; les troupes à cheval dans la plaine, à la gauche de l'infanterie, et l'artillerie à la tête du débouché venant d'*Inding* ; nos avant-postes qui étaient à portée de fusil de ceux des Autrichiens furent attaqués pendant la nuit du 2 au 3 et un hameau en avant de notre front fut pris, repris, et finit par rester à l'ennemi.

« Le 3, à huit heures du matin, la division fut attaquée sur tout son front ; les Autrichiens faisant principalement effort dans la partie défendue par la 108ᵉ demi-brigade, et sur la route qui conduit à *Hohenlinden ;* trois pièces d'artillerie et le 4ᵉ régiment de hussards furent conduits par le général Boyer au soutien de la 108ᵉ, qui se maintint parfaitement et empêcha les progrès de l'ennemi. Celui-ci se détermina alors à faire attaquer par huit bataillons, la majeure partie de grenadiers, par les bois le flanc droit de la division. La 108ᵉ, se trouvant tournée, fut un moment obligée de céder quelque terrain, et son chef, Marcognet, blessé et pris. La 46ᵉ, qui depuis longtemps était exposée au feu le plus violent de mitraille et se soutenait avec la fermeté qui lui est si ordinaire, fut conduite par le général Grandjean au secours de la 108ᵉ à l'instant où l'ennemi, profitant de sa grande supériorité, débouchait des bois. Un demi-bataillon de la 46ᵉ fondit dessus à la baïonnette, et, après une sanglante mêlée, parvint à le culbuter et à le rejeter au loin. Un demi-bataillon de la 57ᵉ fut également porté fort en avant sur la droite, pour s'opposer aux desseins de l'ennemi, qui continuait à chercher à nous tourner par les bois devenus le théâtre de combats partiels aussi opiniâtres que glorieux. L'on se battit corps à corps; enfin la victoire nous resta, et un grand nombre de prisonniers, parmi lesquels le général major Spanocchi, qui conduisait cette attaque. Cependant les Autrichiens avaient, simultanément à leur attaque de flanc, réattaqué sur notre front. Ils y furent chargés par deux escadrons du 11ᵉ de chasseurs, qui les culbutèrent et leur enlevèrent deux pièces de canon. Le 4ᵉ de hussards contribua également à les repousser et leur enleva trois pièces ; enfin l'artillerie de la division dont le feu, parfaitement dirigé, produisit le plus grand effet, acheva de les écraser.

« Pour profiter de ces premiers avantages, une attaque générale des divisions du lieutenant général Grenier et de la mienne ayant été ordonnée, la 46ᵉ et la 57ᵉ furent formées en colonne d'attaque, et la 108ᵉ placée au soutien et chargée de surveiller les bois sur la droite afin d'arrêter l'ennemi, s'il tentait de nouveaux efforts dans cette partie. Les Autrichiens furent culbutés de toute part, rejetés dans le défilé de *Mattenpot*, et leur déroute devint complète sur ce point. Néanmoins une vigoureuse attaque d'une autre corps de leur armée, sur celui du général Grenier, ayant lieu vers les trois heures, la 57ᵉ et une partie de la 108ᵉ furent portées à son soutien ; la division Richepanse se trouvant alors en avant de la division, le 4ᵉ hussards et une partie de l'artillerie légère furent envoyés pour les renforcer, et coopérèrent au succès de la journée et à la prise de nombre de prisonniers.

« La nuit ayant empêché de poursuivre l'ennemi plus longtemps, la division prit position à *Strasmeyer*, la droite aux bois et à cheval sur la route de *Haag*.

« On ne peut encore faire connaître les nombreux traits de valeur et de dévouement qui honorent la division, le rapport de chacun des corps n'ayant pu être envoyé à raison des mouvements continuels ; mais, en me réservant, mon général, à vous les transmettre dans un rapport plus détaillé, je ne puis cependant me dispenser de payer le tribut d'éloges le plus éclatant comme le plus mérité, aux troupes de toutes les armes, à leurs officiers et à leurs chefs.

« Mon aide de camp Grimaldi, sous-lieutenant au 23° régiment de chasseurs, a été blessé d'une balle qui lui a percé le bras.

« Je vous demande de lui accorder le grade de lieutenant et de nommer sous-lieutenant en pied dans un des corps de cavalerie l'adjoint Breton, sous-lieutenant au 19° régiment de dragons, employé à mon état-major.

« Environ douze cents prisonniers, le général major Spanocchi, six bouches à feu enlevées dans des charges audacieuses, nombre d'autres ramenées, tels sont les trophées qu'a obtenus la division. La perte, que cependant je ne sais point encore officiellement, peut s'élever à cinq ou six cents hommes, en tués, blessés ou égarés. »

Le général en chef Moreau répondit le lendemain, 6 décembre, à Grouchy :

« J'ai reçu, citoyen général, votre rapport de l'affaire d'Hohenlinden. Je vous prie de témoigner à toute votre division combien j'ai admiré son courage et son dévouement dans cette brillante journée, où peut-être elle s'est surpassée elle-même.

« Sa récompense la plus douce sera sans doute dans la reconnaissance de la République pour des services aussi signalés. J'ai bien du plaisir à y joindre le témoignage de mon attachement.

« J'attends le rapport des actions d'éclat particulières, et ce sera avec plaisir que je provoquerai la récompense que les braves auront méritée. »

Ce second rapport attendu par Moreau, lui fut expédié le 8 décembre ; le voici :

« Mon général, je vous ai annoncé, par mon premier rapport de la journée du 3 décembre, que je vous informerais des traits particuliers de valeur et de dévouement qui honorent ma division, dès que les corps m'en auraient donné le détail. Je m'empresse de vous faire connaître aujourd'hui le nom des braves qui se sont distingués à la bataille de Hohenlinden, et je vous demande pour eux les honorables récompenses qu'ils ont si bien méritées.

« Dans la 46ᵉ demi-brigade, qui combattit avec la valeur dont elle a donné tant de preuves, le citoyen Sacré, adjudant-major, rallia intrépidement plusieurs tirailleurs de ce corps qui se retiraient, chargea l'ennemi à leur tête et le mit en déroute. Le citoyen Turpel, lieutenant, enleva un obusier ; les capitaines Haudebault et Dardart, à la tête d'une partie de leurs compagnies, firent mettre bas les armes à plus de 160 grenadiers hongrois et à leurs officiers ; enfin le citoyen Fauvart, fusilier, fit prisonnier le général major Spanocchi, et, de l'aveu de ce dernier, eut la générosité de lui laisser son argent et ses effets. Je demande un fusil d'honneur pour ce brave.

« Dans le 11ᵉ régiment de chasseurs, les citoyens Dullembourg, chef d'escadron, et Morlan et Chevrau, capitaines, se sont particulièrement distingués et méritent de l'avancement. Le brigadier Gillet, lors d'une charge faite par le régiment, s'élança au milieu d'un bataillon ennemi ; il y fut suivi par les chasseurs

Chollin, François, Rossignol et Lerceval, et, après avoir sabré quelques instants pour se faire jour, il arriva le premier sur un obusier dont il s'empara ; ses autres camarades prirent aussi une pièce de canon. Cette artillerie était défendue par un bataillon et un piquet de hussards, que cette charge audacieuse mit en déroute. Le chasseur Lefebvre prit un officier général bavarois et le conduisit au quartier général. Le chasseur Marville, pris par l'ennemi et entièrement dépouillé, dégagé ensuite, se trouvant à pied et éloigné de son corps, demanda un fusil, se plaça dans les rangs de la 8ᵉ demi-brigade et s'y conduisit le reste de la journée avec la plus grande intrépidité, en affrontant tous les dangers, tant en tirailleur que dans le rang. Ces faits sont attestés dans un certificat infiniment honorable que lui a délivré le citoyen Aubert, chef du 2ᵉ bataillon de la 8ᵉ demi-brigade. Je vous demande des carabines d'honneur pour ces trois chasseurs du 11ᵉ régiment, et le grade de chef d'escadron pour le citoyen Morlan, capitaine dans ce régiment, où il va vaquer une place de chef d'escadron.

« Le 4ᵉ régiment de hussards, dont la conduite audacieuse a infiniment contribué aux succès de la journée, cite le citoyen Girod, sous-lieutenant : à la tête de son peloton, il a trois fois chargé l'ennemi, lui a enlevé une pièce de 13 au débouché du bois de Hohenlinden, et y a été blessé d'un coup de biscayen à la jambe. Le citoyen Plumelin, trompette, chargea le premier sur une pièce de 7 que l'ennemi avait amenée en avant de Hohenlinden avec un obusier ; ces deux bouches à feu étaient placées dans les vergers et soutenues par un bataillon autrichien. Le chef de brigade Merlin ordonna à un escadron de charger ; cette charge mit en déroute l'infanterie. Le trompette Plumelin sabra deux canonniers et arrêta la pièce qui fut prise. Enfin, le hussard Leclerc arrêta seul dans le bois une pièce de 7 que l'ennemi cherchait à sauver par une route de traverse ; il la prit et la conduisit au parc, où il en tira reçu.

« Je vous invite, mon général, à accorder de l'avancement au sous-lieutenant Girod, et une trompette d'honneur au citoyen Plumelin.

« La 108e demi-brigade, dont la si belle conduite vous est connue, et la 57e se bornent à dire qu'elles ont rempli leur devoir. Vous apprécierez sans doute une telle modestie. Une bien flatteuse récompense leur est décernée dans l'honorable lettre que vous avez écrite à la division. »

Le général, fort modeste de sa nature, ne dit pas dans ce rapport que lui-même, à la tête de la 46e demi-brigade, eut occasion de charger un corps de 3,000 grenadiers hongrois qui, au commencement de la bataille, étaient parvenus à tourner par les bois le flanc droit de la division.

Grouchy, se portant à la baïonnette sur ces grenadiers les fit prisonniers, ainsi que leur chef, le général Spanocchi. Ce dernier avait en ce moment sur son cheval un bel étui de mathématiques qu'il demanda à Grouchy la permission de lui offrir, pénétré de reconnaissance pour les traitements qu'il en reçut.

Une attestation de la main du général Grouchy est jointe à l'étui que possède encore aujourd'hui le petit-fils du maréchal.

Le lendemain de la bataille du 3 décembre, l'armée opérant un mouvement pour se rapprocher de l'Inn, la division Grouchy marcha par sa droite vers le sud-est et vint camper, le 5, à Ebersborg, au sud de Hohenlinden et à trois lieues du champ de bataille.

Le 10 décembre, elle était à Teissendorf, sur la route et à trois lieues de Salzburg, rive gauche de la Salza, un des affluents de droite de l'Inn.

Le 5, en arrivant sur l'Inn, le général Grouchy fit descendre la rivière à de fortes reconnaissances qui s'avancèrent jusqu'à la tête du pont de Crainbourg et sur Aschau. Ses partis repoussèrent ceux de l'ennemi de la rive gauche à la rive droite. Il se lia par le nord avec la division Richepanse, en position du côté de Ampfing. Il écrivit ensuite à cet officier général, pour seconder la démonstration qu'il avait l'intention de faire le 7 au matin sur la tête du pont de Crainbourg. Mais, ainsi qu'on le verra par la lettre suivante écrite par lui à Moreau, le même jour, dans la soirée, Grouchy dut modifier ses projets, étant mis à la disposition de Lecourbe :

« Je ne reçois qu'à l'instant, mon cher général, l'ordre du mouvement de la division. Il a été adressé à *Aschau*, c'est ce qui a retardé son arrivée. Toutefois, je vais me mettre en mouvement à l'instant ; je passerai la nuit à *Ebersberg*, et serai demain en position entre

Beyharling et *Zimenberg*, prêt à recueillir les ordres du général Lecourbe.

« Les postes sur l'*Inn* devant *Crainbourg* y resteront jusqu'à ce qu'ils soient relevés par des troupes aux ordres du lieutenant général Grenier.

« J'ai poussé ce matin un parti pour enlever ce que les Autrichiens pourraient avoir réparti de petits postes sur *Neuben* et *Puren*. Ce mouvement, combiné avec Richepanse, qui envoie aussi du monde le long de l'*Inn*, nous donnera, j'espère, quelques prisonniers et masquera parfaitement la marche que nous allons faire.

« J'envoie le drapeau pris par un tambour de la 108º. »

Le 8 décembre, le général Lecourbe prévint Grouchy que le lendemain il comptait effectuer le passage de l'Inn à Neupern, et rétablir le pont de Rosenheim coupé par l'ennemi. Il priait en conséquence le général, s'il n'avait pas d'ordres contraires, de se mettre en marche la nuit, pour se trouver en position le 9 en arrière de Rosenheim, afin de suivre et appuyer son mouvement.

Lecourbe termine sa lettre par ces mots :

« Les témoignages d'estime que vous me donnez me flattent infiniment. Vous avez depuis longtemps acquis des droits à la mienne. »

Grouchy, au moment de partir, prévint Moreau par cette lettre :

« Mon général, par suite des ordres du général Lecourbe qui me parviennent à l'instant, je me mets en mouvement pour être demain, à neuf heures du matin, à la jonction de la route de *Kuffstein* à *Rosenheim* et en mesure de faire son mouvement sur *Neupern* ou sur Rosenheim.

« Le 4ᵉ de hussards, la demi-batterie que j'ai laissée à Richepanse et les postes demeurés sur l'*Inn* à *Aschau* et *Aw* ne m'ont point encore rejoint; il me tarde que ces corps arrivent, d'autant plus que, quand on prête de bonne grâce, il faut qu'on rende de même; j'espère au reste qu'ils viendront d'ici à ce soir. »

Le mouvement sur Rosenheim eut lieu en effet, la division Grouchy soutint le corps de Lecourbe et s'établit, comme elle en reçut l'ordre, le long de l'Inn, près du pont et en attendant qu'il fût rétabli.

L'armée de Moreau marchait parallèlement à l'Inn. Ayant franchi cette rivière, elle passa l'Alz le 10 et se porta le 11 sur Salzburg, Richepanse par Wasserburg au nord, aussi que Decaen, chargé de couper la route de Salzburg à Wasserburg, Lecourbe au sud par Rosenheim et Traustein. La division Grouchy eut pour mission de soutenir Lecourbe, dont les troupes marchaient sur les traces de l'ennemi. Les Autrichiens, en effet, se repliaient par Traustein sur la Salsbach.

Le 10 au soir, le général Lahorie, chef d'état-major général, manda à Grouchy les ordres de Moreau pour sa division. Sa lettre est datée de Rosenheim :

« D'après les intentions du général Moreau, la division aux ordres du général Grouchy se mettra en marche de manière à venir prendre position aujourd'hui à la croisée d'embranchement des chemins qui de Rosenheim conduisent l'un à Salzburg et l'autre à Rosenheim.

« Elle se placera en avant de ce point de jonction.

« Cette division y restera en réserve, son extrême fatigue ne permettant pas de la mettre en ligne aujourd'hui.

« Le général Grouchy est prévenu que la division du général Richepanse se porte sur la route de Wasserburg, et que celle du général Decaen se dirigera sur la route de Salzburg pour suivre le mouvement de l'ennemi. »

Le 12, un engagement eut lieu en avant de Salzburg, entre l'ennemi et les troupes de Lecourbe; Grouchy écrivit au chef d'état-major général, Lahorie :

« Mon cher général, ma division occupe *Teissendorff*, village en arrière d'un quart de lieue du bourg de ce nom où se trouve le quartier général du général Lecourbe. J'ai été chercher ce général à une lieue et demie d'ici, mais je n'ai pu le joindre. Il était à une petite rivière en avant de la *Salza*, où l'ennemi tenait et où on se canonnait. C'est tout ce qu'a pu me dire un de ses aides de camp, qui allait chercher une des brigades du général Montrichard sur la route de *Traustein à Teissendorff*. J'ai fait éclairer cette route par des troupes légères, et j'attends vos ordres ou ceux de Lecourbe pour demain. Le brigadier porteur de la présente restera au quartier général pour me rapporter vos dépêches.

« *P. S.* On tire encore le canon du côté et près de

Salzbourg ; le général Lecourbe veut sans doute essayer d'y entrer ce soir. »

Le général Lecourbe, en effet, était parti de Transtein le 12 au matin pour essayer d'entrer à Salzbourg ; le général Decaen s'était porté sur l'Alza par la route de Wasserburg, et, d'après les intentions de Moreau, le général de Grouchy avait marché par la route de Salzbourg, en réserve et au soutien de Lecourbe, sur le corps duquel roulait la principale attaque. Moreau lui-même était venu s'établir à Trausteim.

Le 13, le mouvement en avant fut arrêté par la difficulté de rétablir assez promptement un pont coupé sur une petite rivière.

Le 14, Moreau écrivit à Grouchy :

« Je vous avais dit de vous porter avec votre division au croisé des chemins de Salzbourg et de Tissendorff et de Louffin à un village nommé Sohoneram et d'envoyer un officier au général Lecourbe pour lui demander s'il avait besoin de vous pour tenir La Salle. Vous aviez une lieue à faire, et vous en avez fait près de quatre, sujet de la fatigue que devront essuyer vos troupes, puisqu'elles devront demain passer à Louffin et que le général Lecourbe ne vous a point demandé, puisque loin d'avoir à défendre La Salle, il a tenu à la tête du défilé. Il est malheureux que, n'ayant pas parfaitement compris mon ordre, vous ne m'en ayez pas demandé l'explication.

« Mettez-vous donc en marche d'assez bonne heure pour pouvoir être arrivé à Louffin à sept ou huit heures du matin. Si vous trouvez la division Legrand, laissez-la passer devant vous, puisque vous ne pouvez pas être assez à temps pour prendre votre ordre de bataille.

« La brigade du général Boyer vous joindra à Louffin ; mais surtout soyez rendu et prêt à passer le pont à sept ou huit heures. »

L'erreur de Grouchy venait de l'ordre qu'il avait reçu directement de Lecourbe, de faire reprendre à sa division ses positions de la veille, ainsi que cela résulte de cette dépêche du général au chef d'état-major Lahorie :

« Le général Lecourbe, que j'ai rencontré retournant à *Teissendorff*, a jugé à propos de faire reprendre à ma division les mêmes positions qu'elle occupait hier. Je me suis en conséquence arrêté ici avec la brigade du général Grandjean ; à l'exception du 11e de chasseurs, que j'ai porté jusqu'à Alstetten. Veuillez bien, mon cher général, m'adresser mon ordre de mouvement pour demain. »

Le 15, l'armée se porta sur la rive droite de la Salsbach. La brigade Boyer de la division Grouchy reçut directement du général en chef l'ordre de se porter au nord-est, de Salzbourg sur Neumarck, en réserve du général Decaen qui marchait vers Braunau par la rive droite de l'Inn. La seconde brigade passa la Salsbach le 16 à Louffin et se dirigea également sur Neumarck.

Les troupes prononçant de plus en plus leur mouvement par la route de Salzbourg sur Linz (rive gauche du Danube), le grand quartier général s'établit le 18 à Frankn-Markl. La division Grouchy se porta en avant de cette ville, poussant des reconnaissances au nord sur Franckenburg et prête à marcher au soutien des généraux Richepanse et Decaen. Le 19, Grouchy passa la Traun à Lambach, suivant la division Richepanse en opération sur Ens. Le 20, Moreau était à Wels sur la Traun. Les Autrichiens étaient en pleine retraite sur le Danube.

Grouchy écrivit de Lambach, le 19 à sept heures du soir, au chef d'état-major général :

« Mon cher général, j'ai trouvé *Lambach* encombré de troupes, de l'artillerie et des équipages des divisions Richepanse et Decaen; toutefois j'ai pris position à cette petite ville, l'ayant eue avant de moi. J'ai fait garder le pont et pousser une forte reconnaissance sur ma gauche.

« L'hôte chez lequel je suis, lequel a logé hier le prince Charles, m'assure qu'il s'est retiré sur *Krunsmunster*; il est parti d'ici hier à trois heures après midi et a d'abord été à *Steinackirch*.

« Si le pont a besoin de réparations, chose que je fais examiner en ce moment, elles seront faites dans la nuit.

« Le porteur rapportera l'ordre de mouvement pour demain. »

Le mouvement sur le Danube et menaçant Vienne pour Linz continue sans interruption jusqu'au 25 décembre.

Le 20, Grouchy écrivit de Steinkinch au général Lahorie une lettre que nous allons donner *in extenso*, parce qu'elle prouve qu'en ce temps-là, comme aujourd'hui, les armées françaises traînaient malheureusement à leur suite des bagages qui, produisant l'encombrement, pouvaient paralyser la défense.

« Mon cher général, la dernière brigade de la division Richepanse n'a point encore passé *Steinkirch*, et cet officier général a encore une partie de ses troupes à *Wirkimholz*. Il est sept heures du soir, et depuis onze heures du matin je suis en mouvement pour faire deux lieues, grâce aux nombreux équipages que les divisions traînent à leur suite et qui obstruent tous les chemins. Je me détermine donc à prendre position avec mon infanterie et ma cavalerie à *Steinackirch*; l'artillerie me joindra demain matin. Veuillez me transmettre des ordres, et surtout, mon cher général, faire donner celui de ne jamais traîner, dans les traverses surtout, cette immensité de voitures qui arrêtent les colonnes et ne permettraient assurément pas à une division d'en soutenir une autre, si celle-ci était attaquée. »

Le lendemain, Grouchy était avec sa division à Steyes près du Danube (rive droite), lorsqu'il reçut du chef d'état-major général de l'armée la lettre ci-dessous, lui faisant connaître la demande d'armistice de l'archiduc Charles.

« Je vous préviens, mon cher général, que le général en chef, sur la demande d'un armistice par l'archiduc Charles et en attendant les pouvoirs que ce dernier doit demander, a cru devoir borner le mouvement de demain et d'après-demain à se trouver maîtres des ponts sur l'Ens, à Steyer et Ens. En conséquence, le général Lecourbe prendra possession de celui de Steyer. Les généraux Richepanse et Decaen cantonneront leurs divisions en arrière ; je vous prie de faire de même pour la vôtre. »

Un instant on crut que les hostilités allaient reprendre : l'archiduc Charles resta trois jours sans donner signe de vie. Moreau envoya des ordres de mouvement le 25 pour le 26. Mais le 26 au matin on sut que l'armistice était accordé par l'Autriche aux plus belles conditions pour la France. Des ordres furent expédiés en conséquence.

Grouchy écrivit à sa femme : « Dans une campagne de vingt-sept jours nous avons gagné la plus complète victoire de la guerre, forcé le passage de l'Inn, celui de la Salza, pris Salzbourg, franchi les dernières barrières des pays héréditaires, la Traun et l'Ens, et franchi toute l'Autriche extérieure ; tels sont les fruits de l'étonnante journée de Hohenlinden : trente mille prisonniers, plus de cent cinquante bouches à feu, deux mille caissons ou chariots, l'armée autrichienne, l'Allemagne désorganisées de manière à ne pouvoir être ralliées par l'archiduc Charles lui-même, voilà ce que nous avons fait. Toutefois l'empereur s'engageant à traiter de la paix sans les alliés, nous cédant quatre places, Kustein, Scharnitz, Braunau, Wurtzbourg, et nous abandonnant tout le terrain situé entre le Danube, Léoben, la rive gauche de la....... la route de Vérone, par Lintz et Brixen, jusque à Botzen, et l'armée d'Italie évacuant tout le Tyrol en licenciant les paysans armés qu'il organise ; Moreau s'est déterminé à des propositions aussi avantageuses, à conclure un armistice de quarante-cinq jours.

« Il nous vaut plus qu'une seconde victoire d'Hohenlinden. L'empereur consent, ce qu'il a toujours refusé, à traiter sans l'Angleterre : nous prouvons à l'Europe que ce n'est pas la soif des conquêtes qui nous fait guerroyer. Enfin, il faut l'avouer, l'incroyable stagnation de l'armée d'Italie jusques à ce jour rendait notre position délicate; en nous prolongeant autant nous nous affaiblissions. Derrière nous, des places aussi importantes que gênantes pour nos communications; rien n'empêchait que l'armée autrichienne d'Italie ne fît par le Tyrol, sur notre flanc droit et nos derrières, un détachement de vingt-cinq et trente mille hommes qui nous eût causé le plus grand embarras.

« Ces considérations jointes aux avantages que nous procure l'armistice, ont déterminé Moreau à le conclure. Nous ne doutons pas que la paix ne précède son expiration; mais si cependant elle était encore retardée par l'or de l'Angleterre, nous irions, s'il le fallait, la dicter dans Vienne même, seulement cette fois, de l'armée d'Italie qui agirait sans doute simultanément avec nous, et avec d'autant plus d'avantage que les positions que nous procure l'armistice, en nous plaçant tout à fait sur les derrières de l'armée d'Italie, la forcent à abandonner ses fortes positions sur l'Adige, et peut-être même à évacuer ses États ci-devant vénitiens. Toutes les chances seront alors pour nous, tandis que maintenant nous n'étions pas sûrs de les maîtriser toutes. Telles sont, mon amie, les circonstances dans lesquelles nous nous trouvons. »

L'armée de Moreau resta en position le long du Danube jusqu'à la ratification du traité de Lunéville. La victoire de Hohenlinden, comme celle de Marengo, avait contribué à cette paix glorieuse et avantageuse pour la France.

Le général de Grouchy passa les mois de janvier, de février et de mars 1801 avec sa division sur le fleuve, ayant son quartier général à Lintz. Il fut chargé de la rentrée des contributions de guerre imposées à la haute Autriche, du rétablissement du pont de Lintz et de la vente des magasins pris sur l'ennemi.

Ces divers soins occupèrent trois mois le général. La rentrée des contributions et les mesures à prendre pour l'obtenir des membres de la régence de la haute Autriche donnèrent quelques soucis au général. Avec de la fermeté il parvint à mener à bien cette affaire délicate. En dehors de ce fait, nous n'avons trouvé d'intéressant, dans la correspondance de Grouchy à cette époque, que la lettre ci-dessous du général Lahorie, en date du 29 janvier 1801 :

« Ci-joint, mon général, un exemplaire de la convention d'armistice entre les deux armées. Elle doit être mise à l'ordre du jour dans votre division.

« La division à vos ordres devra se mettre en marche aujourd'hui de manière à passer demain la Traun à Wels.

« Elle s'établira dans le canton de l'Autriche désigné dans la carte sous la dénomination de Viertel ; vous occuperez le canton, à l'exception de la partie comprise entre la route de Wohkabruck, Leharding à Efferding et le Danube (non compris Efferding), qui est laissée à la disposition de l'aile gauche.

« Le matériel de votre artillerie devra être envoyé à Wels, où se réunit pour les réparations toute l'artillerie du centre sous la direction du commandant du parc de ce corps d'armée. Ce mouvement opéré, les chevaux rentreront et seront cantonnés dans l'étendue de votre arrondissement.

« Les troupes devront vivre dans le pays; peut-être cependant sera-t-on forcé à des distributions régulières de pain.

« En même temps que l'armée sera répartie chez les habitants, les mesures les plus sévères devront être prises pour prévenir toute exaction particulière et le retour des désordres auxquels ont pu servir d'excuse pendant cette campagne les marches rapides et longues, les besoins, les combats et la rigueur de la saison.

« Je suppose, mon cher général, que vous avez fait envoyer toutes les voitures que les besoins des corps pendant la route a pu faire prendre ou requérir sur nos derrières; je vous engage à faire enlever sans pitié au passage de la Traun tous les chevaux volés ou inutiles à la conduite des corps, des parcs et dans votre division.

« Le général en chef s'établira à Salzburg. Je vous prie de ne pas oublier les moyens de communications dont nous sommes convenus entre Lintz et Salzburg. »

Vers le milieu de février, le général éprouva une très-vive satisfaction. Un de ses meilleurs amis, le général Becker, fut envoyé à l'armée du Rhin et mis à sa disposition pour être employé à la division.

Enfin, le 16 mars, toute l'armée reçut son ordre de mouvement pour rentrer en France.

Le 19, la division Grouchy se concentra à Neumarck et en partit le lendemain 20 mars pour aller cantonner au bout de huit jours sur la rive droite du Lech à Lechhausen.

Le 25 mars, le général reçut du général en chef l'autorisation de se rendre à Strasbourg, en attendant le congé sollicité par lui, et pour lequel Moreau avait cru devoir demander l'autorisation du premier consul. Le même jour, Grouchy remit au général Becker le commandement de sa belle division, lui fit ses adieux et partit pour rentrer en France, tandis que les troupes se dirigeaient elles-mêmes sur la capitale de l'Alsace, où elles entrèrent au commencement d'avril 1801.

Après la campagne de Hohenlinden, et jusqu'au mois de juin 1801, le général de Grouchy put prendre, dans sa famille, en Normandie, un repos nécessaire à sa santé et acquis glorieusement. Sa conduite vigoureuse pendant la guerre avait fixé sur lui les regards du premier consul. Quoique ce dernier eût certaines préférences pour les hommes qui avaient combattu dans les armées placées sous ses ordres directs, quoique Grouchy appartînt à ceux qu'on appelait les généraux du Rhin, et qu'il n'eût jamais été en contact immédiat avec le héros de Lodi, de Castiglione et des Pyramides, cependant il en était connu et fort apprécié.

Le premier consul lui avait témoigné déjà, à plusieurs reprises, son estime. Grouchy était un homme de guerre dont la valeur ne lui échappait pas et qu'il était fort aise de s'attacher. Il lui en donna une preuve en le choisissant pour remplir, de juin à novembre 1801, deux missions importantes, une politique, l'autre purement militaire.

La première était celle d'accompagner à Florence le nouveau roi d'Étrurie et sa femme, Infans de Parme, Bourbons élevés à la cour de Madrid, et que le premier consul, leur protecteur, plaçait sur un nouveau trône. Bonaparte voulut faire admirer à ces jeunes princes la splendeur de Paris, celle de sa cour, et sans doute aussi sa propre puissance. Il les fit venir en France, et les garda près d'un mois. Il reconnut promptement dans le roi une intelligence des plus bornées. Il résolut de les faire conduire l'un et l'autre dans leur nouvelle capitale avec une certaine pompe. Il désigna, pour les accompagner, le général de Grouchy, auquel le ministre des relations extérieures, Talleyrand, fit connaître cette mission par la lettre suivante, du 27 juin 1801 :

« Général, le premier consul me charge de vous informer qu'il vous a choisi pour accompagner jusqu'à Parme M. le comte de Livourne, qui doit partir de Paris le 12 du courant pour se rendre en Toscane. Les ministres de l'intérieur, des finances et de la guerre ont donné des ordres dans les départements pour assurer au prince toutes les facilités qu'il peut désirer, tous les égards personnels qui sont compatibles avec l'*incognito* sous lequel il voyage. Je vous prie d'aller voir M. d'Azara et de vous entendre avec lui sur tout ce qui peut convenir au prince. Le premier consul, en vous confiant cette mission, a principalement en vue de maintenir M. le comte de Livourne dans l'opinion qu'il a dû prendre à Paris de l'urbanité française. Son choix ne pouvait s'arrêter sur personne plus capable de remplir ses intentions à cet égard. »

Le général de Grouchy, malgré la lettre flatteuse de Talleyrand, était fort contrarié de cette mission. Il eût préféré se borner à la seconde, qui était une inspection générale de toutes les troupes à cheval en ce moment dans la Cisalpine et à l'armée du Midi; mais à cette époque, nul n'eût osé refuser d'exécuter un ordre du premier consul. Du reste, le général ne connaissait pas encore la seconde mission qui lui était confiée.

Le général reçut un crédit illimité pour les frais du voyage du comte et de la comtesse de Livourne (les deux princes voyageaient sous ce nom). Le directeur des postes lui envoya pour les agents de son administration des instructions et des ordres. Grouchy dressa un itinéraire et le soumit aux deux jeunes souverains, qui le 1ᵉʳ juillet prirent la route de Lyon par Sens.

Les officiers du roi et la domesticité précédèrent d'un jour. Il en fut de même pendant tout le voyage. Trois berlines et un cabriolet de poste furent affectés au service. Le général de Grouchy, la maison et les officiers composèrent un cortége pour lequel cinq grandes berlines et une chaise de poste furent mises à la disposition du général.

Les princes et les personnes qui les accompagnaient, après avoir passé à Melun, à Auxerre, à Autun, à Mâcon, arrivèrent à Lyon le quatrième jour (4 juillet). Chaque soir on s'était arrêté pour coucher à Sens, à Avallon, à Châlons.

On fit séjour à Lyon les 6 et 7 juillet.

De Lyon, le général de Grouchy rendit compte de cette première partie du voyage en écrivant les différentes lettres ci-dessous.

Au ministre de l'intérieur, etc. :

« Le comte et la comtesse de Livourne sont à Lyon depuis avant-hier, citoyen ministre. Quoique en divers points de la route qu'ils ont suivie, tels que Sens, Auxerre, Avallon, etc. on ne fût point officiellement prévenu de leur arrivée, vos ordres relatifs à leur voyage ayant probablement été dirigés sur la route par Moulins, néanmoins, partout ils ont été convenablement logés et traités : des officiers, envoyés quelques heures à l'avance, ont suppléé, autant que le temps et les localités l'ont permis, à ce qui eût été fait si l'on eût été averti depuis plusieurs jours. A Mâcon principalement, les autorités constituées ont mis autant de grâce que d'entente à les bien recevoir. Le sous-préfet de Sens s'étant refusé aux dépenses occasionnées par leur coucher, j'y ai pourvu, et il en sera de même quand de semblables difficultés pourront se renouveler.

« La matinée d'hier a été employée par le comte de

Livourne, comme le sera celle d'aujourd'hui, à visiter une partie des ateliers intéressants que renferme Lyon. Le soir il se rendit au spectacle : ma première pensée avait été qu'il n'y fût pas, dans une commune dont les souffrances pour la cause du royalisme pouvaient faire croire à une sorte d'enthousiasme, à la vue du chef d'un gouvernement monarchique. Toutefois le préfet Verninac, chez lequel loge le comte de Livourne, le commissaire général de police, le maire et les chefs militaires, se rendant en quelque sorte garants de la conduite des habitants, et m'assurant que la curiosité bien plus que l'esprit de parti se manifesterait à son occasion ; ayant d'ailleurs observé, dans les courses du matin, que la présence du comte de Livourne n'avait excité nul transport inconvenant, je me suis rendu au vœu des autorités, qui désiraient qu'il allât au spectacle. Ne pas le faire me paraissait en quelque sorte donner aux royalistes un motif de se prévaloir ; ils eussent pu calomnier le gouvernement, répandre qu'on n'osait montrer le roi de Toscane et chercher à persuader qu'on doutait de l'attachement des Lyonnais aux formes actuelles. J'ai à me féliciter d'avoir obtempéré à ces considérations : la présence du comte de Livourne n'a excité aucune espèce de mouvements ; des applaudissements moins vifs que ceux qu'il reçut au spectacle à Paris, se sont manifestés à son entrée et à sa sortie ; à peine quelques cris de *Vive le roi!* se sont-ils fait entendre, et la conduite des Lyonnais, depuis qu'il est dans leurs murs, est à la fois une preuve satisfaisante du bon esprit qui anime la grande majorité d'entre eux, et un motif d'applaudir au choix des hommes qui, placés à leur tête, en si peu de temps, ont su les rendre au calme, à la tranquillité et au dévouement au gouvernement.

« C'est avec une satisfaction non moins réelle que j'ai été à même de recueillir dans les communes que nous avons traversées, des témoignages non équivoques des sentiments qui animent maintenant la France. Les magistrats du peuple sont généralement entourés de la confiance publique, forts de l'estime générale, et les institutions nouvelles aussi goûtées qu'affermies.

« Demain le comte et la comtesse de Livourne poursuivront sans s'arrêter leur route vers Parme; ils ne séjourneront point à Turin, et seront dans les États du duc de Parme, la veille du 14 juillet. Il n'y aurait que la santé de la comtesse de Livourne, qui a été prise de la fièvre il y a quelques jours, qui pourrait retarder la marche; mais j'espère qu'elle ne sera pas changée.

« L'accueil si aimable que vous me fîtes l'autre jour m'a engagé, mon cher ministre, à entrer avec vous dans ces détails, et j'attends de votre obligeant intérêt de les communiquer au premier consul, si vous pensez qu'ils puissent lui être donnés. »

Au général Jourdan, qui commandait alors en Piémont :

« Quoique les ministres de la guerre et des affaires étrangères aient dû vous prévenir, mon cher général, du passage par le Piémont du comte et de la comtesse de Livourne, que le consul a voulu que j'accompagnasse à Florence, néanmoins je vous envoie ci-joint l'itinéraire de leur route, en vous priant de donner des ordres nécessaires pour que des escortes leur soient assurées et que les dispositions convenables soient faites quant à leur logement et réception dans l'intérieur de la république. Les préfets et sous-préfets ont été chargés de les loger ou de les faire loger et nourrir. J'imagine qu'il doit en être de même au Piémont ; si vous ne pensiez pas ainsi, je pourvoirais aux dépenses, désirant toutefois que vous fassiez toujours annoncer ces voyageurs aux lieux de leurs dîners et couchers.

« Le consul n'est point dans l'intention que le canon soit tiré à leur arrivée ou départ, et j'ai dû vous prévenir, les lettres du ministre de la guerre ayant pu vous induire à croire le contraire. Un de mes aides de camp précède de quelques heures le comte et la comtesse de Livourne, et donnera les autres renseignements dont il pourra être besoin. »

De Lyon, Grouchy écrivit aussi le 5 juillet 1801 au préfet du Mont-Blanc. Il le prévenait qu'il eût à faire les dispositions nécessaires pour le voyage du comte et de la comtesse de Livourne, lui indiquait le jour de leur arrivée dans son département et lui envoyait l'itinéraire de ces deux jeunes souverains.

Le général terminait ainsi sa lettre : « Veuillez croire que, si quelque chose peut alléger le fardeau dont m'a chargé le gouvernement, en me faisant conduire en Toscane son nouveau souverain, c'est la satisfaction que j'éprouve à connaître ceux qui, comme vous, sont investis de son estime et si bien faits pour la mériter. »

Pendant cette première partie du voyage il se produisit un fait particulier expliqué par la lettre ci-dessous du préfet intérimaire de Mâcon à Grouchy, et datée du 5 juillet 1801.

« J'apprends à l'instant, citoyen général, qu'un aubergiste de Mâcon court après vous avec le projet de surprendre votre généreuse confiance, et voici comme il compte y parvenir. Il doit vous présenter une note, qu'à la vérité une personne appartenant au comte de Livourne lui a remise pour faire des apprêts; mais il se gardera bien de vous dire qu'à la minute même, sur les représentations faites par le maire à cette même personne que je me disposais à recevoir le prince, les ordres furent contremandés, et qu'il fut enjoint à cet aubergiste de rendre cette note, qui devait servir à nous faire connaître des détails qu'il nous importait d'avoir. Il s'obstina à la retenir, malgré les instances du maire. Alors celui-ci, pressentant que l'aubergiste voulait en faire l'objet d'une spéculation sordide, lui défendit *par écrit* de faire aucun préparatif, le prévenant qu'il s'opposerait à ce que vous lui donnassiez la moindre indemnité. Nonobstant ces précautions, tout m'annonce que l'aubergiste avide est parti pour Lyon, et doit chercher à vous aborder pour tromper votre justice. J'ai cru devoir vous en avertir, pour vous prémunir contre toute surprise; je désire que mon avis que je vous donne immédiatement après celui qui m'est parvenu, vous arrive assez à temps pour que vous puissiez déjouer les projets de cet homme. »

Inutile de dire que l'aubergiste fut débouté de ses prétentions.

Ce même jour, 5 juillet, le général de Grouchy, ayant reconnu l'impossibilité d'obtenir de ses voyageurs qu'ils allassent d'une traite de Lyon à Chambéry, prévint le sous-préfet de Bourgoin de faire tout préparer dans cette ville pour la réception, c'est-à-dire le souper et le coucher des deux princes et de leur nombreuse suite, ce qui fut exécuté.

Arrivé à Parme, le 17 juillet 1801, et prêt à terminer la mission qui lui était confiée, le général de Grouchy écrivit au premier consul :

« J'ai l'honneur de vous rendre compte, citoyen Consul, de l'arrivée à Parme, du comte et de la comtesse de Livourne : leur voyage et le séjour qu'ils ont fait à Lyon n'ont été marqués par aucun événement dont on n'ait à s'applaudir. Accueillis partout avec la convenance et la dignité que commandaient leur position et le rang qu'ils tiennent de la générosité nationale, leur présence n'a excité nulle part ces mouvements, cet enthousiasme désirés peut-être par quelques ennemis du gouvernement républicain. L'intérêt et la curiosité sont les sentiments prédominants qu'ils ont excités. Généralement le peuple a prouvé qu'il savait juger et apprécier les princes, et son jugement envers le comte de Livourne a peut être même été plus sévère que favorable. Sous le point de vue de la politique intérieure, on a donc à se féliciter d'un voyage dont l'un des résultats est bien certainement le resserrement des liens que attachent les Français à leur gouvernement actuel.

« A Lyon, le comte de Livourne a visité en détail et avec discernement plusieurs ateliers et l'hospice intéressant de cette grande commune; ses habitants ont aperçu avec plaisir, dans l'intérêt qu'il a pris à leurs manufactures, un motif d'espoir que la Toscane devienne bientôt pour elles un débouché de plus, propre à les réactiver. Mais en voyant un roi dans leurs murs, les Lyonnais ont eu la sagesse de ne point se rappeler ce qu'ils avaient souffert, en servant la cause de la royauté.

« En Piémont, le passage du comte de Livourne a produit peu d'effet, quoique en général cependant il ait ravivé les espérances des partisans de l'ancien ordre de choses. Le peuple l'a d'ailleurs vu avec assez d'indifférence. L'insurrection qui a éclaté parmi les troupes de la garnison de Turin, le jour de l'arrivée dans cette ville, a été ignorée dans ses détails du comte de Livourne, et, moyennant quelques précautions, ne s'est pas propagée parmi les troupes de sa garde.

« Le duc et la duchesse de Parme sont venus jusqu'à Caramello, près Plaisance, au-devant du comte et de la comtesse, et les ont reçus avec l'expression du bonheur et de la plus vive satisfaction. Le conseiller d'État, Moreau de Saint-Méry, et le général Moncey, avec lequel je me suis facilement et parfaitement entendu quant aux dispositions, honneurs à rendre, etc., les attendaient à Plaisance, où des fêtes publiques étaient préparées; il en est de même à Parme : le général Murat n'y étant point, et le comte désirant que je l'accompagne jusqu'à Florence, je me dispose à l'y suivre. Je retournerai toutefois le plus rapidement possible à Paris, impatient d'une place dans une grande expédition, si elle a lieu, et bien désireux que l'accomplissement de cette fastidieuse mission vous offre surtout la preuve qu'il n'en est aucune que je ne prise, alors qu'elle m'est confiée par vous. »

Il est un fait assez curieux à constater : Grouchy, ayant servi sous Moreau et les autres commandants des armées du Rhin, ne comptait pas parmi les partisans du premier consul. Il avait désapprouvé le 18 Brumaire, et, bien que le général Bonaparte fût alors à l'apogée de sa gloire, il observait vis-à-vis du chef de l'État une certaine réserve qui se retrouve dans sa correspondance. On voit par la fin de cette dernière lettre, que le général de Grouchy est beaucoup plus ennuyé que flatté de sa mission d'honneur.

Grouchy espérait trouver à Parme le général Murat, beau-frère de Bonaparte, et lui remettre les princes. Ne le trouvant pas, il lui écrivit à Florence, siége de son commandement, le 18 juillet 1801 :

« Je vous préviens, mon cher général, que le comte et la comtesse de Livourne sont à Parme depuis hier. Chargé par les consuls de vous les conduire, j'avais pensé que peut-être je vous trouverais ici. Ne vous y voyant point, je me hâte de vous demander vos arrangements ultérieurs, si vous comptez y venir, quelles dispositions enfin vous êtes dans l'intention de prendre quant à l'arrivée à Florence du roi d'Étrurie, le moment où il devra s'y rendre, les précautions de sûreté sur la route, etc. Le général Moncey a mis à ma disposition les troupes nécessaires pour ses gardes d'honneur et escortes dans l'étendue du territoire cisalpin : vous pourvoirez sûrement à tout sur le territoire toscan.

« Je me félicite, mon cher général, que la mission fort honorable sans doute, mais bien fastidieuse, que le consul m'a confiée me mette à même de vous revoir bientôt, et de vous renouveler l'attachement sincère que je vous ai voué depuis longtemps et que j'aime à croire que vous payez de quelque retour. »

Enfin, le surlendemain 21 juillet, le général manda encore de Parme au ministre des relations extérieures, Talleyrand :

« La mission dont je suis chargé près du roi d'Étrurie approchant de son terme, citoyen ministre, je vous dois quelques détails sur le temps qu'il a passé en France depuis son départ de Paris et la réception qui lui a été faite dans les États du duc de Parme. Accueilli dans l'étendue du territoire de la république avec la dignité et la convenance dont vous m'aviez fait un devoir de l'environner, les vues du gouvernement se sont trouvées complétement et heureusement remplies à son égard. Dans les lieux où il s'est arrêté, les honneurs militaires, les visites des chefs de la force armée, des repas décents, préparés à l'avance et animés par de la musique, les salutations des autorités constituées et des discours analogues aux circonstances, dictés par un même esprit, et propres à resserrer les liens qui doivent à jamais nous l'attacher, lui ont donné la mesure de l'urbanité française et de l'unité d'opinions et de sentiments des divers agents du gouvernement. Si, assez généralement, le peuple s'est pressé à sa rencontre; si un sentiment de curiosité et d'intérêt a attiré la foule sur les pas d'un roi allié de la république et proclamé par elle, l'esprit de parti n'a eu nulle part à s'applaudir que l'aspect d'un prince de la maison de Bourbon ait réveillé de fâcheux souvenirs ou des regrets injurieux au système républicain. Le roi d'Etrurie emporte donc avec lui le sentiment de la grandeur, de la puissance et surtout de l'heureuse tranquillité qui plane maintenant sur la France et lui présage les destinées les plus prospères.

« Pendant les trois jours que le comte de Livourne a passés à Lyon, j'ai cru devoir le conduire aux ateliers les plus intéressants et aux manufactures de cette commune, soit pour leur offrir un encouragement, soit pour leur donner un nouveau motif d'espoir de prospérité dans l'intérêt que pourrait leur conserver le souverain de la Toscane. Il a en outre visité l'hospice et même paru au bal paré et au théâtre; des promenades et des concerts ont occupé ses autres instants. Lyon s'est montré aussi calme qu'animé d'un bon esprit pendant son séjour dans ses murs.

« Arrivé en Piémont, il a été vu avec une vive joie par les partisans de l'ancien ordre de choses, qui n'ont pas manqué de tirer, des termes dans lesquels la France l'a placé vis-à-vis d'elle, des inductions favorables à leurs vues comme à leurs désirs, tandis que le parti des patriotes exagérés, a essayé de profiter de cette circonstance pour calomnier les principes et les chefs du gouvernement français et l'a peut-être utilisée pour fomenter les mouvements insurrectionnels qui se sont manifestés parmi les troupes françaises à Turin. Le général Jourdan a dû vous donner à cet égard des renseignements plus positifs que je ne suis à même de le faire.

« Le conseiller d'État Moreau de Saint-Méry vous a rendu un compte très-étendu de l'accueil fait au roi et à la reine d'Étrurie par le duc de Parme; je n'ai donc rien à ajouter aux nombreux détails dans lesquels il m'a dit qu'il entrait, et je me bornerai à vous répéter que cette réception a été marquée par la joie la plus vive, les témoignages de la gratitude la plus sentie envers la République, les égards les plus distingués envers tous ses agents, et que son trait le plus saillant, comme le plus prononcé, a été la reconnaissance bien solennelle (aux fêtes et aux cérémonies publiques, comme dans l'intérieur du palais) du roi d'Étrurie par l'Infant de Parme.

« Ayant prévenu le général Murat de l'arrivée ici du comte de Livourne, il s'est hâté de s'y rendre, et il a été convenu que le roi se ferait précéder à Florence par un fondé de pouvoir, le comte de Ventura, chargé de faire prêter le serment, et qu'il le suivra de près pour son installation et prise de possession. Le comte de Ventura part demain, et le général Murat est déjà retourné à Florence. Pressé par lui et par le comte de Livourne de le seconder jusqu'à son installation, je me vois en quelque sorte forcé de le suivre. Quelque pénible, quelque fastidieuse que soit la mission dont j'ai eu à m'acquitter, je ne regretterai point, citoyen Ministre, de la voir se prolonger quelques jours encore, si j'ai rempli vos vues et atteint le but que vous vous proposiez. Je vous annonce d'ailleurs avec plaisir que quoique ayant dû subvenir à tous les frais de poste depuis Paris, à des gratifications de tout genre et fournir aux dépenses de logement, de table et du comte de Livourne et des soixante et tant de personnes qui l'accompagnent pendant huit à neuf journées, le crédit que vous m'avez ouvert couvrira de beaucoup les fonds consommés.

« *P. S.* Je ne puis passer sous silence le zèle et tous les soins que se sont donnés pendant le voyage les officiers qui m'entourent, et notamment l'inspecteur général des postes, Boulanger; il ne fallait rien moins que leur dévouement au gouvernement, pour qu'ils se prêtassent de si bonne grâce à d'aussi minitieux détails. »

Arrivé à Florence dans les premiers jours d'août 1801, le général de Grouchy assista aux différentes cérémonies de l'avénement du roi au nouveau trône de Toscane, prit congé de Leurs Majestés et partit pour Paris.

Au moment où il entrait sur le territoire français, il fut joint par un courrier du ministre de la guerre lui apportant sa commission d'inspecteur général de cavalerie. Il écrivit aussitôt à Berthier :

« Le courrier porteur de ma nomination à la place

d'inspecteur de cavalerie m'a manqué de deux heures à Florence, et ne m'a rejoint qu'ici; au lieu de rebrousser chemin, je me détermine à pousser jusques à Paris, par le double motif d'y recevoir les instructions que vous m'annoncez, d'y prendre des fonds dont je suis absolument à court et de terminer quelques affaires que mon départ inopiné avec le roi d'Étrurie m'a fait abandonner, au moment où ma présence était indispensable à leur conclusion. Je ne resterai qu'une décade à Paris, et repartirai si vous le jugez convenable à l'instant pour me livrer avec zèle et dévouement aux nouvelles fonctions où je suis appelé. »

La carte à payer du voyage du comte et de la comtesse de Livourne se monta à la somme de 85,000 fr., somme acquittée par le gouvernement consulaire.

Nous avons dit, en commençant ce livre, que le premier consul avait, coup sur coup, confié deux missions importantes au général de Grouchy. Nous avons raconté la première mission, toute politique. La seconde consistait en une inspection générale des troupes à cheval en station dans la Cisalpine.

Ces troupes étaient : les 15e, 22e et 25e de cavalerie, à Saint-Nazaro, Vallée et Montza ; les 7e et 12e de dragons venant de l'armée du Midi ; les 3e, 9e, 14e et 15e de chasseurs, à Lodi, Bergame, Mantoue, Crémone ; le 11e de hussards venant de l'armée du Midi ; les 8e, 19e de dragons, 2e de chasseurs, 7e et 12e de hussards ; la légion polonaise, les six derniers corps de l'armée du Midi.

Le général avait à peine terminé cette laborieuse

mission, à la fin de novembre 1801, qu'il fut prévenu par lettre ministérielle du 6 décembre, qu'il eût à se préparer à une nouvelle inspection de cavalerie, qui devait commencer le 20 décembre 1801, et être complétement terminée le 20 avril au plus tard.

La lettre de Berthier à Grouchy contenait des instructions précises. Ces instructions, évidemment écrites sous l'inspiration du génie organisateur de Bonaparte, laissent percer l'intention bien arrêtée de faire disparaître des troupes françaises les abus que les guerres longues et incessantes avaient laissé introduire.

En les lisant, on pressent l'organisation du camp de Boulogne et la régularité future dans toutes les branches des services administratifs.

Nous croyons utile d'extraire de la lettre du ministre de la guerre quelques passages qui nous paraissent avoir un certain intérêt :

« L'intention du gouvernement est que les inspecteurs généraux lui fassent connaître tous les abus qui peuvent exister, toutes les améliorations à faire dans les diverses parties soumises à leur examen.

« L'instruction que je vous adresse me paraissant entrer dans des détails suffisants sur la marche de vos opérations et l'esprit qui doit les diriger, je me bornerai à ajouter quelques observations sur ces objets particuliers.

« Les notes que vous aurez à donner sur le compte des officiers ne sauraient être trop exactes; vous ne devez donc rien négliger pour fixer votre opinion sur chacun d'eux.

« Vous porterez aussi la plus grande attention à prendre dans chaque corps les noms des quatre sous-officiers que leurs services et leurs connaissances rendent les plus dignes d'être promus au grade d'officier, l'intention du premier consul étant de faire en leur faveur une partie des promotions qui appartiennent au choix du gouvernement.

« A l'exception des plaintes ou des réclamations d'une nature particulière, vous ne recevrez aucune demande si elle ne vous est pésentée suivant les formes de la hiérarchie militaire, et vous recommanderez aux chefs des corps et aux conseils administratifs d'en agir de même à l'égard de celles qui leur seront adressées.

« Vous aurez occasion de remarquer dans plusieurs corps qu'à l'époque des différentes organisations qui ont eu lieu, des officiers titulaires ont cédé leurs places à des officiers réformés, d'après l'autorisation qui leur en a été indûment accordée par des généraux ou par les conseils d'administration. Comme il est de principe que tout officier qui ne veut plus servir doit donner sa démission ou prendre sa retraite si la durée de ses services, ses blessures ou des infirmités contractées à la guerre lui en donnent le droit, vous donnerez les ordres nécessaires pour que l'abus que je vous signale ne se renouvelle plus, sauf à ce que l'on me fît connaître à l'avenir les officiers qui pourraient paraître dans le cas d'être exceptés de cette règle générale pour leurs infirmités ou pour tout autre motif, afin que je puisse prendre à leur égard les ordres du gouvernement. »

Pendant le cours de ses opérations, le général de Grouchy reçut du ministre de la guerre Berthier la lettre suivante datée du 5 mars 1802, portant instruction sur les récompenses honorifiques à proposer pour les militaires dans les corps de troupes :

« J'ai remarqué, citoyen général, par l'examen des revues d'inspection qui me sont parvenues, que plusieurs corps présentent un très-grand nombre de militaires pour obtenir des distinctions d'honneur.

« L'article 14 de l'instruction que vous avez reçue vous charge de vous faire remettre l'état de ceux que l'on présume pouvoir y prétendre ; mais je dois vous observer que l'intention du gouvernement est de n'accorder cette récompense qu'aux militaires qui ont fait des actions d'une haute valeur, et que le nombre de ceux qui peuvent l'obtenir étant déterminé pour chaque corps, ces distinctions doivent être ménagées.

« Je vous invite donc à n'admettre les propositions de cette nature qui vous seront faites pendant le cours de vos opérations qu'avec beaucoup de réserve, et dans le cas seulement où elles vous paraîtront mériter de fixer l'attention du gouvernement par des faits éclatants qui, jusqu'à ce moment, seraient restés dans l'oubli. »

Le général de Grouchy, un des meilleurs officiers de notre cavalerie, servait avec beaucoup de zèle et une grande exactitude ; mais il avait le caractère ombrageux, et n'aimait pas les observations mal fondées.

Il répondit, le 10 avril 1802, aux reproches peu

mérités que le ministre de la guerre lui envoyait par l'entremise de ses bureaux, la lettre ci-dessous, qu'on trouvera sans doute d'une grande raideur :

« Ce n'est pas sans étonnement, je l'avoue, citoyen, que je reçois votre lettre en date du 14 germinal, par laquelle vous me mandez, sur l'assertion d'un chef de brigade du 18ᵉ régiment de dragons, et sans m'avoir demandé compte des ordres que j'ai dû donner par suite des vôtres, *que vous avez la conviction que je n'ai point veillé à ce qu'on se conformât* aux dispositions de votre lettre du 7 pluviôse relative à la désignation des dragons du 10ᵉ régiment à verser sur le 18ᵉ, et, par un autre paragraphe de cette lettre, *que je n'ai point réformé les hommes qui eussent dû l'être.* Quoique de tels reproches ne puissent atteindre un officier général qui depuis dix ans a donné quelques preuves de régularité dans sa manière de servir et d'une scrupuleuse observation des dispositions ministérielles qu'il a eues à exécuter, je vous invite toutefois à vous faire mettre sous les yeux les ordres que j'avais donnés au 10ᵉ régiment, ordres dont je vous ai envoyé copie, avec ma lettre en date d'Angers le 10 germinal.

« Je vous prie aussi de croire, quelle que soit la réserve que j'apporte en fait de réformes, à raison de l'incomplet des corps, que l'examen postérieur au mien du chef de brigade Levée et son jugement ne sauraient me faire regarder comme devant être prononcées celles de militaires qui ne m'ont pas paru susceptibles de devoir l'être, après que je les ai moi-même soigneusement examinés et que j'ai fait constater sous mes yeux la validité des motifs d'admission ou de rejet.

« Enfin les seules mesures que j'aurais à prescrire, citoyen ministre, si je ne touchais au terme où cessent mes rapports avec les corps que j'ai inspectés, seraient la punition du chef de brigade Levée, la retenue, sur ses appointements, des frais que l'irrégularité de sa conduite peut occasionner et l'incorporation du détachement du 10ᵉ dans le 18ᵉ. »

Berthier, quelques jours après, écrivit au général la lettre qu'on va lire, datée du 30 avril, dans laquelle il lui adresse des compliments sur sa manière de servir et le prévient qu'il sera bientôt appelé à faire une inspection nouvelle :

« J'ai examiné le travail des revues dont vous avez été chargé, citoyen général, j'en ai fait connaître les résultats au gouvernement. Il me charge de vous témoigner sa satisfaction.

« Vous avez rempli toutes les parties de l'instruction que je vous avais donnée avec le zèle et l'intérêt que nous devons porter au bien-être et à l'instruction de l'armée ; je m'occupe sans relâche des moyens d'amélioration que vous proposez.

« Cette première revue ne peut être considérée que comme revue préparatoire ; l'instruction, l'exécution des ordres que vous avez donnés, l'arrivée des conscrits pour le recrutement en nécessiteront une seconde. J'ai l'honneur de vous prévenir que vous recevrez de nouvelles instructions pour cette seconde revue, qui aura lieu au mois de fructidor.

« Jusqu'à cette époque, vous pouvez vous occuper

de vos affaires particulières, en me prévenant du lieu où je pourrai vous adresser des ordres. »

A la fin du même mois d'avril 1802, les consuls prirent un arrêté concernant la substitution des jeunes soldats par d'anciens militaires.

Cette mesure est curieuse en ce sens qu'elle peut et doit être considérée comme étant l'origine du remplacement militaire qui dura si longtemps, et comme ayant fourni l'idée mère du système d'exonération si fatal à notre armée, dans ces dernières années.

Voici l'arrêté envoyé de Paris au général de Grouchy et qu'il reçut au commencement de mai 1802 :

« Les consuls de la république, sur le rapport du ministre de la guerre, le conseil d'État entendu, arrêtent :

« Art. 1er. Les militaires compris dans les dispositions de l'arrêté du 8 brumaire, relatif aux congés absolus, sont autorisés pour cette fois à rester au corps et à céder leurs congés à des réquisitionnaires ou à des conscrits actuellement sous les drapeaux.

« Art. 2. Cette faculté de congé ne pourra avoir lieu que pendant l'espace de deux mois, à dater de la publication du présent arrêté, et en faveur d'un homme du même corps; elle ne pourra s'exercer que sous les conditions suivantes :

« Art. 3. Le militaire licencié qui cédera son congé, contractera l'engagement de servir pendant cinq ans et de ne pas quitter les drapeaux dans tout le cours de la guerre, si elle venait à se déclarer pendant cet intervalle.

« Art. 4. Les réquisitionnaires ou conscrits qui n'auront pas au moins un an de service effectif, ne seront point admis à profiter du congé d'un ancien soldat.

« Art. 5. Le réquisitionnaire ou conscrit à qui un congé aura été cédé sera tenu, avant que la remise lui en soit faite, de verser dans la caisse du corps une somme convenue entre lui et le soldat auquel le congé appartient.

« Art. 6. Cette somme ne pourra être moindre de 400 fr. ni excéder 900 fr.

« Art. 7. Sur cette somme, il sera prélevé :

« 1° Un cinquième du montant, qui sera remis au remplaçant aussitôt qu'il aura contracté son nouvel engagement ; 2° la valeur d'un habillement complet qui lui sera délivré ; le surplus restera dans la caisse du corps pour servir à payer au remplaçant une haute paye de 10 cent. par jour pendant toute la durée de son engagement.

« A l'expiration de son service, il lui sera tenu compte de la somme restante sur les fonds réservés dans la caisse du corps, d'après la cession de son congé.

« Le ministre de la guerre est chargé de l'exécution du présent arrêté. »

Son inspection terminée, le général revint dans sa famille et put enfin donner quelques instants à ses propres affaires d'intérêt.

Il rédigea et adressa au premier consul une pétition pour obtenir la liquidation définitive d'une somme de 150,000 fr. à laquelle son père avait droit, en vertu d'un arrêté du département de Seine-et-Oise en date de mai 1792, arrêté pris en conformité d'une loi du 5 mars 1791 relative aux indemnités pour dîmes ecclésiastiques.

Le premier consul envoya la pétition du général au conseil d'État (département des domaines nationaux). M. Boulay, auquel incomba le soin de cette affaire, fit un rapport des plus favorables dans les premiers jours de février 1803, et le père de M. de Grouchy rentra dans cette créance qui lui était fort légitimement due.

Le 16 octobre 1802, Berthier manda au général :

« Je vous préviens, citoyen général, que, d'après les dispositions arrêtées par le premier consul, vous êtes compris dans le nombre des officiers généraux en activité pendant l'an onze.

« Le gouvernement, qui apprécie toute l'utilité et l'importance des services que vous avez rendus, se plaît à vous renouveler ce témoignage de sa confiance.

« A l'époque qui sera déterminée pour la prochaine inspection je vous adresserai des instructions particulières. »

Pendant l'année 1803, le général de Grouchy inspecta les 1er et 4e de dragons à Ancenis, Saint-Jean d'Angely et Niort; les 7e et 19e de chasseurs à Rennes et Pontivy; les 10e et 14e de dragons à Caen et Angers; le 5e de hussards à Saumur.

Immédiatement après la rupture du traité d'Amiens, le premier consul créa les camps du Nord : à Boulogne, 50,000 hommes sous le général Soult; à Étaples, 30,000 sous Ney; à Ostende, 30,000 sous Davout.

Au commencement de 1804 il forma un autre camp à Utrecht, ou plutôt à Zeist, sous Marmont.

Le général de Grouchy reçut, le 1ᵉʳ février 1804, l'ordre d'aller prendre à ce dernier camp le commandement de la 2ᵉ division. Il se rendit immédiatement à son poste, où il trouva le général Marmont, commandant en chef, Vignolle, chef d'état-major, les généraux de division d'infanterie Boudet et Dumonceau, celui de cavalerie Lacoste.

Nous n'aurions rien à signaler pendant le séjour de Grouchy au camp de Zeist et à Utrecht, du commencement de 1804 au milieu de 1805, si nous n'avions trouvé dans le dossier laissé par lui, une lettre adressée à Marmont pendant l'absence de ce dernier, lettre qui arriva à Grouchy faisant l'intérim en l'absence du général en chef.

Elle concerne un officier général et un administrateur distingués, fort jeunes alors l'un et l'autre, et prouve qu'à cette époque le ministre de la guerre savait réprimer avec intelligence et douceur des écarts peu convenables.

Voici cette dépêche :

« Les agents de l'administration ayant rendu compte au gouvernement, citoyen général, que des chefs militaires et administratifs de l'armée que vous commandez oubliaient la dignité qu'ils se doivent à eux-mêmes; étant d'ailleurs particulièrement informé que le général de division Boudet et l'ordonnateur en chef Aubernon ont paru avec leur uniforme dans des lieux qu'ils ne laisseraient pas hanter par les derniers de leurs subordonnés, vous voudrez bien les rappeler paternellement à la réserve que commandent dans ce pays les fonctions qui leur sont départies.

« En leur donnant cet avis confidentiel vous remplirez, mon cher général, les ordres du premier consul. »

Le 26 octobre, le général de Grouchy, ainsi que tous les généraux ayant marqué dans les guerres des dix dernières années, reçut du premier consul devenu empereur depuis quelques mois l'invitation de se rendre à Paris pour les fêtes du couronnement qui devait avoir, et eut lieu le 2 décembre 1804.

Voici la lettre du nouveau souverain :

« Monsieur Grouchy, général de division employé à l'armée française en Batavie, la divine Providence et les constitutions de l'empire ayant placé la dignité impériale héréditaire dans notre famille, nous avons désigné le onzième jour du mois de frimaire prochain, pour la cérémonie de notre sacre et de notre couronnement. Nous aurions voulu pouvoir, dans cette auguste circonstance, rassembler sur un seul point l'universalité des citoyens qui composent la nation française ; toutefois et dans l'impossibilité de réaliser une chose qui aurait eu tant de prix pour notre cœur, désirant que ces solennités reçoivent leur principal éclat de la réunion d'un grand nombre de citoyens distingués par leur dévouement à l'État et à notre personne, nous vous faisons parvenir cette lettre pour que vous ayez à vous trouver à Paris avant le 7 du mois de frimaire prochain et à y faire connaître votre arrivée à notre grand maître des cérémonies. Sur ce, nous prions Dieu qu'il vous ait en sa sainte garde.

« Écrit à Saint-Cloud, le 4 brumaire an XIII. »

Le général Marmont, ainsi que nous l'avons dit, avait été chargé par le premier consul, devenu l'empereur Napoléon 1er, du commandement d'un corps qui devint en 1805 le deuxième de la grande armée.

Ce corps, composé dans le principe de six régiments français d'infanterie, deux de cavalerie, et de toute l'armée batave, présentait un effectif de trente-cinq mille hommes. Il était scindé en deux parties.

La première, destinée à l'expédition d'Angleterre, installée au camp d'Utrecht ou plutôt de Zeist, était forte de treize bataillons et de six escadrons français, de douze bataillons et de six escadrons bataves; son effectif s'élevait à vingt-deux mille hommes.

La seconde, destinée à la garde du territoire, était de treize mille hommes de troupes de garnison et de dépôt répartis dans huit arrondissements.

Le général de Grouchy, qui commandait la 2e division d'infanterie de ce corps de Marmont, passa au camp de Zeist une grande partie de l'année 1804, sous la baraque.

Pendant l'hiver la saison étant devenue très-rigoureuse, les troupes furent mises en quartier à Utrecht, à Harlem, à Amsterdam, etc.

Ayant obtenu de venir à Paris, le général de Grouchy y vint au commencement de février 1805. A peine s'y trouvait-il, qu'il reçut l'ordre de rejoindre sans nul délai son poste.

Le 7 février il écrivit à son père :

« En arrivant à Paris, mon cher papa, j'y ai trouvé l'ordre de me rendre sur-le-champ en Hollande, et généralement tous les officiers particuliers et généraux ont reçu celui de retourner de suite à leurs postes. Je suis en conséquence forcé de partir dès après-demain, pour tristement gagner Utrecht. J'ai tardé de deux ou trois jours à vous faire part de cette nouvelle, qui m'afflige bien profondément, dans l'espoir d'obtenir la révocation pour quelque temps, du moins, de cet ordre ; mais il n'y a pas eu moyen, et il me faut partir. Recevez donc mes adieux, cher papa, et croyez bien que chaque séparation nouvelle m'abreuve d'amertume, puisque chacun des moments que je passe près de vous est marqué par de constantes preuves de tendresse de votre part.

« Malgré que l'on rejoigne les armées, cependant les nouvelles sont fort à la paix et l'on ne croit pas dans ce pays à la guerre continentale, dans ce moment du moins ; cet espoir me console un peu de ce nouvel éloignement en me permettant de me livrer à celui que, sous une couple de mois, et avant la réunion des troupes dans des camps, je pourrai revenir à Paris, sinon pour longtemps, du moins pour un mois au moins. Puisse cet espoir ne pas être déçu ! Mme de Grouchy reste à Paris. Son frère, qui vient d'être nommé sénateur, y arrive incessamment, ce qui l'oblige à renoncer à son voyage de Bruxelles, et à ajourner à une époque assez éloignée celui de Hollande ; la mauvaise saison et sa délicatesse le rendraient trop pénible en ce moment.

« Adieu, mon cher et bon père. Recevez mes tendres embrassements, donnez-moi quelquefois de vos nouvelles; elles sont bien nécessaires à mon cœur et ne fût-ce que deux lignes de votre main, ce sera une grande consolation pour moi de les recevoir.

« Veuillez adresser les lettres au quartier général à Utrecht, en Hollande. »

Le général revint donc au camp de Zeist. Ce camp était situé à une quinzaine de lieues et au sud-est d'Utrecht en avant et sur la gauche de la petite ville de Zeist, dont il avait pris le nom. La droite s'appuyait à la route d'Amersfoort au Rhin; la gauche à un vaste parc dont l'extrémité touchait aux dernières habitations de la ville. Des dunes et des maquis s'étendaient sur la gauche et sur le front du camp, en avant de la droite duquel courait un immense plateau en forme d'ellipse. Le général en chef avait fait élever sur le côté sud de ce plateau une pyramide carrée d'où l'on découvrait un horizon immense.

La division Boudet, la plus forte en effectif, occupait la droite, baraquée par régiments sur quatre lignes; la division Grouchy venait ensuite et sur le même alignement, ayant son régiment batave à sa gauche et baraquée de la même façon que la première; puis la division batave Dumonceau dans un ordre identique. Les intervalles entre les divisions, à un kilomètre en avant du front de bandière, étaient couverts par des lunettes ouvertes à la gorge. A 3 lieues en arrière de la division de droite se trouvait le bourg de Driebergen, dont le beau parc s'étendait à moitié chemin du camp. A une vingtaine de lieues au nord-est, on trouvait la ville d'Amersfoort arrosée par l'Eem.

Après un séjour d'une année à ce camp de Zeist ou à Utrecht, le général de Grouchy reçut l'ordre, au commencement d'août 1805, de faire embarquer sa division destinée à passer en Angleterre; mais, le 24 du même mois d'août, un ordre arriva pour tous les corps de la grande armée dont plusieurs étaient déjà sur les péniches, de mettre les troupes à terre. Les événements maritimes faisaient ajourner la descente, et le mouvement des Autrichiens sur l'Inn, qu'ils venaient de franchir, appelait les Français en Allemagne.

Nous terminerons ce livre par quelques lettres de Grouchy écrites du camp de Zeist.

« J'envie le sort de mes sœurs, qui vont passer quelque temps avec vous : au lieu de cela, cher papa, me voilà exilé au milieu de la bruyère de Zeist, qui, pour être habitée momentanément par vingt mille hommes, n'en est pas moins un fort triste séjour; cette année, au lieu de camper, on a baraqué les troupes, c'est-à-dire qu'elles se sont construit des espèces de cahutes en bois recouvertes en paille, dont chacune contient une vingtaine d'hommes. — Obligés d'avoir de vastes habitations pour pouvoir recevoir, les généraux ont dû bâtir de grands logements dont les murs sont de briques et le toit également en paille. La mienne me coûte plus de douze cents francs : elle consiste en une antichambre, un salon, une chambre à coucher et un cabinet pour Paul; elle est une des plus modestes de l'armée; car plusieurs généraux en ont fait faire qui leur reviennent à mille écus. Tout semble annoncer que la grande expédition à laquelle nous sommes liés, touche au moment de se faire : en vérité, je le désire de tout mon cœur, afin de sortir enfin de l'état d'anxiété dans lequel nous sommes depuis quinze mois : quelles que soient les chances d'insuccès, je ne connais rien de pis, que de passer ainsi ma vie loin de vous, mon cher papa, loin de tous les objets de mes affections, et dans un continuel exil; trois mois de dangers valent mieux que des années de privations.

« Tous les officiers que j'ai près de moi, cher papa, se rappellent à votre souvenir; ils consistent en M. Dupuy, M. de Fontenilles, et M. Carbonel. J'attends incessamment M. de Lafayette, le gendre de M. de Tracy : il doit arriver d'un jour à l'autre, et serait déjà avec moi, sans les couches de sa femme, qui l'ont jusqu'à cet instant retenu à Paris. »

27 juillet 1803.

« Votre dernière lettre du 22 messidor s'est croisée avec celle que je vous écrivais, mon cher papa, et les circonstances ont tellement changé depuis quinze jours, que nous semblons toucher au moment de voir se réaliser la grande entreprise projetée depuis si longtemps contre l'Angleterre. Toute l'armée est en pleine marche pour se rendre au Helder, et déjà beaucoup de troupes sont embarquées. Ma division le sera d'aujourd'hui en huit, c'est-à-dire le seize de thermidor, et je le serai moi-même avec elle. L'embarquement de quelques troupes et l'annonce d'une expédition pour l'Inde n'était qu'une ruse pour faire prendre le change à l'ennemi.

« A la veille de courir de nouvelles et hasardeuses chances, vous croyez bien, cher papa, que mes pensées et mes vœux pour un prompt rapprochement se portent souvent vers vous ; les choses si amicales que vous me dites, dans votre dernière lettre, viennent encore se joindre à tous les sentiments qui se pressent autour de moi dans l'occurrence actuelle ; les preuves de tendresse que vous m'avez prodiguées depuis que j'existe, tous les sacrifices que je vous ai coûtés, le peu de retour dont j'ai été à même de payer vos paternelles sollicitudes, tout semble se réunir pour oppresser mon âme en ce moment ; croyez, du moins, cher papa, que quelle que soit ma destinée jusqu'à ce que je vous voie, à la plus profonde reconnaissance, l'attachement le plus constant et le besoin de vivre enfin près de vous ; telles sont les habituelles affections de mon cœur, qui, j'ose le dire, est digne du vôtre, par les sentiments qu'il vous portera jusqu'à son dernier soupir.

« Si le peu de gratitude que le gouvernement a mis jusqu'à ce jour à reconnaître mes services et mes blessures, et le bien faible espoir que de nouveaux services me viennent au commandement des armées, n'avait pas détruit en moi toute espèce d'illusion quant au métier que je fais, et que je ne continue que parce que la voix de l'honneur ne peut cesser de se faire obéir, quels que soient les mécontentements personnels qu'éprouve un militaire, je verrais d'un œil satisfait, une entreprise, qui par la grandeur du but et le peu de temps nécessaire pour l'atteindre, devrait assurer, soit aux individus, soit à l'État de si grands résultats; malheureusement je pars bien persuadé que je ne serai pas mieux traité au retour. Quoi qu'il en soit, ma division ne sera pas la moins énergique, et la moins avide de gloire, si tant il y a que les termes dans lesquels nous nous trouvons avec le Nord, ne changent point, encore une fois, notre destination.

« Je n'ai point reçu, cher papa, la lettre que vous me dites que mon frère m'a écrite, relativement au garde champêtre de Sagy. Il ne faut pas vous en étonner; on ouvre presque toutes mes lettres et bien souvent, ou on les retient pendant du temps ou on les supprime; celle-là aura été du nombre. Au reste, dans l'éloignement où je suis, je me trouve peu en mesure de m'occuper de cette affaire. Si cet homme a obtenu par moi un port d'armes, c'est parce que mon frère m'a demandé de le faire avoir. Quant à le lui ôter, il faut qu'il aille à Versailles, voir M. de Montalivet, et lui porte ses plaintes contre ce garde; d'ici vous sentez bien que je ne puis les appuyer d'aucune preuve. Si Aimé veut une lettre pour M. de Montalivet, afin d'en avoir une audience, je la lui enverrai.

« Adieu, cher papa, je vous écrirai dès que je serai au Texel et embarqué. Espérons que, soit que nous tentions l'expédition, soit qu'une guerre continentale fasse ajourner et renvoyer au printemps le commencement des hostilités, espérons, dis-je, que je vous embrasserai cet automne; j'en ai le besoin, autant que le désir, et je suis bien sûr que vous le partagez.

« Tout ce qui m'entoure indistinctement, se rappelle à vos bontés et à votre souvenir; je vous embrasse de toute la tendresse de mon cœur.

« P. S. Veuillez m'écrire toujours à *Utrecht;* la poste passe par là, pour venir au Helder.

« Mille amitiés aux habitants de Villette.

« J'ai pris près de moi le nommé Croissy, hussard au 6ᵉ régiment, et fils d'un homme de ce nom qui est d'Évéquemont et que vous connaissez. »

9 septembre 1803.

« Depuis que je vous ai écrit, mon cher papa, j'ai été passer une dizaine de jours au Helder, avec le général Marmont : pendant que nous y étions, est arrivé l'ordre d'embarquer à bord des vaisseaux et des frégates tout ce qu'ils pourraient contenir de troupes, ainsi que des vivres pour six mois : le général Boudet a été désigné pour s'embarquer avec cette petite portion de l'armée; quant à moi, je suis revenu ici pour prendre momentanément le commandement du camp, pendant le temps que le général Marmont restera au Helder, pour présider à l'opération de l'embarquement. Que deviendra le reste de l'armée, n'est-ce qu'une démonstration pour mieux donner le change à l'ennemi, que cette expédition partielle ? C'est ce qu'on ne peut deviner. Tant il y a que toutes les têtes travaillent, et qu'on attend impatiemment l'avenir, pour sortir de l'état d'anxiété dans lequel nous sommes depuis si longtemps. »

LIVRE SEPTIÈME

CAMPAGNE DE 1805

De septembre 1805 à août 1806.

Le 2e corps (Marmont) de la grande armée, quitte la Hollande le 19 septembre 1805, pour marcher sur l'Allemagne. — Grouchy dirigé sur Mayence avec sa division; — franchit le Rhin le 30 septembre; — rallie le 1er corps (Bernadotte); — arrive à Neubourg. — Position de l'armée autrichienne à Ulm. — Le 2e corps à Eistadt (8 octobre); — franchit le Danube. — La division Grouchy s'établit à Augsbourg le 10 octobre; — se porte, le 12, à marche forcée sur l'Ill; — campe à Pfuld, se rapproche d'Ulm et assiste à la reddition de cette place. — Le 8e de ligne batave. — Capitulation d'Ulm (17 octobre). — Marche du 2e corps sur Wasserbourg où il passe l'Inn. — Ce corps reçoit la mission de remonter au nord sur Lambach en descendant la Traun. — Il remonte ensuite l'Enns en partant de Steyer pour se diriger sur Léoben, afin de se placer entre l'ennemi remontant de l'Italie sur Vienne et les corps de la grande armée en mouvement contre les Russes. — Marmont doit contenir l'archiduc Charles. — La division Grouchy en marche le 8 novembre sur l'Enns; — elle passe l'Eisenerz et descend dans la vallée de la Mürr, en Tyrol; — elle occupe Léoben le 12 novembre. — Marmont gagne avec le 2e corps la position centrale de Gratz, où la division Grouchy se trouve réunie le 18 novembre. — Reconnaissance faite le 29 et le 30. — Utilité de Grouchy à Gratz, où il avait vécu en captivité après Novi. — Affaire Haas. — La division Grouchy part de Gratz le 6 décembre pour Neustadt. — Marmont apprend dans cette ville la nouvelle de la bataille d'Austerlitz et de l'armistice. — Le 2e corps réoccupe Gratz et la Styrie. — Affaire du général Delzons. — Lettres de Grouchy à son père du 12 janvier au 25 juillet 1806.

Le 19 du mois de septembre 1805, Marmont mit son corps d'armée en route pour Mayence. Le 31, ce corps tout entier, avec son artillerie et son matériel, avait quitté la Hollande pour sa nouvelle destination. Il se composait, comme nous l'avons dit, de deux divisions d'infanterie française (Boudet et Grouchy), et d'une division hollandaise (Dumonceau). Dans les cadres de la division Grouchy entrait un régiment batave portant le numéro 8. Treize bataillons français et onze bataves, sept escadrons français et quatre bataves avec une belle artillerie ; le tout présentait un effectif de vingt et un mille fantassins et de trois mille cavaliers, telle était la force de ce corps, qui dut laisser une partie de son monde en Hollande et ne se mit en marche qu'avec quinze mille combattants. Grouchy avec sa division fut dirigé sur Mayence. Il franchit le Rhin le 30 septembre et marcha sur Wurtzbourg, où il opéra sa jonction avec le 1er corps (Bernadotte, armée hanovrienne). Le général avec ses troupes, passent ensuite par Rothenbourg, Eichstadt, et arrivent à Neubourg, violant, aussi bien que les 1er et 3e corps (Bernadotte et Davout), le territoire prussien, ainsi que l'ordre formel en avait été donné.

L'armée autrichienne était à Ulm, point stratégique et nœud des routes, d'où l'on peut se porter sur plusieurs directions. L'armée russe marchait pour renforcer les Autrichiens, qui avaient déjà en ligne près de quatre-vingt mille hommes. L'armée de l'empereur Alexandre s'approchait du Danube en descendant par la Moravie.

Le 8 octobre, le 2e corps était à Eichstadt. Bientôt il franchit le Danube à Neubourg, se dirigeant sur Aichach, puis sur Augsbourg, où la division Grouchy s'établit le 10. Deux jours plus tard, le 12 octobre, la division Grouchy et celle du général Boudet eurent l'ordre de se porter à marches forcées par le chemin le plus court, sur l'Ill, pour venir à Illerdisheim, afin de couper la route qui conduit d'Ulm à Memmingen. Les deux divisions françaises et la cavalerie avec vingt-quatre bouches à feu, passant par Usterbach et Taimanhain, devaient se rapprocher ensuite d'Ulm et relever le corps de Lannes et la cavalerie de Murat.

La division Grouchy campa à Pfuld. Ses postes s'établirent dans le petit faubourg en face de la ville dont le pont était rompu.

Bientôt le 2ᵉ corps vint en face d'Ulm en descendant l'Ill, pour assister à la capitulation de l'armée autrichienne de Mack et à son défilé sur les glacis de la place.

Grouchy vit avec orgueil, mais non sans une sorte de regret, de braves soldats mal conduits par des généraux ignorants forcés de mettre bas les armes. L'histoire, malheureusement, est appelée souvent à constater des faits de ce genre.

Nous avons dit que la seconde brigade de la division Grouchy (2ᵉ du 2ᵉ corps) était complétée par un régiment batave. Ce régiment avait pour colonel un excellent officier nommé Pitcairn. Au camp de Zeitz les hommes avaient reçu la même instruction, les mêmes soins que les autres troupes. Enfin, ce régiment passait pour l'un des plus solides de l'armée hollandaise. Néanmoins, dans la pénible marche de nuit que la division eut à faire en se rendant d'Augsbourg sur l'Ill, marche pendant laquelle les soldats eurent beaucoup à souffrir de la rigueur du temps, des mauvais chemins, de la longueur de l'étape, un grand nombre d'hommes restèrent en arrière, d'autres se jetèrent à droite et à gauche.

En arrivant sur l'Ill, Grouchy constata avec douleur qu'à peine la moitié de ses régiments français étaient au bivouac !

Quant au régiment batave, fort de mille combattants en partant d'Augsbourg, il présentait *trente-sept* hommes en tout, officiers et soldats autour de son drapeau, en arrivant. Le lendemain, il ne manquait plus cinquante Français à la division, et huit jours plus tard, il n'y avait pas cent hommes dans les rangs du 8ᵉ batave. Pendant le reste de la campagne, les bataillons de ce régiment ne présentèrent jamais en ligne plus de cent trente combattants.

Cette marche priva donc la division Grouchy d'une partie de son effectif.

La capitulation d'Ulm eut lieu le 17 octobre 1805.

Après le premier désastre de l'armée autrichienne, l'empereur fit des dispositions pour combattre les Russes. Mais il fallait en même temps trouver moyen de contenir l'armée de l'archiduc Charles, en retraite devant Masséna en Italie et se repliant sur Vienne. Les 1ᵉʳ et 3ᵉ corps entrèrent à Munich. Le Lech devint la base d'opération de la grande armée et Augsbourg sa place de dépôt ; une partie des troupes se dirigea sur l'Inn. Le 6ᵉ corps, moins la division Dupont, entra dans le Tyrol pour en chasser l'archiduc Jean. Les 1ᵉʳ et 2ᵉ corps marchèrent sur Wasserbourg, où ils passèrent l'Inn ; le 3ᵉ s'éleva sur Mühldorf ; le 4ᵉ, le 5ᵉ et la cavalerie de Murat plus au nord, sur Braunau. Cette forteresse fut abandonnée par l'ennemi.

Le 1er corps (Bernadotte) eut ordre de continuer son mouvement sur Salzbourg, nœud des routes de Vienne sur l'Italie par le Tyrol et par la Carinthie. La division Grouchy dut d'abord suivre ce mouvement du 1er corps; mais bientôt le 2e corps reçut une destination nouvelle, celle de remonter au nord sur Lambach en descendant la Traun. Tous les corps se mirent ensuite en marche pour se rapprocher de l'Enns, du Danube et de Vienne. Les Russes, qui s'avançaient et étaient passés sur la rive droite du Danube, se replièrent sur l'Enns par la route directe de Vienne, se décidant à franchir de nouveau le fleuve et à revenir sur la rive gauche.

Le 2e corps, appuyant toujours le mouvement du 3e (Davout), vint à Steyer y remplacer le 3e corps; mais, le 7 novembre, Marmont eut un changement total de direction. On lui donna pour mission non plus de coopérer aux opérations directes contre les armées autrichiennes battues, ralliées par les Russes et cherchant à couvrir Vienne, mais de remonter l'Enns en partant de Steyer pour se diriger sur Léoben au sud, balayant tout devant lui.

Le but que devait atteindre le 2e corps était de se placer entre l'ennemi se dirigeant sur le Danube et l'ennemi cherchant à revenir de l'Italie sur l'Autriche ; d'observer l'archiduc Charles et de le contenir, au besoin.

La division Grouchy se mit en marche le 8 novembre sur l'Enns, s'efforçant de surmonter les difficultés nombreuses qu'offrait ce pays accidenté. La rivière de l'Enns coule au milieu de très-hautes montagnes. Ses eaux sont fort encaissées et sa vallée est étroite. On passait alors de l'une à l'autre rive sur des ponts de bois longs à rétablir s'ils étaient détruits. Un mouvement très-brusque, très-rapide même parut indispensable pour enlever les ponts et empêcher l'ennemi de les couper. La division Grouchy fut lancée avec des ordres précis : à 6 lieues de Steyer, elle rencontra un premier obstacle : un bloc énorme avait roulé de la montagne sur la route, interceptant complétement cette route, bouchant la vallée. Il fallut passer par-dessus le rocher et les éboulements. Le général perdit là une journée entière. Il suivit la rive droite de l'Enns jusqu'au bourg d'Altenmarck à deux jours de Steyer. Passant sur la rive gauche au village de Reifling à trois quarts de lieue plus au sud d'Altenmarck, il ne quitta plus cette direction.

Quelques troupes ennemies remontaient la Salza, affluent de droite de l'Enns. On les poursuivit, on leur enleva un bataillon. La division Grouchy traversa ensuite l'Enns, et, franchissant au sud la haute montagne d'Eisenerz, non sans de très-grandes difficultés, descendit dans le Tyrol avec les autres troupes du 2ᵉ corps, vint déboucher dans la vallée de la Mürr et occupa Léoben le 12 novembre 1805.

Marmont, détaché de la grande armée et séparé d'elle par une grande distance, avait le devoir de bien s'éclairer et d'être toujours prévenu des mouvements de l'ennemi arrivant d'Italie. Il devait en outre retarder la marche de l'archiduc sur Vienne, autant que ses forces le lui permettraient. Il envoya donc des partis sur la Mürr, vers les débouchés d'Unsmarck, de Judenbourg et de Knittelfeld pour avoir des nouvelles. Il apprit que les Autrichiens n'avaient pas encore paru de ce côté. L'archiduc Jean se portait du Tyrol sur Klagenfurth et la Carinthie ; l'archiduc Charles était en pleine retraite soit sur la Croatie, soit sur la Hongrie.

Le général en chef, abandonné à ses propres inspirations, se décida à prendre une position centrale d'où il pût observer plus facilement les mouvements de l'archiduc Charles. Il donna l'ordre à la division Grouchy de se porter sur Gratz, par Brück, Fronlisten et Peggau en suivant les bords de la Mürr et descendant cette rivière. La division se mit en marche le 14. Toutefois cette division avait à peine quitté Léoben, que Marmont fit momentanément réoccuper cette ville par deux bataillons du 92ᵉ (brigade Delzons), auquel Grouchy envoya l'ordre suivant, daté de six heures du soir :

« Par suite des dispositions que me prescrit le général en chef, veuillez, général, demeurer à Léoben avec le 92ᵉ régiment jusqu'à nouvel ordre ; si déjà vous aviez quitté Léoben pour vous porter, ainsi que je l'avais mandé hier, sur la route de Gratz, vous rétrograderiez au reçu de la présente sur Léoben. Vous occuperez bien militairement ce point ; vous vous garderez avec surveillance, et si vous étiez attaqué par des forces trop disproportionnées pour que vous pussiez vous y soutenir, vous vous reploieriez sur Bruck.

« Ne négligez aucun moyen pour assurer à Léoben non-seulement les subsistances du 92ᵉ régiment, mais faites-y à l'avance préparer du pain, pour qu'on pût l'y prendre en y passant, dans l'hypothèse où des troupes marcheraient de ce côté. »

Le lendemain matin, 15 novembre, nouvel ordre de Grouchy aux deux bataillons du 92e :

« Il est ordonné aux deux bataillons du 92e régiment qui sont en marche pour se rendre de *Léoben* à *Peggau* de faire halte au point où le présent ordre leur sera remis, et de cantonner au village de *Fronlisten* jusqu'à ce qu'ils reçoivent de nouveaux ordres.

« Si, quand ceux-ci les atteindront, ils n'avaient pas dépassé la sommité de la montagne qui se trouve entre *Léoben* et *Fronlisten*, ils retourneraient à *Léoben*, et y attendraient de nouveaux ordres. »

Le 15 au soir, le mouvement général sur Gratz fut repris.

« Il est ordonné aux deux bataillons du 92e régiment qui se trouvent à *Fronlisten* d'en partir au reçu du présent ordre pour se rendre à Peggau, où ils se réuniront au reste de la division ; avant de quitter Fronlisten ces bataillons prendront, s'il est possible, le pain et la viande.

« Le commandant du régiment m'accusera réception du présent ordre. »

La division était réunie tout entière à Gratz le 18 novembre 1805.

Vers la fin de novembre, les éclaireurs firent connaître à Gratz que l'ennemi se montrait du côté de Klagenfurth vers l'ouest. Grouchy donna aussitôt l'ordre au général Delzons de faire une forte reconnaissance indiquée dans la dépêche suivante et qui eut lieu les 29 et 30 novembre.

« Veuillez, général, partir sur-le-champ avec le 92ᵉ régiment pour vous rendre ce soir à Wildon, où vous établirez un bataillon en position sur la hauteur en avant de ce village. Après avoir donné quelques heures de repos aux deux autres bataillons du 92ᵉ régiment, vous repartirez de Wildon avec ces deux bataillons pour vous rendre pendant la nuit, s'il est possible, à Proding, où un de vos deux bataillons prendra position. L'autre se portera sur la route qui conduit à Liebeswald, en passant par *Zandorf* et *Kleinstetten*. Mes rapports annoncent que l'ennemi a quelque infanterie à *Kleinstetten*, et que ses patrouilles de cavalerie viennent habituellement à *Zandorf* et même à *Proding*. Il sera donc nécessaire qu'on marche en ordre et qu'on s'éclaire sur ses flancs. L'objet du mouvement du bataillon qui se porte en avant de *Proding* est de soutenir le 8ᵉ régiment de chasseurs, qui lui-même suit cette direction tant pour pousser l'ennemi que lui faire quelques prisonniers; le bataillon marchant au soutien du 8ᵉ régiment de chasseurs n'ira pas plus loin que 3 lieues de Proding, et quand les chasseurs à cheval se reploieront, il se reploiera avec eux.

« Quatre pièces de canon marcheront avec le 92ᵉ; deux resteront avec le bataillon, qui prendra position à *Wildon*; les deux autres avec celui placé à *Proding*.

« Le 8ᵉ régiment de chasseurs devant pousser une reconnaissance en avant de *Wildon* sur la rive gauche de la Mürr, vous prescrirez au chef de bataillon de faire passer un détachement sur cette rive à l'effet de soutenir cette reconnaissance.

« Quand le 8ᵉ régiment de chasseurs sera reployé sur *Proding* ainsi que le bataillon du 92ᵉ qui aura marché en avant, et quand les troupes auront pris le repos dont elles auront besoin, vous rentrerez par la route directe avec les deux bataillons du 92ᵉ à Gratz; mais avant de partir de *Proding*, vous enverrez au bataillon demeuré en position à Wildon l'ordre de se reployer également sur Gratz. »

Le 2ᵉ corps s'était établi fortement à Gratz. C'est dans cette ville que Grouchy avait passé une partie de sa captivité après la bataille de Novi. Il y avait de bonnes relations; aussi lit-on dans le deuxième volume des Mémoires du duc de Raguse :

« Le général Grouchy, fait prisonnier à la bataille de Novi, et conduit à Gratz, y avait résidé assez longtemps et beaucoup connu un nommé Haas, placé à la tête d'une administration de bienfaisance et d'un hôpital. Cet homme, ennemi de la maison d'Autriche et révolutionnaire décidé, s'abandonnait à des rêves politiques et souhaitait un changement. Ses fonctions le mettaient en rapport journalier avec beaucoup de gens de la campagne; par son intermédiaire, je fus instruit chaque jour du lieu où était le quartier général de l'archiduc, et de la masse de ses troupes. »

Le récit de Marmont est en contradiction avec la lettre suivante adressée par Grouchy au général en chef, datée de Gratz le 30 novembre, et dans laquelle il est question de ce nommé Haas :

« Je suis informé, mon général, que plusieurs particuliers de Gratz se soustrayaient à l'exécution de l'ordre que vous avez donné que tous eussent à déclarer les objets appartenant au gouvernement autrichien, dont ils avaient été rendus dépositaires. L'un d'eux nommé M. Levitsch, logé dans le faubourg des Grecs, n° 351 ou 353, avait chez lui un nombre considérable de pelles garnies et destinées à des travaux de fortification : au lieu de les déclarer, il doit les avoir remises à un préposé autrichien faisant fonction de garde-magasin. Un autre, nommé M. Haas, demeurant même faubourg des Grecs, n° 890, a chez lui trois chariots autrichiens, dont il eût dû depuis longtemps faire la remise.

« Un troisième, nommé Gugenthal et adjudant de place, domicilié à l'auberge du Clair-de-Lune à côté du Manége, sert d'agent aux ennemis, et ne cesse de tenir des propos tendant à provoquer les habitants de Gratz contre les Français.

« Je crois devoir vous demander, mon général, de faire arrêter par les grenadiers et conduire en prison ces individus afin qu'un exemple bien connu dans la ville fasse cesser toute infraction aux ordres donnés, et réprime les intentions nuisibles de ceux qui voudraient soulever le pays ou y servir d'agent aux ennemis. »

Il est possible toutefois, que ce nommé Haas, servant d'espion au général en chef, ait été autorisé par lui à se montrer publiquement hostile aux Français, pour pouvoir leur être plus facilement utile.

Marmont resta à Gratz tant qu'il ne sut pas l'armée

de l'archiduc trop près de lui. Avec ses trois faibles divisions, il ne pouvait avoir la pensée de lui barrer le passage, ce qui eût été d'ailleurs contraire à ses instructions.

Il se décida à se replier sur Neustadt par la route de Brück en remontant sur Vienne. Le 4 décembre le mouvement de la division Grouchy commença en effet, ainsi que cela résulte des ordres suivants adressés par le général à ses deux commandants de brigade :

AU GÉNÉRAL DELZONS.

« Veuillez, général, partir demain 6 décembre, à cinq heures précises du matin, avec la brigade que vous commandez, des cantonnements qu'elle occupe, et continuer à vous diriger sur la route de *Wien-Neustadt* ; vous pousserez un bataillon jusqu'à Buhelwang et Langenwang; un autre bataillon sera placé entre *Krieglach* et *Langenwang*, dans les hameaux les plus propres à le recevoir. Le troisième bataillon sera à Krieglach, où j'aurai mon quartier général. Une heure avant de vous mettre en marche, vous enverrez à Brück les fourriers et les hommes de corvée pour y prendre le pain, jusqu'au 17 du courant inclus.

« Veuillez m'accuser réception du présent ordre et laisser une arrière-garde commandée par un officier bien ferme pour faire suivre les hommes auxquels la longueur de la marche pourrait servir de prétexte pour rester en arrière. »

AU GÉNÉRAL LACROIX.

« Veuillez, général, partir avec le 84e régiment des cantonnements qu'il occupe, à cinq heures précises du matin, et vous diriger par la route de Neustadt; vous pousserez jusqu'à *Murzursschlag*, si cela vous est possible..... le général en chef attache beaucoup de prix à ce que cela soit.

« Avant de partir de Brück vous prendrez le pain et la viande jusqu'au 8 du courant; un des bataillons du 84e continuera à marcher avec l'avant-garde, ainsi que les dragons bataves. Je vous charge, général, de faire partir l'avant-garde à quatre heures du matin; veuillez lui donner les ordres nécessaires à cet effet, ainsi qu'aux dragons bataves. Accusez-moi réception, je vous prie, du présent ordre. Mon quartier général sera à Krieglach. »

La division Grouchy passant par Brück, Kindberg, entra à Neustadt le 8 décembre, au moment où les coureurs de l'archiduc s'y présentaient. Le 2e corps fut alors prévenu par un officier envoyé de la grande armée, de la victoire d'Austerlitz et de l'armistice conclu le 6 décembre.

Le général en chef arrêta son mouvement et rétrograda sur Gratz pour occuper fortement la Styrie, province destinée à pourvoir aux besoins des trois divisions.

Le général de Grouchy, en revenant dans cette ville le 15 décembre, écrivit au général Delzons, encore en marche :

« Je viens de prendre les ordres du général en chef, général, relativement à l'emplacement des troupes de votre brigade dans leurs cantonnements ; il approuve les modifications que vous proposez ; vous pouvez vous étendre jusqu'à Feheing, placer une compagnie à Ilz, et même mettre de l'infanterie dans les cantonnements occupés par les troupes à cheval de l'armée, en observant toutefois de ne le faire qu'autant que les localités le permettront sans trop gêner la cavalerie et de n'user que bien sobrement de cette ressource.

« *J'ai remarqué en lisant votre lettre, général, les phrases suivantes :* « *J'ai demandé l'autorisation de mettre deux compagnies à Ilz,* » *et plus bas :* « *En attendant la réponse du général Vignolle, j'ai envoyé une compagnie à Ilz,* » *etc.*

« Je désire qu'à l'avenir vous vous adressiez directement à moi, quant aux emplacements des troupes sous vos ordres et autres dispositions les concernant : ainsi le veut la hiérarchie militaire.

« Transmettez-moi, je vous prie, d'ultérieurs et plus complets renseignements sur les mauvais procédés des Autrichiens envers les cantiniers ou autres personnes restées en arrière et qui ont essayé de se rendre par Neustadt à Furtensfeld ; le général en chef déterminera d'après ce que vous me marquerez s'il doit donner suite à cette affaire.

« La compagnie des grenadiers affectée à ma garde aura rejoint son bataillon quand ces lignes vous parviendront. »

Grouchy n'aimait pas le général Delzons, un de

ses commandants de brigade, et voici pourquoi :

D'une grande probité, se faisant un scrupule parfois même exagéré de ne rien se faire fournir par l'ennemi sans acquitter le montant de ce qu'on lui livrait, il avait horreur de tout ce qui sentait la réquisition faite dans un but personnel.

Or, le général Delzons avait requis de l'administration provinciale quatre chevaux, ainsi que cela résulte des pièces suivantes adressées à Grouchy :

Gratz, 25 décembre 1805.

« A M. le général de division Grouchy, grand officier de la Légion d'honneur, commandant la 2ᵉ division du 2ᵉ corps de la grande armée.

« Monsieur le Général,

« L'Administration provinciale de la Styrie a l'honneur de vous adresser une copie de deux lettres écrites par le Général de brigade sous vos ordres, Delzons, aux magistrats de la ville de *Harberg*, qui prouve que les dits magistrats ont été forcés de payer au Général énoncé une somme de deux mille florins faite en contribution ou en réquisition de quatre chevaux, valeur de ces deux mille florins.

« L'administration susdite vous prie, Monsieur le Général, de prendre les mesures nécessaires pour arranger cette affaire, qui est tout à fait contraire aux intentions de sa majesté l'Empereur des Français et aux règlements selon lesquels doivent être levées les contributions et réquisitions des provinces occupées par les armées françaises, et la faire avertir de l'effet qu'auront sorti vos dispositions à cet égard.

« L'administration provinciale a l'honneur de vous saluer avec la considération la plus parfaite.

« Ferdinand, comte d'Allemers;
« Comte d'Echeihstein. »

Furstenfeld, 14 décembre 1805.

AU MAGISTRAT DE LA VILLE D'HARBERG.

« Je vous requiers, Monsieur, de faire fournir par votre commune, quatre beaux chevaux de selle du prix de cinq cents florins chaque; ils devront être conduits à Furstenfeld dans six jours au plus tard.

« Le Général de brigade, Delzons. »

Harberg, le 19 décembre.

« J'ai reçu de la ville d'*Harberg*, le prix de quatre chevaux que je lui avais requis par ma lettre du 14 décembre. »

Grouchy fut fort mécontent de cette action de l'un de ses brigadiers; il était déjà un peu en froid avec le général Delzons, dont la conduite, en cette circonstance, n'était pas de nature à les remettre bien ensemble.

Le commandant de la 2e division écrivit à ce sujet,

le 26 décembre 1805, au général en chef Marmont:

« C'est avec peine, mon Général, que je vous transmets la lettre ci-jointe que vient de m'adresser l'administration de la Styrie; elle constate une réquisition de deux mille florins que le général Delzons a perçus à Furstenfeld. Si j'étais dans d'autres termes que ceux dans lesquels je me trouve vis-à-vis du général Delzons, je lui ferais seulement restituer la somme en lui déclarant que jamais je n'ai toléré de pareils actes de la part des officiers sous mes ordres.

« Mais il me paraît préférable, mon Général, que ce soit vous-même qui ordonniez la restitution et témoigniez l'improbation que mérite un tel oubli de ce que l'on se doit à soi-même et à ses subordonnés. »

Au commencement de décembre, le général Marmont avait reçu une dépêche datée de la fin de novembre, par laquelle l'empereur le prévenait qu'il allait livrer une grande bataille; qu'il devait donc se tenir très-éveillé, de façon à prendre un parti; que l'ordre étant envoyé à la division Dumonceau de se rendre à Vienne, il était nécessaire qui lui-même se rapprochât de Neustadt.

Cette instruction fort sage, Marmont l'avait suivie d'autant plus volontiers, que les nouvelles de la marche de l'archiduc Charles sur la Styrie lui avaient fait un devoir de s'élever au nord et de se rapprocher du Danube.

Le mouvement avait été exécuté jusqu'à Neustadt et allait continuer, lorsque Marmont fut informé, dans cette ville, par une dépêche de l'empereur, qu'il devait, pendant l'armistice, occuper avec le 2ᵉ corps la Carinthie et la Styrie. « Ainsi, disait la lettre du major général, vous devez retourner à Gratz et y cantonner votre armée de la manière qui sera la plus avantageuse pour vivre, etc. »

En conséquence, des ordres avaient été donnés aux trois divisions du 2ᵉ corps. Les 24 et 26 décembre, Grouchy écrivit à ses deux généraux de brigade :

Gratz, 24 décembre 1805.

AU GÉNÉRAL DELZONS.

« Veuillez, général, prescrire de suite les dispositions suivantes :

« 1° Faites abandonner Fehring et ses environs par les compagnies ou détachements du 92ᵉ qui peuvent s'y trouver en ce moment, et rapprochez-les de Furstenfeld.

« 2° Faites évacuer *Passail* par les fractions du 8ᵉ régiment batave que vous y avez, et réunissez tout ce régiment entre Urès et Auger.

« 3° Prenez avec les autorités constituées du pays dans lequel va être cantonnée votre brigade des mesures telles que les troupes aient toujours dans leurs cantonnements du pain d'avance pour trois jours.

« Ces ordres sont le résultat de ceux que l'Empereur a transmis au général en chef, ordres par suite desquels divers mouvements s'effectuent dans l'armée.

« Les circonstances me paraissent telles que je ne

saurais vous autoriser à venir ici dans ce moment : si les inductions qu'on peut tirer de l'état actuel des choses ne se réalisent pas, je m'empresserai de vous le mander et de donner mon assentiment à votre venue. »

26 décembre 1805.

AU GÉNÉRAL LACROIX.

« Veuillez, mon cher général, donner sur-le-champ des ordres au 3e bataillon du 84e régiment de partir de *Murzuschlag* pour se rendre à *Schottwein*, où il demeurera cantonné jusqu'à ce qu'il en soit autrement ordonné.

« Si Schottwein ne suffit point à l'établissement de ce bataillon, alors vous êtes autorisé à en répartir une portion dans les villages voisins.

« Il est nécessaire, mon cher général, que les bataillons qui sont ici soient constamment prêts à se mettre en marche une heure après qu'un ordre de mouvement leur aura été donné; prévenez-les à cet égard, et veillez à ce que toujours ils aient à l'avance du pain pour trois jours, ainsi qu'il l'a été précédemment prescrit.

« Il serait nécessaire que je vous visse un moment ce soir; si vous voulez venir vers les neuf heures, vous me ferez plaisir. »

26 décembre 1805, Gratz.

AU GÉNÉRAL LACROIX.

« Par suite des nouveaux ordres que me transmet à *l'instant* le général en chef, veuillez, mon cher général, donner ordre aux deux bataillons du 84e régiment qui sont ici de partir demain 27 décembre pour se rendre, le 1er bataillon à Krieglach, et le 2e à *Murzuschlag*, où ils demeureront cantonnés jusqu'à nouvel ordre.

« Vous arrangerez la marche de ces deux bataillons, de manière à ce qu'ils arrivent à leur destination respective le troisième jour après leur départ d'ici. Le bataillon du commandant Dubois continuera sa marche pour Schottwein et y demeurera stationné, ainsi que je vous l'ai mandé il y a une heure.

« Je n'ai point encore d'ordres quant à l'emplacement de votre quartier général. »

A la même époque, le quartier impérial fit demander les propositions pour l'avancement. Grouchy se trouvait absent, le jour où les listes furent arrêtées. Le 26 décembre, ne voulant pas priver ses officiers des récompenses qu'ils méritaient, il écrivit directement à Berthier les deux lettres ci-dessous :

« Étant momentanément absent pour affaires de service de mon quartier général lors de la demande qui m'a été faite par le général en chef Marmont de l'état des officiers de la division que je croirais susceptibles d'obtenir de l'avancement, cet état a été transmis au général Marmont par les généraux de brigade.

« Si je puis taire mon opinion, Monsieur le Maréchal, sur les droits de quelques-uns des officiers qui y sont portés, je dois à la justice et aux officiers qui m'entourent de fortement réclamer contre l'omission qui a été faite de plusieurs d'entre eux, dont certes les titres à de l'avancement sont réels.

« J'attends de votre justice, Monsieur le Maréchal, de les porter sur le tableau d'avancement, au 2° corps de la grande armée, que vous soumettrez à Sa Majesté l'Empereur.

« 1° mon aide de camp, Fontenilles pour lequel je demande le grade de lieutenant.

« 2° le capitaine adjoint à l'état-major de la 2° division Chalvère, pour lequel je demande le grade de chef d'escadron. »

« Monsieur le Maréchal, conformément au décret impérial qui accorde cinquante aigles d'honneur au 2° corps de la grande armée, j'eusse dû annexer des observations à l'état des militaires de ma division qui ont été désignés comme susceptibles d'en obtenir. Absent pour affaires de service, je n'ai pu le faire; mais en donnant mon assentiment aux désignations qui vous ont été adressées, je suis forcé de vous déclarer, Monsieur le Maréchal, qu'il a été commis deux omissions qui doivent être classées au nombre des plus complètes injustices.

« L'aigle d'honneur est véritablement mérité par les officiers que j'ai l'honneur de vous nommer ci-après :

« Le capitaine du génie Victor Bodson, employé à la 2ᵉ division.

« Le capitaine adjoint à l'état-major Chalvère. »

Le général de Grouchy quitta Gratz de sa personne dans les derniers jours de 1805 pour se rendre à Vienne, où il séjourna peu de temps, ayant reçu brusquement l'ordre de partir pour Klagenfurth, ville de la Carniole, par laquelle on dirigeait des bords du Danube toute l'artillerie (quatre cents bouches à feu), enlevée aux Autrichiens et aux Russes. Cette artillerie dont Grouchy était chargé de protéger le passage, était destinée à armer les places fortes de l'Italie. Ces détails sont donnés par Grouchy lui-même dans la lettre suivante qu'il écrivit le 18 janvier 1806 à son père. Nous la faisons suivre de quelques autres adressées à la même personne par le général de Grouchy et qui font connaître ce que fit ce dernier et ce qui lui advint jusqu'à l'ouverture de la campagne de Prusse. Voici ces lettres :

Gratz, le 12 janvier 1806.

« Il y a deux jours que je suis revenu de Vienne ici, mon cher papa, et je ne comptais qu'y passer, pour me rendre, avec le reste du corps de notre armée, à Trieste et dans les ci-devant provinces vénitiennes, que nous sommes chargés d'aller occuper et défendre, s'il y a lieu, contre les attaques des Anglo-Russes. »

Klagenfurth, le 18 janvier.

« Cette lettre, commencée à 50 lieues d'ici, n'a

pu être achevée, mon cher papa, à raison de l'ordre que j'ai reçu de me rendre en hâte à Klagenfurth, pour protéger et assurer le passage de l'artillerie que nous avons prise à Vienne et dont trois ou quatre cents pièces passent par ici pour se rendre en Italie, et garnir nos places fortes, dans cette partie. Ma division est d'ailleurs destinée à occuper la Carinthie jusqu'à ce que les Autrichiens aient évacué la Dalmatie et l'Istrie, cédées à l'empereur Napoléon par le dernier traité. Ils ont deux mois pour opérer cette évacuation : voilà trois semaines d'écoulées depuis la signature du traité ; c'est donc encore cinq semaines que je suis menacé de passer dans cette province. Ce n'est pas chose bien gaie, je vous assure ; aussi, cher papa, toutes mes pensées et tous mes vœux appellent-ils ma plus prochaine rentrée en France. L'espoir d'une paix continentale générale m'avait fait concevoir celui de vous embrasser bientôt. L'ordre de marcher vers l'Italie a porté le désespoir dans mon cœur, en éloignant les probabilités d'un retour instantané; j'ai couru à Vienne, afin d'aller demander à Berthier de m'en aller de suite en France. Malheureusement il n'a pu m'en donner la permission ; les ordres de l'Empereur le lui interdisaient pour le moment ; mais il m'a promis qu'il ne me laisserait point végéter en Italie, où *aucune considération* n'est capable de me retenir, à moins qu'on n'y fasse la guerre. Les choses en sont là, et j'ai fait part de tout ceci à Mme de Grouchy, en la priant de courir avec son frère chez Berthier dès qu'il sera arrivé à Paris afin de m'obtenir une autorisation de rentrer, ne fût-ce que pour quelques mois, dans mes foyers. Sous le rapport physique, comme sous les rapports moraux, j'en ai le plus réel besoin. Les fatigues de cette campagne m'ont abîmé la santé : tant que l'obligation d'aller vous soutient on ne s'en aperçoit point. Mais au premier moment de repos, toutes les souffrances, tout l'anéantissement résultant d'une grande dépense de ses forces, se font cruellement sentir ; c'est ce que j'éprouve en ce moment d'une manière malheureusement trop complète.

« Puissent bientôt, cher papa, les démarches de ma femme me rendre à vos embrassements et à tous ceux de ma famille! voilà tout à l'heure treize mois que je vous ai tous quittés; de telles absences, répétées tant de fois dans ma vie, la rendent bien peu heureuse; encore si j'étais sûr de l'activité des démarches qui seront faites. D'un autre côté jamais campagne ne fut aussi désastreuse pour mes finances que celle-ci ; nous n'avons pas eu les gratifications dont retentissent les journaux, et des dépenses de toute espèce nous ont écrasés. Sous les rapports de fortune comme sous tant d'autres, il est donc bien désirable que je rentre chez moi. Ainsi que je vous le mandai, il y a du temps, mon cher papa, j'ai laissé à Mayence mes deux meilleurs chevaux ; voyant que jamais je ne pourrai m'en faire joindre en Italie, et aimant extrêmement ces chevaux que je compte toujours garder, j'ai donné ordre qu'ils retournent à Paris. Je vous demande la permission, mon cher papa, de les envoyer pour quelque temps à Villette, et vous rembourserai la dépense résultant de leur nourriture, si vous le voulez. Je compte trop sur vos bontés, cher papa, pour n'être pas sûr que vous prendrez sous votre protection spéciale mes deux chevaux chéris, deux compagnons dont, une fois revenu, je ne me séparerai plus. Je les mets donc, cher papa, sous votre bienveillante surveillance.

« Recevez les tendres embrassements d'un fils qui vous porte dans son cœur, et est plus affecté qu'il ne saurait vous le dire de ne pouvoir vous environner des soins, et vous offrir les preuves d'attachement et de reconnaissance qu'il lui serait doux de vous prodiguer.

« Faites-moi donner de vos nouvelles, adressant vos lettres au général Grouchy, commandant la 2ᵉ division du 2ᵉ corps de la grande armée. »

« Au quartier général à Trieste, ou partout où il sera.

A Trieste, le 1ᵉʳ mars 1806.

« Depuis que je ne vous ai écrit, mon cher papa, j'ai quitté Klagenfurth et suis venu pendant quelques jours occuper Laybach et la Carniole, province autrichienne que nous venons aussi d'évacuer, pour nous rendre derrière l'Isonzo, rivière qui sert maintenant de limite au royaume d'Italie et le sépare des États autrichiens. Mon quartier général sera à Udine où j'ai déjà envoyé mes chevaux, mes équipages et une partie de ma division. De ma personne je suis venu à Trieste, où sont encore en cet instant le général Marmont et quelques troupes françaises qui doivent en partir après-demain pour aller aussi derrière l'Isonzo. Je n'ai pas voulu passer si à portée de Trieste sans visiter cette ville qui, sous les rapports de commerce, est d'un véritable intérêt.

« Avant que de quitter Laybach, j'y ai reçu votre lettre du 6 février. Difficilement je vous rendrais, mon cher papa, l'émotion et le plaisir qu'elle m'a fait; j'ai bien reconnu votre bon cœur dans la manière si parfaite avec laquelle vous entrez dans ma position! C'est bien savoir les adoucir que de partager ainsi mes chagrins et mon dégoût, de voir les grâces amoncelées sur des gens qui ne comptent ni autant de services ni autant de blessures que moi. Au lieu d'entrer dans mes peines comme vous faites, bien des gens, sur l'attachement desquels j'ai cependant de bien grands droits, ont l'air de m'improuver de ce que je ne trouve pas tout simple qu'on n'ait rien fait pour moi; rien ne me révolte plus, je l'avoue, que cette manière de voir. Je suis heureux qu'elle ne soit pas la vôtre, cher papa, et cette justice m'est une réelle consolation. Je ne soupire qu'après le moment où je pourrai rentrer dans mes foyers, et me consacrer aux devoirs de la tendresse filiale et de l'amitié : c'est en les accomplissant ces devoirs que je goûterai des jouissances que mes espérances trompées ne me permettent plus de trouver dans la carrière des armes; en effet, voilà *treize ans* que je suis général de division; j'en servirais encore autant dans ce grade, que Dieu sait si on ferait davantage pour moi, qu'on ne l'a fait, depuis l'érection du nouveau gouvernement. Le mal est que, d'une part, je ne veux point, à cause de mes enfants, donner ma démission, et que je ne sais comment faire pour m'en aller. J'ai beau mettre en avant le délabrement de ma santé, qui n'est que trop réel et que les fatigues de la campagne que nous venons de faire ont achevé de ruiner, on ne se paye point de telles raisons ; il paraît, pour comble de malheur, que le corps d'armée du général Marmont est destiné à une expédition soit sur Corfou, soit sur la Turquie. Si donc je n'obtiens pas un congé en ce moment, Dieu sait quand je reverrai la France. Cet état d'incertitude me fait sécher de douleur; quel que soit mon sort, mon cher papa, vous serez des premiers à en être informé. Soyez-en bien sûr, il ne me paraîtra doux que si je peux passer du temps près de vous. Me retrouver à Villette est mon vœu de tous les jours : votre bonne lettre est encore venue le rendre plus vif; les contradictions domestiques que vous éprouvez, partagées par moi de plus près, seraient moins pesantes; tout enfin, cher papa, me rappelle à vos côtés : puissé-je y être bientôt!

« Mille grâces du bon accueil que vous me promettez pour mes chevaux. Mme de Grouchy va, je crois, les garder quelque temps à Paris, moins pour les chevaux, que pour pouvoir se servir du domestique qui les soigne; mais tôt ou tard vous les verrez, cher papa, et la grâce que je vous demande spécialement c'est d'empêcher qu'ils ne soient montés par qui que ce puisse être.

« Adieu, cher papa, je vous embrasse comme je vous aime, et c'est bien de tout mon cœur.

« Mille amitiés à mon frère : je suis bien contrarié de la mortification qu'on lui a fait éprouver pour la chasse : c'est une chose vraiment odieuse.

« Veuillez m'adresser vos lettres : Au quartier général du 2ᵉ corps de la grande armée, à Udine, ou partout où il pourra être en Italie. »

« Udine, 12 mai 1806.

« Il y a longtemps que je ne vous ai écrit, mon cher papa ; c'est que Lafayette s'est chargé de vous porter lui-même de mes nouvelles et que j'attendais toujours, afin de pouvoir vous mander le résultat des démarches pour m'avoir un congé. Mme de Grouchy m'écrit, en date du 27 avril, qu'il va m'être expédié ; aussi, cher papa, suis-je dans la joie par la pensée que bientôt j'aurai la satisfaction de vous presser contre mon cœur. J'attends par chaque courrier maintenant l'arrivée de ce congé désiré et sollicité depuis si longtemps ; dès que je le tiendrai, je me mettrai en route. Je compte revenir en France par le Tyrol et passer par Inspruck, Kempten, Schaffousen, Bâle, Langres et Troyes. Cette route est la plus courte, et cependant elle est de près de quatre cents lieues. Quelle distance ! Elle est aussi fâcheuse pour ma santé que funeste pour ma bourse ; heureusement que les jouissances du cœur ne sauraient être trop chèrement payées et que je commence à être moins souffrant. Une période de trois mois de douleurs est assez longue ; elle me paraît toucher enfin à son terme. Me retrouver près de vous, cher papa, le bon air de Villette, l'oubli de toutes les contrariétés dont je suis abreuvé depuis quinze mois que je ne vous ai vu, tant de motifs de satisfaction achèveront de me remettre, j'en ai à l'avance la certitude et ne doute pas que vous ne partagiez tout ce que j'éprouve en pensant à notre prochaine réunion. Quelques inconvénients que se plaisent à trouver à mon retour certaines personnes qui croient que je devrais achever de sacrifier le peu de santé, de forces et de belles années qui me restent pour leur plus grand avantage, je ne saurais m'empêcher de goûter la joie la plus complète. La pensée qu'elle sera partagée par ceux qui m'aiment véritablement, et surtout pour moi, et que vous êtes, cher papa, en tête de ce nombre, la double encore. Si, comme je l'espère, mon congé arrive d'ici à deux jours, je serai à la fin du mois à Paris ; je n'y resterai qu'une huitaine ; j'irai ensuite m'établir pour quelque temps avec vous.

« Adieu, cher papa ; devant bientôt vous revoir, je ne vous parle point de ma position ici ; je vous en conterai les détails ; d'ailleurs, elle perd presque tout son intérêt puisqu'elle va changer.

« Recevez, cher papa, l'expression de mes bien tendres sentiments, et trouvez bon que j'embrasse ici mon frère, que je me réjouis bien aussi de revoir sous peu. »

Le général ne prit pas part à l'expédition de Marmont sur Raguse, il obtint le congé devenu nécessaire pour le rétablissement de sa santé fort délabrée. Il revint en France, crut devoir prendre les eaux, et écrivit de Paris à son père le 19 juin 1806 :

« Depuis mon retour ici, mon cher papa, je me suis déterminé à prendre les eaux de Baréges, et des douches des mêmes eaux; c'est ce qui m'empêche de retourner vous voir en ce moment; toutefois, ce plaisir n'est ajourné que pour peu de temps, et à la fin de la semaine prochaine j'interromprai pendant deux fois vingt-quatre heures mon traitement et j'irai les passer avec vous; je suis fort fatigué pour l'instant de ces maudites eaux et surtout des douches : on m'assure qu'il faut qu'il en soit ainsi pour qu'elles fassent effet et conséquemment du bien. Dieu le veuille !

« Mon retour à Villette se trouvant encore différé de quelques jours, je vous envoie, cher papa, la petite carabine que vous désirez, ainsi qu'une bouteille de marasquin et du thé; je désire que ces deux derniers objets puissent vous être agréables.

« La nomination d'Alphonse à l'école militaire de Fontainebleau vient d'avoir lieu d'une manière qui a été extrêmement obligeante pour moi. J'avais témoigné à l'Empereur mon vœu qu'il le plaçât à cette école, et il m'avait promis d'y accéder. Je me disposais d'après cela à lui adresser une pétition pour lui demander l'admission de mon fils, quand j'ai reçu l'annonce officielle que déjà sa nomination était faite. M'éviter ainsi, et d'après une simple demande, toute démarche, toute sollicitation, c'est vraiment chose bien aimable ; aussi suis-je extrêmement sensible à cette bienveillance de l'Empereur. Puisse-t-il m'en donner des preuves pour des objets plus importants ! Tant il y a que me voilà assuré de voir Alphonse officier à sa sortie de Fontainebleau, c'est-à-dire sous un an ou dix-huit mois. Vous partagerez, j'en suis bien sûr, cher papa, la satisfaction que j'éprouve à penser qu'il évite le pénible apprentissage qu'il eût eu à faire, si, en sortant d'éducation, il eût dû suivre la route ordinaire, et entrer d'abord comme soldat dans un régiment, y végéter assez longtemps en qualité de sous-officier et languir plus de temps encore, après une sous-lieutenance ; au lieu de cela, d'emblée il sera officier.

« Comme on me demande de fournir son acte de naissance, je vous serai obligé, cher papa, de faire indiquer par quelqu'un de chez vous à mon cuisinier, porteur de ces lignes, s'il doit s'adresser à Condécourt pour avoir l'extrait de naissance d'Alphonse, et où il faut qu'il soit envoyé, soit à Meulan, soit à Pontoise ; d'après ce que vous aurez la bonté de lui dire, il fera remplir cette formalité dans l'une ou l'autre de ces villes.

« Adieu, cher papa ; recevez de nouveau l'expression de ma vive sensibilité à l'accueil si bon, si touchant que vous m'avez fait à mon dernier voyage ; j'en conserve un bien tendre souvenir ; je vous embrasse du plus tendre de mon cœur, et tout ce qui m'entoure se joint à moi pour en faire autant. »

« A La Ferrière, le 25 juillet 1806.

« Depuis mon arrivée ici, mon cher papa, je projette chaque jour de vous écrire ; la multiplicité des courses et des affaires qui m'ont occupé ne m'en a point laissé le loisir. Heureusement que les voilà à peu près terminées, et d'une manière assez satisfaisante, de sorte que mon voyage aura été vraiment utile à mes intérêts. Toutefois, sa brièveté ne m'a pas permis d'arranger les choses entièrement comme je le voudrais ; mais cependant elles sont bien préparées, et si je peux revenir incessamment, tout sera alors dans l'ordre.

« La santé de Mme de Grouchy n'a point été altérée du voyage ; elle l'a bien mieux supporté qu'elle ne l'espérait. On nous a fait dans ce pays une réception très-brillante : la population en armes est venue à une lieue et demie au-devant de nous ; le curé en costume nous a complimentés, et, escortés de toute la troupe, nous avons été conduits jusqu'à ma bicoque, où la petite armée nous a salués de nombreuses décharges de mousqueterie. La joie qu'on a eue à me revoir s'est d'ailleurs manifestée de la manière la plus touchante, et la maison ne désemplit point, depuis que je suis dans le pays.

« Nous comptons le quitter, mon cher papa, le 4 août, et arriver à Villette, le 6 au soir, ou le 7 pour dîner, c'est-à-dire avant deux heures. Ne nous attendez pas le 6, car si nous arrivons, ce ne sera que tard, et probablement le 7 seulement nous vous embrasserons. Ma femme ne passera que vingt-quatre heures avec vous, sauf à revenir un peu plus tard si elle ne vous gêne point.

« Ayez la bonté, mon cher papa, de faire dire à

Louis qu'on ne ferre point mes chevaux avant mon retour. Je remercie mon frère de son amicale lettre et l'embrasse, ainsi que vous, de tout mon cœur. Ma femme et mes enfants se joignent à moi pour vous assurer de nos bien tendres sentiments. »

LIVRE HUITIÈME

PRUSSE ET POLOGNE

Fin de 1806 et 1807.

Le général de Grouchy ne fait pas l'expédition des Bouches du Cattaro avec le 2ᵉ corps. — Il prend le commandement de la 2ᵉ division de dragons, à la réserve de cavalerie, et se rend au quartier général de l'empereur. — Positions des armées belligérantes. — Plan de campagne. — Rapport sur le combat de Zehdenick (26 octobre 1806). — Combat de Wittmansdorff (27 octobre). — Lettre de félicitation du général Belliard. — Combat de Prentzlow (28 octobre). — Ordre de l'armée. — Affaire de Lübeck (6 novembre). — La division Grouchy dans le Mecklembourg. — Lettre du général à son père (9 novembre). — L'Empereur passe, à Berlin, la revue de la division Grouchy. — Lettre du général à son père (23 novembre). — Marche sur Posen. — Sollicitude de Grouchy pour les officiers sous ses ordres. — Alphonse de Grouchy; ses lettres. — La division quitte Gustrow et se dirige (décembre) au nord du grand-duché de la Vistule. — Elle est placée au corps de Bessières. — Reprise des hostilités. — Correspondance relative au service de la division Grouchy chargée d'éclairer le corps de Bessières. — Combat de Kurnichen (23 décembre). — L'armée prend ses cantonnements (8 janvier 1807). — Marche des armées russes. — La 2ᵉ division de dragons en Pologne à Villemberg. — Elle est chargée de couvrir le 6ᵉ corps (Ney). — La division se rend le 22 janvier à Passenheim. — Mouvement de Ney. — Lettre du général à son père (25 janvier). — Service de la 2ᵉ division de dragons. — Correspondances et rapports du 30 janvier au 8 février inclus. — Grouchy à Eylau. — Mission de Grouchy autour de Villemberg (correspondance relative à cette mission). — Bataille de Friedland (14 juin 1807). — Rôle important de Grouchy à cette bataille. — Récompenses accordées à Grouchy et à sa division. — Marche de cette division. — Grouchy à Tilsitt; il retrouve le grand-duc Constantin.

Le général Grouchy put jouir de quelques jours de repos, pendant l'été de 1806; le congé qu'il avait obtenu le dispensa de faire avec le 2ᵉ corps l'expédition de Raguse; mais à peine la guerre fut-elle déclarée avec la Prusse, qu'il reçut l'ordre de prendre le commandement d'une belle division de cavalerie, formée de trois brigades de dragons, brigade Roget (3ᵉ et 6ᵉ régiments), brigade Milet (16ᵉ et 11ᵉ), brigade Boussard (13ᵉ et 12ᵉ) et d'une compagnie d'artillerie à cheval. Cette division portait le numéro 2 des divisions de la réserve de cavalerie; elle avait fait la campagne de 1805 sous le prince Murat, grand-duc de Berg, et se trouvait, au moment de la déclaration de la guerre à la Prusse, sur l'Inn, à Rosenheim.

Le 16 février, la 2ᵉ division, qui n'était pas encore aux ordres de Grouchy, se mit en route pour se rapprocher du Mayn, ainsi que toutes les troupes de la grande armée française. Elle passa l'Inn, vint camper le 26 février à Aibling, et, continuant sa marche, se trouva le 4 juillet à Freybourg en Brisgaw, sur la rive droite du Rhin. Elle y séjourna jusqu'au 27 du même mois, franchit ensuite successivement, et par brigade, le Danube à Pfora, et se concentra le 7 octobre à Mœrgensheim sur le Mayn, à 10 lieues de Wurtzbourg. C'est dans cette dernière ville, où se trouvait à cette époque le quartier général de l'Empereur, que Grouchy se rendit le 6 octobre pour prendre son nouveau commandement.

Voici comment le général raconte à son père sa prise de possession de ce commandement de la 2ᵉ division de dragons encore à la réserve de cavalerie, sous le grand-duc de Berg :

« Wutzbourg, 6 octobre 1806.

« La brièveté des instants que j'ai passés à Paris, quand je vous ai eu quitté, mon cher papa, ne m'a pas permis de vous écrire avant d'en partir. J'avais cependant besoin de vous répéter combien j'ai été ému des pénibles adieux que nous nous sommes faits, et de la sensibilité si touchante que vous m'avez témoignée dans cette circonstance. Croyez bien, cher papa, que mon cœur répond à tous les sentiments du vôtre : votre tendre amitié prouvée en toute occasion, et en tant de manières, est l'une des jouissances les plus précieuses de ma vie, et mon seul regret est de pouvoir aussi peu vous consacrer la mienne, et reconnaître tout ce que vous avez fait de bon et de paternel pour moi depuis que j'existe.

« Je vous ai laissé, cher papa, dans l'anxiété, ainsi que je l'étais moi-même, sur la manière dont je serais employé à l'armée ; j'étais aussi un peu inquiet si je n'arriverais pas trop tard, et si ma destination n'en serait pas influencée d'une façon fâcheuse. La rapidité avec laquelle je suis venu (je n'ai mis que six jours à me rendre de Paris ici, moyennant que j'ai voyagé jour et nuit) a paré à ce dernier inconvénient.

« J'ai joint le grand quartier général et l'empereur à Wurtzbourg, où je suis arrivé hier soir ; sur-le-champ je me suis présenté à l'empereur, pour prendre ses ordres : il m'a accueilli de la manière la plus satisfaisante, et donné un commandement tel que je pouvais le désirer : ma division est composée de six régiments de dragons et d'une compagnie d'artillerie légère ; elle est sous les ordres immédiats du prince Murat, et si la guerre est heureuse, j'ai lieu de croire que cette fois les chances que je vais courir ne seront pas infructueuses pour le complément de ma fortune militaire et de ma gloire. Demain je me rends à ma division, qui des environs d'Ulm arrive à Mergensheim, à dix lieues d'ici. De là nous nous porterons sur Bamberg, où s'est rendu cette nuit l'empereur et où se trouve la majeure partie de l'armée. Les hostilités ne sont point encore commencées, mais je ne doute pas qu'elles n'aient lieu d'ici à très-peu de jours : les Russes ne sont cependant point encore arrivés ; mais ils sont en pleine marche ; il paraît que nous allons avoir affaire à forte partie. Nous en aurons plus de gloire. Pourvu que la guerre soit courte, voilà tout ce que je désire : tant mieux qu'elle soit vigoureuse, ceux qui l'auront faite auront droit à des récompenses plus importantes.

« J'espère, cher papa, que je recevrai quelquefois de vos nouvelles pendant cette pénible absence qui m'est encore imposée. Elles seront ma consolation la plus précieuse. Faites-moi écrire par mon frère, quand vous n'aurez pas le temps, et adressez-moi ainsi vos lettres : Au G^{al} Gr., commandant la 2e division de dragons, au quartier général de la grande armée, partout où il pourra être.

« Adieu, cher papa, mes tendres sentiments vous appartiennent à tant de titres que vous en renouveler l'expression est également pour moi un besoin et un devoir. Je vous embrasse de tout mon cœur, et vous prie de distribuer souvenirs et amitiés, de ma part, autour de vous. »

La grande armée, aussitôt que la guerre avec la

Prusse avait paru probable, avait, comme nous l'avons dit, reçu en majeure partie l'ordre de se rapprocher du Mayn.

Le 1ᵉʳ corps (Bernadotte) avait quitté le margraviat Moravie); le 2ᵉ (Marmont) était resté aux bouches du Cattaro, en Dalmatie. Grouchy ne faisait plus partie de ce corps, qui ne fit pas de mouvement pendant la campagne de Prusse et de Pologne. Le 3ᵉ corps (Davout), était à Œttin, en (Bavière); le 4ᵉ (Soult), à Passau sur l'Inn; le 5ᵉ (Lannes), à Bischofsheim (Bavière); le 6ᵉ (Ney), à Memmingen, à 10 lieues d'Ulm, en Bavière; le 7ᵉ (Augereau), à Darmstadt. Les troupes de la garde, de réserve de cavalerie et du 8ᵉ corps étaient rentrées à l'intérieur.

Aux premières apparences d'hostilités, Napoléon transmit à ses chefs de corps l'ordre de se rapprocher de la Prusse. La réserve partit pour Mayence; lui-même se rendit à Wurtzbourg; dans les premiers jours d'octobre 1806; l'armée française se trouvait sur la ligne sinueuse du Rhin au Mayn, depuis le confluent de Lahr jusqu'à Bayreuth. Tous les mouvements de la grande armée firent croire à nos adversaires que le plan de l'empereur était de déployer sa belle infanterie dans les forêts de la Thuringe pour paralyser la cavalerie prussienne et de prononcer un mouvement de concentration sur Erfurth.

La Prusse nous opposait trois armées : celle de droite, cinquante-cinq mille hommes sur le Bas-Veser, aux ordres de Blücher; celle du centre, directement sous le roi, mais réellement commandée par le duc de

Brunswick (soixante-dix mille combattants), à Magdebourg; celle de gauche, armée de Silésie (cinquante-cinq mille hommes), général en chef prince de Hohenlohe. En outre, sous Berlin, on avait organisé une réserve dirigée par le prince de Wurtemberg. Les armées russes de l'empereur Alexandre se concentraient sur la Narew, rivière sur les bords de laquelle se massaient les contingents cantonnés en Pologne et en Lithuanie.

Les Prussiens furent tellement convaincus que le plan de Napoléon Ier était de déboucher sur Erfurth, qu'ils résolurent de déboucher eux-mêmes par Memmingen sur le Mayn pour couper la grande armée en deux tronçons. L'empereur ne leur laissa pas le temps d'effectuer ce projet et de prendre l'initiative de la lutte. Dès que la garde et Murat furent entrés en ligne, l'armée entière, forte de deux cent mille hommes, appuyant à droite, démasqua l'attaque. Les 4e et 6e corps (Soult et Ney) franchirent le Mayn au-dessus Bayreuth et se portèrent sur Hoff. Napoléon, la garde, les réserves de cavalerie dont faisait partie le 2e division de dragons de Grouchy, les 1er et 3e corps (Bernadotte et Davout) défilèrent par Kronach sur Saalburg, tandis que le 5e (Lannes) marchait sur Saalfeld suivi par le 7e corps (Augereau).

L'aile gauche des armées prussiennes se trouva ainsi débordée.

Les troupes allemandes, de Hoff et de Saalburg, se replièrent sur Schleitz. La Saxe était envahie, l'ennemi débordé et coupé de Berlin. A peine les Prussiens du général Tauzen avaient-ils quitté Schleitz, que le général Maison y pénétra avec une brigade du 1er corps et occupa le pont. L'ennemi essaya de combattre; Murat, arrivant avec deux régiments de cavalerie, culbuta les Prussiens. Ce combat avait lieu le 9 octobre; le lendemain se donna le combat de Saalfeld, où le prince de Prusse fut tué, et le 14, la bataille d'Iéna et d'Auerstaedt. Jusqu'alors la division Grouchy n'était pas complétement réunie. Le général avait l'ordre de Berthier de partir de Bamberg le 12, pour se trouver le 15 à Géra, où il devait attendre de nouvelles instructions. C'est ce qu'il fit. De là il se rendit à Oranienbourg, où les six régiments de sa division, présentant un total de trois mille sabres et de trois mille chevaux, arrivèrent le même jour, 25 octobre, après avoir traversé Berlin. Oranienbourg, où Grouchy avait établi son quartier général, est dans la province de Brandebourg, à 9 lieues nord-est de Postdam et à 6 nord-ouest de Berlin. Elle a deux mille âmes de population.

Le jour suivant, la division s'étant mise en marche suivant l'ordre qu'elle en avait reçu, pour se porter sur Prentzlow, trouva à sa sortie de Zehdenick la cavalerie prussienne. Les deux premières brigades (généraux Roget et Milet) livrèrent un brillant combat sur lequel Grouchy fit au prince Murat le rapport ci-dessous :

« Monseigneur, j'ai l'honneur de vous rendre compte, qu'ayant opéré ce matin ma jonction avec le général Lassalle à Zehdenick, la cavalerie légère de cet officier général a chargé à l'instant la cavalerie prussienne, qui nous attendait en bataille, dans la petite plaine qui se trouve en arrière de la ville : l'ennemi a été culbuté dans le défilé qui la termine, et chaudement poursuivi. Étant parvenu à se rallier et à ramener les hussards du général Lassalle, ma première brigade, aux ordres du général Roget, s'est précipitée sur les Prussiens, et a fourni les charges les plus brillantes et les plus heureuses, tant dans les éclaircies du bois, qu'à sa sortie, où ils s'étaient encore reformés; culbutés de nouveau, nous les avons menés battant pendant plus de trois lieues : ma seconde brigade, commandée par le général Milet, suivant rapidement la première, a soutenu ses mouvements avec tant de précision et d'énergie, que l'ennemi a été dans l'impossibilité de tenir nulle part; à hauteur du village de Storkow, trois de ses escadrons n'ayant pu arriver avant nous au pont qu'ils avaient à passer sur ce point, ont été coupés et jetés dans le marais : tout ce qui n'a pas été tué ou pris, y a péri. Deux autres escadrons ont, sur un autre point, été faits prisonniers, ainsi qu'un corps d'infanterie qui les soutenait; l'officier général commandant la colonne prussienne a été tué. Un colonel, une foule d'officiers, de dragons, de hussards et de chevaux, sont en notre pouvoir : le régiment des dragons de la reine et le régiment des hussards de Schimmelfening, surnommés les bouchers dans l'armée prussienne, sont entièrement détruits; enfin, Monseigneur, un plus beau succès ne pouvait être obtenu.

« Je ne saurais donner trop d'éloges à la conduite des deux brigades de ma division qui ont combattu, et j'ai infiniment à me louer du général Becker, du colonel Grézard et chef d'escadron Dejean, l'un et l'autre du 3ᵉ régiment de dragons, ainsi que du colonel Lebaron, du 6ᵉ régiment. »

La division Grouchy ayant poursuivi l'ennemi jusqu'à quatre lieues au delà du champ de bataille, se trouva séparée des autres corps. La brigade Lassalle était rentrée à Zehdenick après sa charge. Il en résulta que la 2ᵉ division de dragons, ou plutôt ses deux premières brigades, demeurèrent toute la nuit en face du corps entier du prince de Hohenlohe, fort de 15 à 16 mille hommes. Grouchy, bien que sans infanterie et sans artillerie, ne voulut pas se replier. Le prince Murat avait gardé à Zehdenick la 3ᵉ brigade. Avec ses 1,500 cavaliers, il tint en échec l'ennemi et fit un grand nombre de prisonniers. Le jour même, 26 octobre, Murat fit écrire à Grouchy, par le général Belliard, son chef d'état-major :

« Zehdenik, le 26 octobre 1806.

« Le Prince me charge, mon cher Général, de vous faire compliment sur votre belle charge.

« Le Prince désire que vous fassiez reconnaître de suite Templin, que la terreur des fuyards aura pu faire évacuer; s'il n'y a personne, l'officier commandant la reconnaissance s'y établira ; il saisira le maître de poste ainsi que les notables du pays et les enverra au Prince. Je vous prie, mon cher Général, aussitôt que vous aurez des nouvelles, de les envoyer.

« La brigade Boussard bivouaque en arrière de la ville. »

« Aug. Bellard. »

Le lendemain 27 octobre, nouveau combat à Wittmansdorff, pour les dragons de Grouchy. Ce combat donna lieu au rapport ci-dessous :

« Monseigneur, j'ai l'honneur de rendre compte à Votre Altesse Impériale, que la division sous mes ordres a joint l'ennemi à la sortie du village de Wittmansdorff ; sur-le-champ je l'ai fait charger par le 6ᵉ régiment de dragons, et une partie du 10ᵉ.

« Cette première charge a été heureuse et nous a valu deux guidons, nombre de prisonniers et quantité de bagages.

« Poursuivis sans relâche, les Prussiens ont été atteints de nouveau, par le 10ᵉ régiment de dragons, et se trouvant acculés à un bois, le régiment entier des gendarmes du roi a été contraint de capituler ; trois officiers supérieurs, vingt-deux officiers particuliers, et cinq cent quarante hommes ont mis bas les armes. Dans la charge qui a précédé leur reddition, les deux autres guidons avaient été pris ; sur d'autres points l'ennemi a été chargé par le 3ᵉ régiment de dragons et non moins vivement poursuivi.

« L'obscurité de la nuit n'a pas permis, Monseigneur, d'observer tous les traits de valeur qui honorent la seconde division ; mais Votre Altesse Impériale, qui dirigeait elle-même les mouvements, a pu cependant remarquer que partout où les troupes ont combattu, elles se sont montrées dignes de leur intrépide chef.

« Le chef d'escadron Delaas, que Votre Altesse Impériale avait chargé d'une mission particulière, s'en est acquitté avec succès et a été blessé en défendant le pont de *Boitzenburg* contre l'ennemi. Il aura l'honneur de vous transmettre le rapport détaillé de ses opérations; et j'aurai celui, Monseigneur, de vous adresser également les noms des braves qui ont le plus mérité dans cette journée, de ceux qui se sont emparés des guidons, enfin des officiers qui se sont rendus les plus dignes des récompenses de Sa Majesté. »

Chaque jour était marqué, pour la division Grouchy, par un combat nouveau et glorieux. Celui du 28 octobre à Prentzlow, dont le rapport est ci-dessous, força le prince de Hohenlohe à mettre bas les armes. Rien de plus brillant que cette lutte de la 2ᵉ division de dragons, pendant laquelle le général donna des preuves d'une si haute intelligence de la guerre pour la conduite de la cavalerie, que l'empereur en fut frappé, et dès ce jour, dans son esprit, lui destina de grands commandants de cette arme.

Voici le rapport de Grouchy à Murat :

« Monseigneur, la division que je commande, s'étant portée de Wittmansdorff sur Prentzlow, j'ai découvert, des hauteurs qui dominent cette ville, le corps d'armée du prince de Hohenlohe, qui, suivant sur mon flanc gauche une route presque parallèle à celle sur laquelle j'étais, se hâtait d'arriver à la ville et de la traverser, avant que nous nous en fussions emparés. Faisant en conséquence arriver au grand trot mes trois brigades, je les ai déployées en échelons, à portée du canon de Prentzslow, pour pouvoir couper, en chargeant la colonne, tout ce qui ne serait point entré dans la ville, et par un effort simultané et audacieux, essayer d'y pénétrer en même temps que celles des troupes ennemies qui seraient en mesure de s'y retirer. Pour faire prendre le change à l'ennemi, j'ai ouvert un feu d'artillerie très-vif, sur la tête du faubourg qui se trouve en face de ma droite, et que M. de Hohenlohe avait garni d'infanterie et de canon; il était naturel qu'il imaginât que nous essayerions d'arriver par cette principale avenue, et qu'il crût la marche de sa colonne couverte par un marais qui la séparait du point où nous étions; mais il existait un passage praticable à travers ce marais, et à la tête de ma 3ᵉ brigade, je me suis hâté de déboucher sur l'ennemi par ce défilé; le charger, couper sa colonne et en disperser une partie, a été l'affaire d'un instant; cependant les escadrons prussiens les plus à proximité du faubourg, flanqués d'un corps d'infanterie qui garnissait les vergers à gauche de la route, nous attendaient de pied ferme et se formaient en bataille sur mon flanc et sur mes derrières. Dans une position aussi délicate, je me suis à l'instant porté par un mouvement de flanc en face des escadrons ennemis, dont nous n'étions qu'à quarante pas, et qui, au lieu de fournir la charge, l'ont reçue; le 22ᵉ régiment soutenu du 13ᵉ les a enfoncés malgré le feu meurtrier qui les protégeait. Rien n'a pu résister à l'impétuosité de nos braves dragons; la cavalerie ennemie, culbutée sur son infanterie, a été rejetée dans la principale rue du faubourg de la ville, et le 22°, se précipitant sur elle, malgré les bouches à feu qui enfilaient et balayaient cette avenue, l'a taillée en pièces. L'artillerie a été prise, les canonniers sabrés et l'ennemi poursuivi jusque dans la ville, dont j'ai fait enfoncer les portes à coups de hache, sous le feu même des Prussiens; tout ce qui se trouvait de troupes dans le faubourg a mis bas les armes, un officier général, plusieurs drapeaux et étendards, huit pièces de canon et leurs caissons sont tombés en notre pouvoir. Profitant de la terreur qu'un tel succès inspirait à l'ennemi, j'ai à l'instant fait sommer M. le prince de Hohenlohe de se rendre; il est entré en pourparlers, et bientôt Votre Altesse Impériale lui a imposé les lois de la guerre. La conduite de la division, et notamment de la 3e brigade, mérite les plus grands éloges; tous et chacun ont glorieusement fait leur devoir, mais je dois surtout vous désigner, Monseigneur, le général Boussard, dont l'intrépidité si connue s'est montrée dans tout son éclat; les colonels Garoche et Tarrié se sont parfaitement conduits ainsi que le chef d'escadron Boyer, qui a pénétré le premier dans la ville; mon aide de camp Monaco avec une poignée d'hommes, a fait mettre bas les armes à un bataillon entier; mes autres aides de camp ont, comme dans les journées précédentes, secondé mes vues, et particulièrement le sous-lieutenant Carbonel du 13e régiment, qui a fait preuve d'intelligence autant que de valeur et qui, chargé par Votre Altesse Impériale d'une mission près du général Beaumont, somma trois fois, au milieu d'une grêle de coups de fusil, le prince Auguste de se rendre et le conduisit à Votre Altesse; enfin une foule de traits de la plus haute valeur honorent cette journée.

« Je dois encore ajouter, Monseigneur, qu'à peine maître du faubourg j'ai envoyé deux escadrons du 13ᵉ régiment de dragons à la poursuite des troupes prussiennes que la rapidité de notre mouvement sur Prentzlow avait empêchées d'entrer en ville. Ce sont ces troupes que Votre Altesse Impériale a fait poursuivre par la division Beaumont, et qui, commandées par le prince Auguste, ont mis bas les armes dans la soirée. »

Le général de Grouchy et sa division furent récompensés de leur valeur et des services qu'ils venaient de rendre, par l'ordre du jour suivant, inscrit au bulletin de la grande armée :

État-major général. Au quartier général, Berlin, ce 28 octobre 1806.

ORDRE DU JOUR.

« Le prince duc de Berg, après avoir débordé la tête du prince de Hohenlohe l'a cerné à Prentzlow; la cavalerie légère des généraux La Salle et Milhaud, les divisions de dragons des généraux Grouchy et Beaumont ont chargé avec tant d'intrépidité et ont mis tant de précision à exécuter les ordres du prince, que le prince de Hohenlohe, le prince Auguste de Prusse, et le prince Schwérin, plusieurs généraux, 16,000 hommes d'infanterie, 6 régiments de cavalerie, 45 drapeaux, 64 pièces de canon attelées sont tombés en notre pouvoir. La colonne de 14,000 hommes du duc de Weimar a été coupée de l'Elbe par le maréchal Soult. Une autre colonne de 12,000 hommes de Blücher est également poursuivie et n'échappera pas. L'empereur a renvoyé le prince Auguste à son père, le respectable prince Ferdinand, à condition qu'il n'aurait aucune correspondance avec les ennemis, et sur sa parole.

« Sa Majesté ne peut que témoigner sa satisfaction au grand-duc de Berg, aux généraux Grouchy et Beaumont, à la cavalerie légère des généraux La Salle et Milhaud, à l'artillerie à cheval attachée aux deux divisions de dragons, pour l'activité et la singulière intrépidité qu'ils ont montrées dans cette circonstance. »

Continuant la marche victorieuse à la poursuite de l'armée prussienne en déroute depuis Iéna et Auerstaedt, la division Grouchy se dirigea sur Lübeck au nord-ouest de Berlin, et il se trouva le 6 novembre au matin devant cette place située sur la rive gauche de la Trave, non loin des bords de la mer.

Grouchy s'empara de cette riche ville et rendit compte au grand-duc de Berg par le rapport ci-dessous :

Rapport de l'affaire de Lübeck. Forweks, en avant de Lübeck, le 6 novembre 1806.

« Monseigneur, m'étant porté sur Lübeck, en conséquence des ordres de Votre Altesse, j'ai débouché en vue de cette ville en même temps que le corps du prince de *Ponte-Corvo*; l'attaque ayant bientôt commencé, j'ai dirigé l'artillerie de la division sur les bords de la rivière au point où elle pouvait le plus puissamment seconder les efforts de l'infanterie du 1er corps pour pénétrer dans la ville. Son feu a produit le meilleur effet, fait taire les pièces de l'ennemi, et, avec l'une des nôtres, le lieutenant d'artillerie Desjobert est entré des premiers dans la ville et y a chargé vigoureusement les Prussiens, montrant dans cette circonstance autant de vigueur que d'intelligence. Un piquet de dragons du 10°, qui soutenait mon artillerie, a également pénétré dans la ville et y a chargé vigoureusement les Prussiens; le sous-lieutenant Langlet, qui le commandait, a été blessé d'un biscaïen et de sept coups de sabre; plusieurs dragons ont été mis hors de combat.

« Votre Altesse Impériale m'ayant envoyé l'ordre de traverser Lübeck, j'ai débouché rapidement et me suis porté sur la gauche de la route de Schaunberg, où j'ai atteint l'ennemi; déployant mes deux brigades à sa vue, et sous le feu de l'artillerie j'allais charger, lorsque le corps que j'avais devant moi et que je poussais a demandé à capituler et a mis bas les armes. Il s'est trouvé fort de quatre escadrons, d'un bataillon et de quatre pièces de canon. Me reportant alors, par ma droite, sur la route de Travemunde, où se dirigeaient les débris de l'armée prussienne, je les ai poursuivis jusqu'au village de Forverks, d'où mon avant-garde les a chassés; l'obscurité de la nuit ne me permettant pas de me porter plus avant, j'ai pris position à ce village, en conformité des ordres de Votre

Altesse Impériale. Je viens d'envoyer sommer le général *Blücher* de mettre bas les armes ; s'il s'y refuse, je me mettrai en marche demain une heure avant le jour et je continuerai à le poursuivre chaudement. »

L'empereur ne laissant pas un moment de répit aux débris de l'armée prussienne, et mettant sa cavalerie à leurs trousses, avait forcé presque tous les corps ennemis à mettre bas les armes. Grouchy fit capituler Blücher, et, le 8 novembre, reçut l'ordre de se porter à l'est pour occuper Gustrow dans le Mecklembourg, tandis que la division de cavalerie de d'Hautpoul le soutenait à droite, la brigade de La Salle à gauche. Voici l'ordre du général Billiard, de l'état-major du grand-duc de Berg :

Au quartier général à Lübeck, le 8 novembre 1806.

« L'intention du Prince, mon cher Général, est que vous partiez demain pour gagner le bon pays et que vous partiez par Schonberg, Hasenvickel, Lubsée, Warin, Butzow à Gustrow, où vous attendrez de nouveaux ordres de Son Altesse Impériale.

« La brigade du général Lasalle marchera à votre gauche pour aller s'établir à *Butzow*, et la division d'Hautpoul, passant par Wietensée, ira s'établir à Sternberg.

« Faites, je vous prie, l'itinéraire de votre marche et envoyez-le-moi de suite avec l'état de situation que je vous ai demandé hier. Vous trouverez ci-joint la route que doit suivre la brigade Lasalle, qui part aussi demain, afin que vous ne fassiez pas occuper les villages qu'elle pourra prendre, je lui écris de vous faire passer son itinéraire, envoyez-lui de même le vôtre.

« Le prince ordonne, mon cher général, que vous fassiez enlever tous les chevaux étalons de race que vous trouverez dans le Mecklenbourg. Vous chargerez un officier du soin de tous ces chevaux; vous en ferez tenir une note exacte, prendre le signalement, et ils suivront votre division. Ces chevaux seront destinés à remonter les haras de France.

« *P. S.* Il y a de l'avoine en magasin et peut-être du pain; envoyez des voitures pour en faire charger.

« *Itinéraire de la route d'Hautpoul :*

    « Wietensée,

    « Mühlen,

    « Dambeck,

    « Hasenvilkel,

    « Bruel

    « et Sternberg.

« Comme la division d'Hautpoul doit passer aussi à Hasenvilkel, il faut vous arranger avec le général pour ne pas vous y trouver ensemble. Je lui écris de vous envoyer son itinéraire; veuillez lui faire passer le vôtre, il est à Schœnberg.

« Hier on a pris les chevaux du haras du roi de Prusse, le prince vous prie de faire chercher s'il s'en trouve dans votre division et de les faire réunir. On remboursera à ceux qui les ont, l'argent qu'ils auront donné, si toutefois ils les ont achetés. »

L'empereur avait désigné lui-même et spécialement

au major général la division Grouchy, comme devant être chargée des chevaux étalons de la Prusse et surtout du Mecklenbourg, parce qu'il savait le général incapable d'en distraire un seul et qu'il connaissait assez ses généraux pour ne pas ignorer que beaucoup pouvaient n'avoir pas la même probité et le même désintéressement.

Arrivée le 12 novembre à Gustrow, la division Grouchy fit séjour dans cette ville les 13 et 14.

Le 9, le général, se trouvant à Herrenburg près Lubeck, le lendemain de l'affaire de Forwerks, écrivit à M™ de Grouchy :

« Toujours occupé à poursuivre l'ennemi ou à le combattre, il ne m'a pas été possible de te donner de mes nouvelles depuis bien du temps. Je profite de l'instant de répit que me laisse le gain de la bataille d'avant-hier pour causer un moment et te dire combien je suis heureux du rôle brillant que joue ma division, de sessuccès, et surtout que ma santé, quelque mauvaise qu'elle soit, m'ait permis de demeurer à la tête des troupes que je commande.

« Depuis mon affaire de Zehdenick, où j'ai pris ou détruit les deux régiments de dragons de la Reine, et des hussards de Schimmelfening, j'ai eu un autre combat le lendemain, dans lequel ma division a fait mettre bas les armes au corps des gendarmes de la garde, en totalité. Le jour d'ensuite a eu lieu l'affaire de Prentzlow, où, à la tête d'une des brigades de ma division j'ai chargé l'ennemi, l'ai culbuté dans le faubourg, m'en suis emparé, et l'ai tellement épouvanté par l'impétuosité de mes mouvements et la hardiesse de mon attaque, que M. le prince de Hohenlohe a capitulé avec son corps d'armée fort de quinze à vingt mille hommes et s'est rendu. Je ne crains pas de dire qu'il est sans exemple qu'un corps de dragons réduise et prenne toute une armée.

« Cette journée m'a valu l'ordre du jour que tu as sans doute vu dans les journaux ; l'éloge que fait l'empereur m'a fait bien plaisir, et surtout qu'il ait su que j'étais entré le premier à la tête de mes dragons dans Prentzlow.

« Après ce combat et la prise du corps d'armée du prince de Hohenlohe, nous nous sommes mis à la poursuite des corps du duc de Saxe-Weimar et du général Blucher, que pourchassaient également les maréchaux Soult et Bernadotte. Chemin faisant, nous nous sommes emparés de Stettin, qui s'est rendu sans tirer un coup de canon. Enfin, après avoir parcouru tout le duché de Mecklenbourg et fait mettre bas les armes à Anclam à un corps de cinq à six mille hommes que Blucher, à la tête d'une de ses brigades, a chargé vigoureusement, nous avons opéré, à peu de distance de Lubeck, notre jonction avec les corps de Soult et de Bernadotte. Blucher avec trente mille hommes s'était retiré sous cette ville, nous l'y avons attaqué le 6; et après un combat des plus opiniâtres et des plus sanglants, nous l'avons chassé de Lubeck ; j'ai débouché avec mes dragons, à travers cette ville, et ai poursuivi l'ennemi, fait mettre bas les armes à quatre escadrons et à un corps d'infanterie, et, chassant les Prussiens sur Travemunde, j'ai fait sommer le général Blucher de se rendre. Il a mis bas les armes avec toute son armée forte encore de plus de vingt-cinq mille hommes, soixante-dix escadrons de troupes à cheval. Dans la bataille nous lui avons pris sept ou huit mille hommes, dont deux mille Suédois, de sorte que cette armée, qu'on pouvait évaluer dans le principe à quarante-cinq mille hommes, est en totalité prise ou détruite ; en y joignant le corps de M. de Hohenlohe, le corps pris à Anclam, les petits corps qui ont mis bas les armes depuis que nous avons dépassé Berlin, voilà plus de soixante-dix mille hommes que nous prenons. On croira difficilement de tels événements, et cependant ils sont de toute vérité. Partage toute ma satisfaction de la part que j'ai eue ; elle me dédommage de ce que ma division n'a pu être à Iéna.

« Mais en revanche te dire ce que je souffre est impossible; j'ai d'abord eu un rhumatisme dans la tête qui m'a fait souffrir à croire que je deviendrais fou. Je me suis fait appliquer des ventouses qui m'ont à peine soulagé, la fièvre s'est emparée de moi, je l'ai coupée à force quinquina. L'empereur, qui a su que j'étais malade, m'avait fait donner un congé d'un mois, à la suite de l'armée pour me rétablir. J'ai eu assez de force sur moi-même pour n'en point profiter, et bien m'en a pris, puisque je ne me fusse point trouvé à toutes les affaires qui ont eu lieu. Mais de tels efforts sur moi-même m'ont mis dans un cruel état. Comme il n'y a plus d'ennemis de ces côtés et que, hommes et chevaux, nous sommes épuisés de fatigue, j'imagine que nous allons avoir quelques jours de repos à Gustrow, où je me rends en ce moment. Puissent-ils me remettre tout à fait !

« Depuis que j'ai quitté Paris, je n'ai pas reçu une seule lettre. J'espère que maintenant il nous en arrivera et que celle-ci te parviendra. Je te prie d'en communiquer le contenu à mon père; dis-lui que je lui écrirai dès que je le pourrai et que je te charge de me suppléer.

« Imagine que je n'ai aucune nouvelle de mes chevaux, et juge si je dois souffrir de n'avoir que Paul, et personne pour me faire à manger. »

Après la prise de Lubeck et la capitulation de Blucher, Murat revint à Berlin, où fut porté le quartier général de son corps d'armée; Belliard écrivit de là le 15 novembre à Grouchy :

« J'ai reçu tous vos états, mon cher général; le prince a été content de voir que vous lui avez proposé pour obtenir de l'avancement des officiers qui ont bien fait la guerre et qui y ont des droits connus par Son Altesse.

« J'ai un service d'ami à vous demander, mon cher Grouchy, c'est de faire proposer pour capitaine dans un régiment de votre division M. Galbeau (Edmond), lieutenant et mon aide de camp, je suis assuré que vous ferez pour moi ce que je ferais moi-même pour vous en pareille circonstance. »

« P. S. Faites dresser de suite les états que je vous ai demandés pour l'avancement, l'empereur fera sûrement les nominations lorsqu'il vous passera en revue. »

L'empereur, en effet, voulut passer en revue la division Grouchy, revenue le 22 novembre et appelée le à Berlin.

Voici ce que, le 23, Grouchy écrivit à ce sujet à son père :

« Il n'y a que deux ou trois jours, mon cher papa, que j'ai reçu votre lettre du 20 octobre. Toujours courant avec ma division depuis six semaines, j'ai été privé de toute correspondance ; mais depuis la bataille de Lubeck, ayant marché vers Berlin, et m'étant ainsi rapproché du point central de toutes les opérations, la plus grande partie des courriers arriérés me sont parvenus. Pour avoir été retardée, la jouissance que j'ai goûtée en recevant de nouveaux gages de l'attachement de mes parents n'en a été que plus vive ; mille remercîments, cher papa, des tendres sentiments que vous me témoignez ; ils me pénètrent toujours, quoique je doive y être habitué, de la plus vive sensibilité.

« Dans l'impossibilité de vous écrire, cher papa, d'abord à raison de ma santé, qui a été affreuse à l'ouverture de la campagne, et ensuite à cause des mouvements rapides et non interrompus de la division, j'ai chargé ma femme de vous faire part de tout ce que j'ai fait et de vous transmettre copie des affaires auxquelles ma division a eu la principale part. Je suis bien certain de l'intérêt avec lequel vous les aurez lus ; mais toutefois je me réserve à vous en donner de vive voix les détails, quand je vous rejoindrai ; Dieu veuille que ce soit bientôt ! telle est ma pensée la plus ordinaire, même au milieu des succès et des jouissances attachées à l'obtention de quelque gloire militaire; mon affaire de Prentzlow vous fera surtout plaisir, c'est un des faits d'armes les plus hardis et les plus brillants.

« Hier j'ai passé la revue de l'empereur. Il m'a traité avec infiniment de bonté, a accordé une foule de récompenses à ma division, a nommé mon aide de camp Monaco capitaine, et, avec une grâce particulière, il a donné une sous-lieutenance dans le dixième régiment de dragons, qui fait partie de ma division, à Alphonse, qu'on avait attaché à un régiment d'infanterie; de cette manière, il va faire ses premières armes sous mes ordres, et tout naturellement je l'aurai avec moi pendant toute la campagne, ce sera aussi avantageux pour lui que satisfaisant pour moi. Je n'ai qu'un regret, c'est que l'empereur n'ait pas voulu accorder d'avancement à La Fayette. Mais il paraît décidé que les termes dans lesquels s'est placé son père nuiront constamment à sa fortune militaire. Le fils a le bon esprit de n'en vouloir servir qu'avec plus de zèle et de dévouement; il faut espérer qu'à la fin il fera revenir sur son compte.

« Vous aviez raison, cher papa, de calculer que je ne pouvais pas arriver à temps pour assister avec ma division à la bataille d'Iéna; heureusement que les circonstances m'ont permis depuis de me dédommager de n'avoir pas coopéré à cette glorieuse journée.

« En ce moment je me porte dans la ci-devant Pologne à Posen, où se réunit la presque totalité de l'armée; après-demain, je serai à Francfort sur l'Oder, et poursuivrai de suite ma marche vers ma destination ; le prince Murat est déjà à Posen avec les autres divisions de dragons ; il y en a maintenant cinq dans l'armée, et elles sont fortes d'environ deux mille chevaux, non compris l'artillerie légère attachée à chaque division.

« Adieu, cher papa ; soignez bien votre santé ; la mienne est un peu moins mauvaise ; malgré cela je redoute pour elle les suites d'une nouvelle campagne contre les Russes, à raison de la rigueur de la saison, sous un climat aussi austère. Il est vrai que jusqu'à présent, il n'y a eu ni neige ni gelée, mais on ne peut pas croire que tout l'hiver se passera ainsi. Au reste, on parle d'armistice, et peut-être aura-t-on la paix au moment où l'on s'y attendra le moins.

« Le jour qui me verra vous serrer de nouveau dans mes bras, sera l'un des plus chers à mon cœur, croyez à cette vérité, cher papa, et à mes tendres affections. »

La division Grouchy, sous les ordres de son chef, partant de Berlin le 24 novembre, se dirigea sur Posen, où elle arriva le 3 décembre, passant par Münchenberg, Francfort-sur-l'Oder, Crossen à l'entrée de la Silésie, par Mezeritz, première ville du duché de Pologne, où elle franchit un affluent de la Warta, et enfin par Moszyn, au-dessous et près de Posen.

Grouchy écrivit de cette dernière ville, le 3 décembre, à Belliard :

Posen, le 3 décembre 1806.

« Mon cher Belliard, l'espoir de vous joindre à Posen, espoir que j'ai conservé jusques à hier soir que je suis arrivé dans cette ville, m'a empêché de vous faire part jusques à ce moment de toutes les contrariétés qui ont paralysé le désir que j'avais de faire quelque chose d'agréable au prince en contribuant à la nomination de son aide de camp à la place de chef d'escadron dans le 6ᵉ régiment. Ainsi que je vous l'ai mandé dans le temps et que vous avez pu le voir par les mémoires de propositions, il avait été demandé pour cette place par le colonel Lebaron, et votre aide de camp pour celle de capitaine dans le 3ᵉ par le colonel Greizard. Par une fatalité rare, à l'instant même de la revue le colonel Gréizard a reçu le brevet d'un officier nommé la veille par le ministre à la compagnie vacante; voilà donc l'affaire de votre aide de camp manquée.

« Celle de M. Brunet n'a pas mieux été. Le colonel Lebaron, voyant que l'empereur ne nommait que des officiers des corps et présents, n'a pas seulement proposé l'aide de camp du prince, mais a provoqué la bienveillance de l'empereur en faveur d'un capitaine de son régiment que Sa Majesté a de suite nommé chef d'escadron; peut-être n'eût-on pas réussi en proposant M. Brunet, mais tant il y a qu'il ne l'a pas même fait et que je ne suis rien moins que content de la conduite de ce chef, dans cette circonstance.

« Vous partagerez également, mon ami, le chagrin que je ressens du peu de succès qu'ont eu mes demandes d'avancement pour les officiers qui m'entourent.

« J'avais formé celle de capitaine pour Lafayette et

de lieutenant pour Carbonel. La compagnie a été refusée au premier, parce qu'il n'a que trois ans et neuf mois de lieutenant. Carbonel a été mis de côté comme n'ayant pas assez de service. Je suis d'autant plus contrarié que je comptais le prendre définitivement pour mon aide de camp dès qu'il aurait ce grade, tandis que je ne le conserve près de moi maintenant que d'une manière précaire.

« En tout, mon cher Belliard (ceci pour vous seul) j'ai lieu de croire que d'autres se sont donné les gants de ce qu'a pu faire la division durant cette campagne ; aussi suis-je triste et impatient de rejoindre le prince qui m'a traité avec tant de bonté, et daigné parler de moi avec tant de bienveillance, que servir de nouveau sous ses ordres est l'objet de tous mes vœux, car jamais je ne le fis d'une manière plus agréable, que tant que nous fûmes ensemble.

« Ma division est arrivée hier, tard, dans des cantonnements à 4, 6 et 8 lieues d'ici, et je crois qu'elle y restera un couple de jours ; j'ignore quelle direction elle suivra ensuite ; Dieu veuille que ce soit celle qui me mènera au corps d'armée du prince !

« Revenant à l'affaire de M. Brunet, je vous dirai qu'il est un moyen de le faire nommer chef d'escadron. *Laas*, du 10ᵉ de dragons, est nommé major, ce qui fait vaquer une place de chef d'escadron dans ce 10ᵉ ; j'ai provoqué le colonel Domanget pour qu'il y proposât M. Brunet ; il tient à porter un de ses capitaines ; mais si le prince faisait écrire un mot de suite au **major général**, Brunet serait nommé, d'autant que je n'apostillerai point la demande en faveur du capitaine du 10ᵉ, que je ne sache si ce biais vous convient. Je garderai par devers moi jusques à votre réponse, le mémoire de proposition de ce capitaine.

« Adieu, mon cher Belliard ; présentez mes hommages au prince, et croyez à tout mon attachement. »

Grouchy, sans cesse occupé des officiers qui l'entouraient et servaient bien, reçut avec plaisir de Belliard la lettre ci-dessous, relative à son aide de camp, Carbonel :

« Le ministre n'a point encore prononcé, général, sur la seconde demande en faveur de Carbonel, que la proposition du colonel Greizard m'a mis dans le cas de former ; je désire en conséquence que le colonel n'envoie pas d'ici à quelque temps de mémoire de proposition pour la lieutenance qui se trouve encore vaquer dans son corps.

« Je le préviendrai dès que j'aurai une réponse du ministre, réponse que je ne presse point pour l'instant, désirant la faire provoquer par S. A. I. le grand-duc de Berg, auquel la conduite de Carbonel et sa conduite à Prentzlow ont inspiré quelque bienveillance.

« Agréez, général, l'assurance de tous mes sentiments. »

Grouchy ayant reçu du ministre la nomination d'un autre de ses aides de camp, le prince de Monaco répondit, le 6 décembre de Moszyn près Posen, et le 9 décembre de Posen même, par les deux lettres ci-dessous :

« Monseigneur, j'ai reçu les nominations de mon

aide de camp lieutenant, Honoré de Monaco, à une place de capitaine, dans le 16ᵉ régiment de chasseurs à cheval, celle du capitaine adjoint à l'état-major de la division Quesnel, à une place de chef de bataillon, et l'ordre que vous donnez à cet officier de rester à la suite de l'état-major du maréchal Lefebvre.

« J'ai l'honneur de vous prévenir, Monseigneur, que mon aide de camp Monaco, par suite de ses blessures et de sa vue, qui est très-basse, est peu dans le cas de remplir les fonctions de capitaine de troupes légères ; il vous exposera lui-même ses réclamations à cet égard.

« En outre, je dois vous rendre compte qu'il ne se trouve que le seul adjoint Quesnel, à la 2ᵉ division ; l'adjoint Mallet, qui y était employé, est resté malade à Berlin. Il est d'une santé qui le met absolument hors d'état de remplir les fonctions de sa place.

« Je vous prie donc, Monseigneur, de laisser pour quelque temps encore l'adjoint Quesnel à ma division et d'y envoyer un autre adjoint, en remplacement de l'adjoint Mallet. »

« J'ai l'honneur de vous prier, mon prince, de daigner m'accorder un moment d'entretien.

« Vos ordres, quant à M. de Monaco et à M. Quesnel, vont être exécutés à l'instant. L'adjoint Mallet n'est pas en état de rejoindre la division, et je vous prie de le faire remplacer. C'est moi qui ai donné ordre au sous-lieutenant Carbonel, du 13ᵉ régiment, de se rendre près de moi ; je demandai cette faveur à Sa Majesté lors du couronnement : mon vœu est de m'attacher cet officier comme aide de camp, il y a deux ans que j'ai le sous-lieutenant Fontenilles, qui est encore revêtu de ce grade.

« Je sollicite comme grâce spéciale de votre ancienne bienveillance de me laisser le sous-lieutenant Carbonel; sa conduite distinguée dans la campagne l'a fait justement remarquer de Son Altesse Impériale le grand-duc de Berg. Cet officier m'est d'autant plus utile que mon premier aide de camp est un ancien militaire au moment d'avoir sa retraite, que M. de Monaco passe dans les chasseurs et que je n'ai pas de possibilité de le faire remplacer à l'instant, devant prendre dans les dépôts. J'ajouterai que le sous-lieutenant Carbonel n'a jamais touché d'appointements, et a jusques à ce jour servi gratuitement Sa Majesté. »

« Monseigneur, le sous-lieutenant Carbonel, du 13e régiment de dragons est à mon état-major depuis les premiers jours du mois d'octobre dernier, qu'il me joignit à Wurtzbourg; le 13e régiment faisait partie de ma division; vos ordres appelaient aux escadrons de guerre les officiers des dépôts en état de bien servir; il se rendait à ces escadrons; mais toutes les sous-lieutenances étaient pourvues. Je le gardai près de moi, un de mes aides de camp étant demeuré malade à Paris.

« Je supplie Votre Altesse de lui accorder l'autorisation d'y demeurer jusqu'à nouvel ordre, soit en lui accordant un congé à cet effet ou autrement.

« Cette grâce (la dernière de ce genre que je solliciterai de vos bontés) m'est d'autant plus précieuse que mon état-major, par suite de l'avancement que Sa Majesté a daigné y accorder, se trouve réduit maintenant de manière à y compromettre le service. »

Le général de Grouchy occupa les loisirs de son séjour à Posen, pendant le mois de décembre, à rechercher et à faire valoir les titres des officiers de sa division à l'avancement et aux récompenses dans l'ordre de la Légion d'honneur. Il écrivit dans ce sens au major général.

Le 10 décembre, il eut le bonheur d'embrasser son fils aîné (mon père), Alphonse de Grouchy, mort il y a peu d'années général de division de cavalerie, sénateur et grand-croix de la Légion d'honneur.

Alphonse de Grouchy rejoignait le 10e de dragons, où il avait été placé par l'empereur, et son père prévint le colonel de ce régiment qu'il le lui présenterait si l'ordre de départ qu'il attendait, d'un moment à l'autre, pour la division ne lui arrivait pas et ne le forçait pas à se mettre en marche.

Le 25, le jeune sous-lieutenant écrivit de Biezun à son grand-père.

Nous placerons ici trois lettres de mon père, Alphonse de Grouchy, fils du maréchal, à son grand-père, deux écrites de l'école de Fontainebleau et une de la grande armée le jour où il rejoignit la division de son père :

École spéciale impériale militaire, le 29 août 1806.

« Je sens vivement, cher bon papa, le tort que j'ai eu de ne pas vous écrire plus souvent, pendant que j'étais au lycée ; je vous en demande bien sincèrement pardon, et vous promets d'être à l'avenir plus exact à vous écrire.

« Je ne suis entré à l'école militaire que le 20 août, parce que le général Bellaveine, commandant de cet établissement, était venu à Paris pour la Saint-Napoléon, et que mon papa avait obtenu de lui un petit délai de trois jours. La vie qu'on y mène est telle que je me l'étais figurée, c'est-à-dire extrêmement dure et fatigante. Tous les jours je fais l'exercice depuis cinq heures du matin jusqu'à huit avec un fusil de munition qui pèse de 15 à 18 livres; dans quelque temps d'ici je ferai celui du canon, et je construirai des fortifications en terre; la journée se passe ainsi à faire tous les exercices propres à former de bons officiers. On mange à la gamelle comme les soldats deux fois par jour; mais le plus fatigant et le plus ennuyeux à la fois, c'est d'être obligé de servir tour à tour sa chambrée, car il n'y a pas un seul domestique. La maison est fort considérable, du moins quant au nombre des élèves : je suis le 606e effectif et le 1993e qui y ait été déjà. Il y règne, dans ce moment, une fièvre presque universelle, occasionnée par le voisinage d'un étang immense ; déjà cent cinquante élèves en sont atteints, et tous les jours on en mène cinq ou six à l'hôpital; pour moi, je me porte bien.

« La sévérité est poussée extrêmement loin : la moindre faute ou la moindre tache sur vos vêtements est punie par quinze jours de prison ; le dernier caporal vous punit ainsi, sans qu'on ose rien dire.

« J'ai eu le bonheur de retrouver d'anciens camarades du lycée, en sorte que je n'ai pas été tout à fait isolé: puissé-je avoir bientôt celui de vous revoir en bonne santé ! c'est ce que je désire de tout mon cœur.

« P. S. Permettez que j'embrasse mon oncle Edmé. »

École spéciale impériale militaire, 25 septembre 1806.

« Je suis fâché, cher bon papa, que vous vous soyez donné la peine de me faire une réponse. Je crois que vous avez assez bonne opinion de ma reconnaissance pour toutes vos bontés, pour être persuadé que je n'ai pas besoin de réponse pour vous écrire une seconde fois, ne serait-ce que l'honnêteté qui m'y engageât ; mais lorsque c'est une dette de cœur, je suis dans un âge à sentir tout ce que vous avez fait pour moi. Aussi soyez bien persuadé, cher bon papa, que je continuerai à m'informer de votre santé et à vous écrire.

« Je suis charmé d'apprendre que mon papa a obtenu l'heureux changement qu'il avait demandé, j'assure que par là il sera plus à portée de se faire remarquer de l'empereur, et par conséquent d'obtenir la récompense de tant de travaux et de peines.

« Je regrette, cher bon papa, de ne pouvoir point me trouver le 27 avec mon papa et maman à Villette ; toute la famille s'y trouverait réunie, et tous vos petits-enfants rivaliseraient de soins et d'attentions. Quoique absent, veuillez bien croire, cher bon papa, que je ne suis pas le moins reconnaissant.

« Les assurances d'une guerre presque inévitable rendent en ce moment un grand nombre d'élèves bien heureux ; le général Bellaveine a reçu l'autorisation de faire partir comme sous-lieutenants tous ceux qu'il jugerait capables de l'être. Malheureusement je suis encore trop conscrit pour que cela puisse me faire passer dans une compagnie d'élite ; mais j'espère l'obtenir par mon application.

« Adieu, cher bon papa ; je vous embrasse tendrement ; soyez assuré de toute ma reconnaissance.

« Alph. Gr.

« Permettez que j'embrasse tous les habitants de Villette. »

Biezun, 25 décembre 1806.

« J'ai été bien longtemps, cher bon papa, sans vous écrire ; mais mon départ précipité de Fontainebleau ne me l'a pas permis ; une fois en route je ne me suis pas arrêté, afin de rattraper la division de mon papa. J'arrivai le 26 novembre à Berlin, où j'appris que j'étais nommé sous-lieutenant dans le 10e régiment de dragons, qui fait partie de la 2e division que commande mon papa. Je partis aussitôt sans avoir le plaisir de donner de mes nouvelles à mes chers parents ; j'eus le bonheur de rejoindre mon papa à Posen. A peine étais-je arrivé qu'il reçut l'ordre de se rendre avec sa division à Thorn, et depuis ce moment, nous avons toujours été en marche, jusqu'au 21 que nous nous sommes emparés de Biezun, que l'ennemi occupait avec quelques uhlans. Qu'il est heureux pour moi d'être officier dès l'âge de dix-sept ans, et surtout d'être dans la division de mon papa ! car, comme je ne sais pas monter à cheval, il me garde auprès de lui et en même temps je compte dans le 10ᵉ régiment.

« Mais je vous occupe trop des détails qui me concernent : ne dois-je pas, avant tout, vous demander des nouvelles de votre santé ? Depuis le temps que je ne l'ai fait, heureusement mon papa en avait d'assez récentes, vu l'éloignement où nous sommes.

« J'espère que votre santé est toujours bonne ; celle de mon papa a été pendant quelque temps un peu faible ; mais il s'est rétabli.

« Avant-hier pour la première fois j'ai vu le feu de près : l'ennemi est venu nous attaquer. La 1ʳᵉ brigade de mon papa s'est aussitôt avancée, et, par une charge vigoureuse et même étonnante, les a mis en fuite, avec perte de cinq cents prisonniers, quatre pièces de canon et deux drapeaux. Durant l'intervalle l'ennemi a ajusté sur nous des pièces qui, heureusement, ne blessèrent personne, mais nous sifflèrent longtemps aux oreilles.

« C'est dans cinq jours le premier de l'an ; peut-être n'aurai-je pas le temps de vous écrire d'ici à ce jour. Je saisis avec empressement cette occasion de vous souhaiter la bonne année.

« Adieu, cher bon papa ; je vous embrasse tendrement ainsi que mon oncle. »

La division Grouchy, quittant Gustrow vers le commencement de décembre, fut dirigée au nord du grand-duché sur la Vistule. Elle arriva à Thorn le 16. Là elle passa le fleuve et reçut une destination nouvelle. Elle fut placée avec les divisions Sahuc (4ᵉ de dragons), de Tilly (cavalerie légère) et d'Hautpoul (2ᵉ de grosse cavalerie) sous les ordres du maréchal Bessières. Se rapprochant des frontières russes vers le nord-est, Grouchy bivouaqua le 18 décembre avec ses troupes à Rypin, et le 20 à Biezun (route d'Ostrolenka). Là ses dragons eurent plusieurs affaires sur lesquelles le général fit à son nouveau commandant en chef les rapports suivants; mais avant de les faire connaître nous donnerons une lettre écrite de Thorn, le 16 décembre, à son père, par le général, lettre qui fait connaître la reprise des hostilités; la voici :

« J'arrive à l'instant ici, mon cher papa, et j'y trouve votre lettre du 29 novembre. Les circonstances ont bien changé depuis que vous me l'écriviez : l'armistice signé par l'empereur n'a point été ratifié par le roi de Prusse; je n'ai fait que passer à Berlin; j'ai séjourné quelques jours à Posen, et me voilà marchant contre les Prussiens et les Russes, qui sont à peu de lieues d'ici. On dit qu'ils se retirent et se concentrent vers Grodno; s'il en est ainsi, nous serons encore quelques jours avant d'en venir à une action générale.

« Quant à moi, je la désire la plus prochaine possible, afin que nous en finissions de cette guerre, qui, sous un théâtre aussi éloigné et sous un ciel aussi sévère, est plus pénible que partout ailleurs.

« L'intérêt que vous prenez à ma position, cher papa, et les choses si amicales et si tendres que vous me dites sur mon éloignement, sur les dangers qui m'environnent et l'incertitude de leur durée, me touchent bien profondément. Ah! si mes vœux les plus chers étaient exaucés, un prompt retour me ramènerait bien vite près de vous. Que ne puis-je en hâter l'époque!

Elle est d'autant plus désirée que vous partagez mon impatience à cet égard et que les résultats dont pourra être pour moi cette campagne n'équivaudront peut-être pas aux sacrifices, aux souffrances et à l'altération de santé qu'elle me coûte ; jusqu'à présent aucunes décorations, aucunes récompenses n'ont été accordées à mes services ; il est vrai qu'aucuns généraux de division n'en ont encore obtenu et qu'il n'a été donné de grâces qu'aux grades moins élevés ; mais je crains que les actions d'éclat qui auront lieu dans une nouvelle campagne ne fassent oublier celles qui ont le plus marqué, dans la campagne contre les Prussiens. Toutefois je me repose avec confiance sur la justice de l'empereur ; on croit qu'il va venir ici, mais la chose n'est pas encore bien sûre. Momentanément on m'a mis sous les ordres du maréchal Bessières, qui commande un corps d'armée composé des divisions de troupes à cheval des généraux Tilly, d'Hautpoul, Sahuc et moi.

« Alphonse m'a joint il y a quelques jours. L'empereur a mis toute la bonne volonté possible à le nommer sous-lieutenant dans l'un des régiments de ma division, le 10e de dragons, de sorte que je l'ai tout naturellement avec moi ; il est grand, bien portant et me donne toute satisfaction. Je vous présente, cher papa, ses tendres hommages, et moi, je vous embrasse de tout mon cœur, et vous remercie de votre exactitude à me donner de vos nouvelles. »

Voici maintenant le rapport au maréchal Bessières, que la division Grouchy était chargée d'éclairer :

Biezun (1), 20 décembre, huit heures et demie, 1806.

« Monsieur le maréchal, la reconnaissance que j'ai dirigée sur *Poniatowo*, village sur la rive gauche de l'*Ukra* en remontant la rivière, a trouvé l'ennemi occupant le pont et gardant en force le village. La reconnaissance a été chargée et obligée de se replier, ce qu'elle a fait en bon ordre et sans perte. Elle m'a en outre rendu compte que depuis *Biezun* jusqu'à *Poniatowo* il existe une ligne de feux considérables et qu'il paraît qu'il ne laisse pas que d'y avoir beaucoup de troupes dans cette partie.

« Dans les villages, d'ici à *Poniatowo*, il n'a pas été possible de se procurer d'autres renseignements, sinon sur la présence de l'ennemi à peu de distance ; le dire des paysans à cet égard a été unanime. En face du pont, on a tiraillé jusqu'à la nuit, quoique nos dragons ne ripostassent point. Le chef d'escadron *Dejean* m'a en outre rendu compte qu'au moment où il relevait ses postes à la chute du jour, il avait aperçu de l'infanterie ayant des sacs sur le dos. Un officier s'est même avancé et a crié aux nôtres en français : « A demain, messieurs les Français ! nous nous verrons ! »

« Qu'induire de tout ceci ? que le mouvement rétrograde n'est point prononcé et que nous sommes à peu près en contact avec l'aile droite de l'armée ennemie.

(1) Biezun est une petite ville du grand-duché de Varsovie sur la rive gauche de la Soldau et à 20 lieues nord-ouest de Varsovie.

« La reconnaissance envoyée sur *Radzanowo* n'est point encore rentrée ; je m'empresserai, monsieur le maréchal, de vous transmettre les données qu'elle aura recueillies.

« Celle envoyée du côté de *Rypin* est en marche depuis cinq heures; mais je n'en attends pas de nouvelles avant demain matin. »

Biézun, 21 au matin.

A M. LE MARÉCHAL BESSIÈRES.

« Monsieur le maréchal, l'officier que j'avais envoyé hier à Rypin vient de revenir. Il y a toujours sur ce point un bataillon du corps de M. le maréchal Ney, qui de sa personne est dans un château peu distant ; aucunes troupes françaises ne sont sur la route entre *Rypin* et *Biezun*, mais on attend à Rypin une brigade de dragons qui doit être portée aujourd'hui sur cette route.

« Dans tous les villages qui s'y trouvent depuis Biezun, l'ennemi était hier et venait seulement d'en partir quand ma reconnaissance les a traversés; il paraît que tous ces détachements se sont retirés vers l'Ucker et au delà, et que le mouvement rétrograde de l'ennemi est bien décidé. En face de moi c'est sur Szrensk qu'il s'est porté ; quelques hommes le suivent dans cette direction.

« Mes secondes reconnaissances sur *Radzanowo* et *Poniatowo* ne sont point encore rentrées. Je présume que l'ennemi occupe toujours les bords de l'*Ukraiwo* dans la partie de *Radzanowo*, aussi ai-je fait soutenir la reconnaissance ; mais je ne pense pas qu'il tente rien sur la droite de l'Ucker.

« J'aurai l'honneur de vous transmettre les rapports des deux reconnaissances qui sont dehors, dès leur retour.

« Le corps de M. le maréchal Ney est cantonné dans les environs de Rypin ; quoique vous soyez déjà sans doute informé de sa position, j'ai cru devoir entrer dans ces détails.

« Je vous ai envoyé trois déserteurs ce matin ; en voici trois autres qui confirment le contenu de cette lettre ; je profite de l'officier qui m'apporte la vôtre, monsieur le maréchal, pour vous l'envoyer. »

Biezun, 21, à minuit et demi.

AU MARÉCHAL BESSIÈRES.

« Monsieur le maréchal, la reconnaissance envoyée sur *Radzanowo* vient de rentrer. Cette petite ville est située entre le bras que forme dans ce point l'Ucker ; les ponts qui y conduisent, notamment celui de Dzrargi, ne sont point coupés, mais au contraire réparés de neuf et en bon état. *Radzanowo* n'est point occupé par l'ennemi ; il se tient au dernier pont sur la rive gauche de la rivière. Sur ce point il a trois escadrons de hussards noirs ; ils vont et viennent dans la ville, d'où ils tirent des subsistances et fourragent.

« Tels sont les renseignements que j'ai obtenus sur cette partie, où il ne paraît pas qu'il y ait beaucoup d'infanterie, et où il n'y a point passé de troupes en nombre à faire croire qu'il y ait un corps considérable entre Plonsk, Szronsk et Biezun.

« Je viens de faire reconnaître le moulin et les maisons d'où l'on a tiraillé sur nous jusques à la nuit; l'ennemi les a évacués il y a une heure, d'après le rapport des paysans de l'endroit, il a pris en se retirant la route qui conduit à Szronsk; deux escadrons de hussards, ou uhlans, et une centaine de fantassins composaient sa force sur ce point. Ces détails sont confirmés par trois déserteurs d'infanterie qui m'arrivent. L'ennemi a eu trois hommes blessés, dont un mortellement dans la tiraillade d'aujourd'hui. Je ne fais point réparer le pont où il a tenu, mais je vais envoyer quelques hommes sur le chemin de Szronsk, avec ordre de ne se pas compromettre et de voir seulement jusqu'où s'est replié l'ennemi.

« Je n'ai aucune nouvelle du côté de Rypin; il n'a pas paru d'infanterie française ici, ce qui me fait croire que les troupes de M. le maréchal Ney n'auront pas fait de mouvement dans journée d'hier.

« Je fais partir à quatre heures une nouvelle reconnaissance sur *Poniatowo* pour observer les mouvements de l'ennemi de ce côté, où il semblerait qu'il est plus en force que sur ma droite.

« P. S. Les hommes qui iront sur la route de Szronsk passeront au gué; le pont est coupé de manière à nécessiter deux heures de réparation pour être rétabli.

« Tous les rapports recueillis à *Radzanowo* annoncent que le gros de l'armée russe est à Pulstuk. »

Biézun, 21 décembre, huit heures du soir.

AU MARÉCHAL BESSIÈRES.

« Monsieur le maréchal, ma reconnaissance sur Rodzanowo est enfin rentrée, ainsi que celles envoyées pour la soutenir.

« Mes partis ont dépassé de plusieurs lieues Radzanowo, dont les ponts ne sont pas coupés, et les traces de l'ennemi ont été suivies au loin sur la route de Mlawa, où trois escadrons de hussards noirs se retirent. Ces hussards voulaient effectuer leur retraite par Biezun, mais, apprenant que nous l'occupions, ils ont rétrogradé et pris la route de Mlawa en passant par Radzanowo, Batowo et Leckowo. Ils ont coupé le pont sur la Melawka, petite rivière qu'on traverse en allant à Mlawa.

« La reconnaissance qui a suivi la route de Mlawa a appris qu'un bataillon de quinze cents hommes avec deux pièces de canon avait aussi passé là la Melawka, se retirant sur Mlawa.

« C'est probablement ce bataillon qui hier avait ses feux dans la partie de Ponatiowo.

« Enfin cette même reconnaissance rapporte qu'on lui a dit qu'un corps russe campait en arrière de Mlawa, mais qu'il était peu considérable.

« Les éclaireurs que j'avais envoyés sur Szronsk,

viennent aussi de rentrer. Ils ont occupé momentanément cette petite ville, dont, ainsi que j'ai eu l'honneur de vous le marquer, l'ennemi a coupé le pont; le détachement de deux cents chevaux est à la poursuite des deux cent cinquante hussards noirs; mais je commence à craindre que ce ne soit eux qui aient passé l'Ucker et pris la route de Mlawa.

« Ce détachement a, au reste, l'ordre de pousser jusqu'à Lubkowitz et environs, car il est bon de savoir en définitive à quoi s'en tenir sur ce qui reste sur ce point où le général Kahl avait son quartier général, et où il y avait de l'infanterie.

« Je reçois à l'instant votre lettre de ce soir, monsieur le maréchal; je m'occupe de réunir tout ce qu'il sera possible d'avoir en subsistances et fourrage pour le 10ᵉ régiment et la division Tilly, si elle arrive demain ici.

« Conformément à vos ordres, des patrouilles seront poussées durant la nuit sur la route de Radzanowo.

« Ayant appris vers trois heures que cinq dragons prussiens venaient de se montrer dans un village nommé Saldowo, d'où sortaient mes reconnaissances, (village situé à peu de distance du pont en avant de Biezun), j'y ai envoyé un parti; il s'est mis à la poursuite de ces dragons dont l'apparition m'avait frappé, puisqu'il n'avait encore paru en face de nous que des uhlans et des hussards; ces dragons n'ont pu être joints, mais on a su qu'ils se retiraient sur Dubrowa, où les attendaient quelques hommes de leur régiment, et tous ensemble ont gagné la petite ville de Kuesbrock, où l'on assure qu'un escadron des dragons de Manstein et quelques hommes d'infanterie légère sont récemment arrivés.

« On rapporte aussi que les uhlans qui sont encore à Ponatiowo ont reçu quelques hommes de renfort. »

Rapport du combat de Karnichen, le 23 décembre 1806.

« Monsieur le maréchal, la division que je commande se trouvait en position en arrière de Biezun, le 23 décembre à la pointe du jour; ayant reçu l'ordre de passer l'Ucker, elle s'est portée rapidement sur la rive gauche de cette rivière et s'y est réunie au premier escadron d'un de ses régiments, le 3e de dragons, qui y avait été envoyé pour soutenir nos avant-postes attaqués par l'ennemi.

« Le terrain où ma première brigade, aux ordres du général Roget, dut se déployer en débouchant du pont sur l'Ucker, forme une sorte d'entonnoir, dominé par le plateau où était placée la cavalerie prussienne. L'artillerie ennemie s'avançait en hâte pour foudroyer ma première brigade, qui n'était soutenue d'aucun autre corps de troupes à cheval; ma seconde brigade, en mouvement pour me joindre, n'avait pu encore arriver à raison de l'éloignement du point où elle se trouvait. Dans cette position délicate, un mouvement hardi et décisif pouvait seul rompre la ligne ennemie et nous rendre maîtres du village de Karnichen, que quelques dragons à pied et une centaine d'hommes du 6e régiment d'infanterie légère, seules troupes à pied que nous eussions, ne suffisaient pas pour emporter. Votre Excellence ayant prescrit d'exécuter ce mouvement, je chargeai le 6ᵉ régiment d'enlever le village en y pénétrant de front, par son avenue principale, et en le tournant par sa droite, tandis que le 3ᵉ régiment, abordant la ligne ennemie, devait l'enfoncer. Ce double mouvement, exécuté avec vigueur et précision, a obtenu le plus brillant résultat.

« Le brave chef d'escadron Remy, à la tête d'une partie du 6ᵉ régiment, est entré dans le village, a sabré et fait mettre bas les armes à l'infanterie qui le défendait, et, débouchant de l'autre côté de Karnichen, s'est élancé sur les escadrons prussiens que la charge du 3ᵉ régiment avait fait rétrograder de ce côté.

« Les enfoncer a été l'affaire d'un instant, et, continuant à fournir l'une des charges les plus vigoureuses et les plus prolongées qui puissent avoir lieu, le 6ᵉ régiment les a poursuivis jusqu'à un défilé qu'il a encore franchi, nonobstant le feu de l'artillerie et de l'infanterie chargées de protéger leur retraite : l'ennemi a été poussé l'épée dans les reins, près d'une lieue au delà, et nombre de hussards noirs et de uhlans sont tombés en notre pouvoir; le 3ᵉ régiment a soutenu les mouvements du 6ᵉ, et a été exposé assez longtemps au feu de l'artillerie prussienne.

« Le résultat des diverses charges et mouvements exécutés par la division est la prise d'un drapeau, d'un étendard, de cinq bouches à feu, dont un obusier, de deux caissons et de plus de cinq cents fantassins, hussards ou uhlans. Parmi les braves qui se sont le plus distingués, je dois vous nommer, monsieur le maréchal, le chef d'escadron Remy, du 6ᵉ régiment, pour lequel je prie Votre Excellence de demander le grade de major, et l'adjudant-major Mercier, qui, ayant eu son cheval tué sous lui, a continué à suivre son peloton à la course et à l'exciter par ses propos.

« Je me réserve de transmettre à Votre Excellence les noms des sous-officiers et dragons qui ont le plus valeureusement combattu et ont enlevé les étendards.

« La perte qu'a éprouvée la division a été peu considérable ; mais nous avons à regretter deux officiers, dont l'un, le capitaine Delaunay, emporte l'estime générale. »

Du 20 au 26 décembre 1806, la division Grouchy eut son quartier général à Biezun, et ne cessa d'envoyer des reconnaissances dans toutes les directions, principalement sur les routes de Rypin au sud-ouest, de Mlawa au nord-est. Elle soutint dans ces reconnaissances quelques combats et fit des prisonniers. Les Russes avaient un camp à Mlawa. Les corps des maréchaux Soult et Bernadotte s'étant rapprochés et ayant forcé le passage de l'Ucker, l'ennemi évacua le camp.

Le 4, Grouchy écrivit à son père :

« Voilà une nouvelle année qui commence, cher papa, et c'est d'une manière bien triste pour moi, puisque près de 500 lieues me séparent de toutes les personnes qui me sont chères ; les incertitudes sur l'avenir et sur l'époque à laquelle je me rapprocherai de ma patrie accroissent encore le mal que fait toujours l'éloignement. Croyez du moins que mes plus habituelles pensées, comme mes vœux les plus constants, ont pour objet mon retour près de vous, cher papa. La certitude que vous sentez péniblement mon absence, en accroît pour moi l'amertume, et rien ne saura me dédommager des privations attachées à ma position, personne ne peut autant les éprouver que moi, puisqu'il est bien peu de gens qui possèdent des parents et aient des relations de cœur aussi précieuses que les miennes. Recevez aussi le renouvellement de mes tendres sentiments au commencement de cette année ; puissé-je vous en consacrer quelques mois et n'être pas réduit, comme pendant la dernière, à n'être avec vous que des instants !

« Voilà quatre ou cinq jours que nous sommes en stagnation ; les Russes sont à peu de lieues de nous, mais nous demeurons tranquilles de part et d'autre. On appelle cette stagnation des quartiers d'hiver provisoires, et il est question d'en prendre de définitifs : mais je crois peu à cette nouvelle, et n'attribue qu'à la nature de la saison, qui est horriblement humide, et rend impraticables pour l'artillerie les chemins de cette portion-ci de la Pologne, l'inaction dans laquelle nous nous trouvons.

« Le 23 du mois passé, j'ai eu une affaire heureuse à Karnichen, près Biezun, contre les Prussiens, auxquels j'ai pris cinq cents hommes, cinq pièces de canon, deux caissons, deux étendards, etc. J'ai chargé ma femme de vous en transmettre les détails ; ainsi j'espère que vous les avez reçus, car je lui écrivis le lendemain même de l'action; c'était le début d'Alphonse, qui s'est bien montré au feu.

« On a eu dans le corps, sur notre droite, quelques engagements contre les Russes; mais il eût fallu une grande bataille, et malheureusement on n'a pas été à même de la livrer; aussi les affaires ne sont-elles pas avancées comme je voudrais, pour tant de raisons.

« Adieu, cher papa, recevez l'expression de mes tendres sentiments; conservez-moi les vôtres et faites-moi donner de vos nouvelles fréquemment : c'est un bonheur qu'une lettre dans l'isolement dans lequel je suis.

« J'embrasse mon frère, et vous prie de me rappeler au souvenir de ceux qui vous entourent. »

Le 8 janvier, Berthier fit connaître à Grouchy que l'empereur avait fixé les cantonnements de son armée.

Voici la dépêche du major général :

Varsovie, 8 janvier 1807.

AU GÉNÉRAL GROUCHY, COMMANDANT LA 2ᵉ DIVISION DE DRAGONS.

« L'empereur vient de fixer définitivement, général, les quartiers d'hiver de son armée.

« Votre division prendra ses cantonnements dans l'arrondissement affecté au 6ᵉ corps d'armée. J'en préviens M. le maréchal Ney, qui vous désignera les points que vous devez occuper en choisissant à cet effet les lieux qui offriront le plus de ressources pour les fourrages.

« Vous aurez soin, général, de me rendre compte de votre établissement définitif et de m'adresser l'état de vos cantonnements.

« En cas de mouvement offensif et improviste de la part de l'ennemi, les généraux devront ramener le cantonnement au chef-lieu de chaque brigade pour s'y tenir prêts et attendre des ordres de mouvement. »

La grande armée ne devait pas être longtemps tranquille dans ses cantonnements, d'ailleurs fort mauvais. Les armées russes étaient en mouvement et se rapprochaient des avant-gardes françaises.

La 2ᵉ division de dragons s'établit dans la Pologne Nord, du côté de Villemberg, au-dessus de Preuss-Eylau, dans un pays pauvre, ruiné, marécageux. La première brigade et l'artillerie furent cantonnées à Mlawa, sur la route de Pultust et du Bug ; la 2ᵉ (car la division était réduite à deux brigades), à Wallendorff. Grouchy avait son quartier général à Biezun, route d'Eylau.

Le 22 janvier, au matin, le général, qui était chargé de couvrir avec sa division le 6ᵉ corps (maréchal Ney), reçut de ce dernier des instructions pour modifier la position de ses troupes. Il répondit au maréchal, le 23 au matin :

« Monsieur le maréchal, j'ai reçu dans la nuit, et longtemps après celle du 22 que m'a rapportée un officier d'état-major, une lettre du général Colbert, qui me fait part que votre intention est que je prenne une ligne intermédiaire entre *Passenheim* et *Allenstein* vers Wuttrienen et *Balden,* afin de couvrir votre principale communication, et qu'il faut rester là jusqu'à ce que le mouvement rétrograde soit terminé; je change en conséquence les dispositions dont je vous avais rendu compte par ma lettre d'hier soir et je me porte avec ma division à *Wultrienen* et *Balden;* j'ai un escadron à *Passenheim,* un détachement à *Jedrabno* et un fort poste intermédiaire à *Schœnfelsdoy;* j'ai placé des escadrons à *Layss,* un régiment à *Balden* et le reste de ma division occupe *Wultrienen.*

« Le général Marcognet se rend à *Neidenburg;* il place un bataillon à Wallendorf et un à *Napinoden.* Le 76e régiment occupe *Neidenburg,* je me trouve donc entièrement séparé de lui par ma nouvelle division.

« Agréez, monsieur le maréchal, l'hommage de mon respect. »

Le maréchal Ney manda le lendemain, 23 janvier, huit heures du soir, à Grouchy, de Hohenstein, où était son quartier général :

« Je reçois à l'instant par votre aide de camp, mon cher général, votre lettre de ce jour, datée de Jedwana, par laquelle vous me prévenez que vous avez changé de position pour couvrir votre principale communication.

« Le général Dutaillis, d'après mes ordres, vous a écrit ce soir pour que vous alliez prendre position le 25 du courant sur les deux routes de Soldau et de Gilgenburg; je joins ici ces dispositions par duplicata; en conséquence, mon cher général, mettez-vous en mouvement demain, marchez par votre droite et établissez-vous le plus convenablement en arrière de Neidenburg, en laissant quelques escadrons en avant de cette ville sur les directions de Jedwana et de Janowa. Faites diriger vos patrouilles sur Chorzellen, afin de savoir si l'ennemi a passé à Ortelsburg pour marcher sur Villenburg et *Prasznitz*.

« Écrivez de ma part à M. le maréchal Soult au retour de votre aide de camp, pour lui faire connaître les mouvements de l'ennemi et ceux que je vous charge de faire; priez-le d'envoyer une brigade à Chorzellen jusqu'au 25 ou 26, époque à laquelle celle du général Colbert y arrivera. Je vous prie aussi de dire à M. le maréchal Soult, qui est à Prasznitz, par le sous-officier que que vous lui enverrez et qui passera par Neidenburg et Mlava, que votre lettre pour lui est partie longtemps après celle que je lui ai écrite ce soir.

« Une fois pour toutes, mon cher général, il ne faut plus vous séparer de l'infanterie, ou au moins ne la pas perdre de vue; c'est le seul moyen d'éviter ces petits échecs qui attaquent plus le moral de la troupe qu'ils ne lui font de mal réel; si le 3e hussards avait suivi ce principe militaire, il n'aurait pas perdu un seul homme. Je vous engage, dans le cas où vous auriez la moindre crainte dans votre position, à en partir de suite en donnant avis de votre mouvement au général Marcognet et en le prévenant de ma part qu'il se concentre à Neidenburg, ainsi que l'ordre le porte, et qu'il n'ait en dehors que des postes avancés sur les directions que l'ennemi semble menacer. »

En vertu de ces instructions de Ney, Grouchy quitta

Bischoffsburg le 22, pour se rendre à Passenheim, couvrant ainsi la brigade Colbert, qui avait ordre de le remplacer. Il était vivement harcelé par l'ennemi. Un escadron fut envoyé à Passenheim pour donner la main à la brigade Colbert. Il avait ordre de se replier au premier coup de feu et de n'engager aucune affaire, mais, surpris dans la nuit, attaqué de toute part par des Cosaques que conduisaient les paysans, il fut culbuté, résista avec beaucoup de vigueur, guidé et animé par son chef le commandant Rémy. Pour dégager son point de retraite coupé, il dut passer sur le ventre de l'ennemi. Cet escadron perdit deux capitaines, quarante-deux hommes et vingt-trois chevaux. Grouchy écrivit au général Colbert de Passenheim, le 22 :

« D'après votre lettre, mon cher général, je me suis rendu de Bischoffsburg, où j'étais fortement pressé par l'ennemi, à Passenheim, où vous devez également, m'avez-vous écrit, vous rendre ce soir. J'ai occupé *Gross Ranchen* tout aujourd'hui, pour couvrir votre marche. Je laisse en outre à Passenheim un régiment de dragons et un bataillon du 69°, afin de vous soutenir si vous n'arrivez que demain et êtes poussé. Ces troupes ne partiront de Passenheim que quand elles auront eu de vos nouvelles.

« J'occupe avec deux autres régiments de ma division la route de Passenheim à *Jedwabno*, éclairant la partie de Willenberg évacuée depuis longtemps par nous. »

Le 24 janvier, le maréchal Ney, qui méditait un coup que l'empereur ne l'avait pas autorisé à tenter, envoya au général, par son chef d'état-major du Taillis, de son quartier général de Hohenstein, les instructions ci-dessous.

On verra plus loin, dans une lettre de Grouchy à son père, ce que le général pense de cette tentative :

« Vous avez vu, mon cher général, par les mouvements de l'ennemi, qu'il paraît avoir de grandes forces, et son intention pourrait être d'attaquer le corps du prince de Ponte-Corvo.

« Le maréchal, comme vous l'avez vu, par la position de l'armée, conserve des forces à *Hohenstein* et désire de l'attirer de ce côté. Si, ce qui est présumable, nous étions forcés à une retraite, elle se ferait sur *Muhlen* et non sur *Neidemburg*.

« Si, ce qui n'est pas encore présumable, le général Marcognet était forcé d'évacuer *Neidenbourg*, il ferait sa retraite sur *Gilgenburg*, et dans ce cas vous feriez suivre son mouvement par deux de vos régiments, et avec les deux autres vous vous rendriez à Soldau, où se trouve le 39ᵉ régiment, et ce poste devrait être défendu avec toute l'opiniâtreté possible, afin de nous laisser le temps de faire un mouvement de flanc pour menacer l'ennemi de le couper.

« Dans ces suppositions, vous feriez sur-le-champ prévenir le maréchal Soult à Prasznitz, ainsi que le général d'Hautpoul qui est à *Strasburg* sur la Drovensch, avec sa division de cuirassiers. Vous l'engageriez à se rapprocher de nous, à moins qu'il n'ait reçu d'ordres contraires du prince de Ponte-Corvo, ou une autre destination. »

Voici la lettre du général à son père. Elle est datée de Neidenburg, 25 janvier 1807 :

« Depuis le 13 j'ai mené une vie bien pénible ; nous nous sommes portés en avant jusqu'à Bischoffsbourg pour rejoindre le corps du maréchal Ney, qui avait fait une pointe sur Kœnisberg et cela sans ordres de l'empereur, qui, loin de vouloir poursuivre, avait annoncé la prise des quartiers d'hiver. Il est résulté du mouvement du maréchal Ney, que les ennemis ont réuni des forces très-considérables sur ce corps, le plus avancé de toute l'armée, et quand de nouveaux ordres plus impératifs pour venir aux quartiers d'hiver sont arrivés et qu'on a commencé le mouvement rétrograde, l'ennemi nous a suivis et attaqués de toutes parts. J'ai perdu depuis huit jours plus de monde que dans tout le reste de la campagne, et nous ne sommes pas au bout de nos embarras. D'ailleurs, un mouvement rétrograde démoralise toujours un soldat français ; et puis, voilà la campagne recommencée au mois de janvier, et elle recommence alors qu'on n'est point en mesure, et que telle n'était pas la volonté du chef suprême. Je ne sais ce que l'empereur dira de la conduite du maréchal, mais je sais bien, moi, que je punirais sévèrement tels de mes subordonnés qui outre-passeraient mes ordres, même avec les meilleures intentions ; et certes, il ne faut pas chercher à démêler celles qui voulaient faire pousser jusqu'à Kœnigsberg. Enfin, jusqu'à ce que nos moyens réunis nous aient mis à même de reprendre l'offensive, nous serons dans une bien désagréable et bien mauvaise position.

« Ma santé se soutient, malgré ces fatigues et la saison, mais il n'en est pas de même du moral : l'incertitude de mon absence et des événements me tue. »

Le même jour, Grouchy envoya au maréchal Soult, toujours à Prasznitz, la dépêche suivante, qui indique parfaitement la position de la division et explique l'affaire de Passenheim.

On voit, par cette dépêche et par celle du maréchal Ney, que Grouchy était l'intermédiaire entre les corps de ces deux maréchaux, qu'il éclairait et couvrait l'un et l'autre.

Neidenburg, le 25 janvier 1807.

« Monsieur le maréchal, je viens de recevoir votre lettre en date du 24 janvier, et de transmettre à M. le maréchal Ney à Hohenstein celle que vous m'aviez chargé de lui faire passer.

« Ma division occupe maintenant Neidenburg et les routes de Hohenstein et de Gilgenburg.

« Hier, comme j'étais à exécuter le mouvement qui m'était prescrit pour venir ici, l'ennemi, avec des forces considérables en infanterie et en cavalerie, a attaqué l'escadron que j'avais à Passenheim et lui a fait essuyer quelque perte. Sur tous les points il reprend l'offensive d'une manière vigoureuse sur les corps de M. le maréchal Ney et de M. le prince de Ponte-Corvo; il paraît en outre qu'il s'avance avec des forces considérables.

« Je crois devoir vous transmettre, monsieur le maréchal, la situation des troupes composant le 6e corps à l'époque du 25 janvier ; elle vous fera connaître la position dans laquelle nous nous trouvons.

« J'ai envoyé ce matin une forte reconnaissance sur la route de Chorzellen, dont j'ignorais l'occupation par un escadron de la cavalerie du général Guyot ; si la division demeure à Neidenburg, j'aurai soin de me lier avec les troupes de Chorzellen ; mais le mouvement de l'ennemi est trop prononcé, monsieur le maréchal, pour qu'on puisse croire qu'il cesse de nous talonner avant une affaire générale.

« Dans le cas imprésumable où le général Morcognet serait forcé d'évacuer Neidenburg, il ferait sa retraite sur Gilgenburg, où je le ferais suivre par deux de mes régiments ; avec les deux autres je me rendrais à Soldau, où se trouve le 39ᵉ régiment, et ce poste devrait être défendu avec toute l'opiniâtreté possible, afin de laisser au 6ᵉ corps le temps de faire un mouvement de flanc pour menacer l'ennemi de le couper.

« Dans ces suppositions, il m'est prescrit, monsieur le maréchal, de vous prévenir à l'instant, ainsi que le général d'Hautpoul, qui est à Strasbourg avec des cuirassiers, et je l'engagerais à se rapprocher de moi, à moins qu'il n'ait reçu des ordres contraires de M. le prince de Ponte-Corvo, ou une autre destination. »

Le général ayant, dans la nuit du 29 au 30 janvier, reçu l'ordre du maréchal Ney, par le général Belliard, de faire un mouvement sur Malga, répondit au chef d'état-major du 6ᵉ corps :

Neidenburg, à minuit 31 janvier.

AU GÉNÉRAL BELLIARD.

« Je ne reçois qu'à l'instant, mon cher général, votre lettre du 28 janvier, deux heures après midi, par laquelle vous me prescrivez de me rendre de suite, avec la division, à Malga; cette lettre m'est envoyée par M. le maréchal Ney. J'expédie à l'instant l'ordre aux régiments que j'ai détachés et qui sont à quatre lieues d'ici, de me venir joindre le plus promptement possible; aussitôt leur arrivée je me mettrai en marche pour Malga; mais je dois vous prévenir que j'y arriverai tard, aujourd'hui 30, attendu qu'une partie de la division aura seize lieues à faire.

« Je vous préviens en outre que je n'ai avec moi qu'un caisson par pièce, et point de cartouches d'infanterie, celles que j'avais étant épuisées, et ma réserve d'artillerie ayant été envoyée extrêmement loin sur les derrières. Je lui donne ordre de me rejoindre le plus promptement possible; mais je vous prie de tâcher de me procurer des cartouches aussitôt que j'aurai joint le corps d'armée de Son Altesse.

« Plusieurs des points sur la route d'ici à Willemberg étant occupés par l'ennemi, je suis obligé de faire passer par Chorcelen l'officier porteur de la présente. Je vous en enverrai un autre à Willemberg, aussitôt mon arrivée à Malga, où j'attendrai des ordres supérieurs. »

Notre but n'est pas de faire, après les Mathieu Dumas, les Thiers et bien d'autres, l'historique de la campagne de 1807 en Pologne, mais seulement de dire la part que le général de Grouchy prit, avec sa division, dans les opérations difficiles et glorieuses qui eurent lieu. Il est donc urgent de jeter un coup d'œil sur l'ensemble général de la campagne, pour faire saisir la partition du général, dans ce concert compliqué.

On a vu que, le 18 janvier, l'armée française avait eu l'ordre de prendre ses quartiers d'hiver. Les divers corps de Napoléon s'établirent entre le Bug et la Vistule. Varsovie était le quartier général de l'empereur. L'ennemi avait sur la Vistule, entre Gaudents et Thorn, 15,000 Prussiens avec Lestocq; rejetée de Varsovie, la première armée russe avec Benningsen (55,000 hommes), à Dantzig; en Silésie et à Stralsund 50,000 hommes de garnison. Une seconde armée russe de 36,000 hommes avec Buxhœwden, marchait sur la Narew. C'est avec les troupes de cette armée que la division Grouchy avait eu maille à partir depuis le commencement de janvier. Une réserve russe de 40,000 hommes était en formation sur le Niemen, et les deux armées de cette puissance tendaient à se réunir sous le commandant en chef du feld-maréchal Kaminoskoï. C'était donc 200,000 Russes et Allemands qui allaient lutter contre les 200,000 de Napoléon. A la fin de 1806, Lestocq et Benningsen s'étaient mis en pleine retraite; mais à Ostrolinka sur la Narew, ayant connu la marche de Buxhœwden, ils suspendirent leur mouvement, et on profita de ce que les adversaires étaient encore séparés par le Bug pour reprendre l'offensive avec 100,000 hommes. L'armée ennemie revint donc sur l'Ucker et sur ses nombreux affluents, s'y retrancha pour se préparer une base d'opération et manœuvrer ensuite entre le Bug et la Narew.

Napoléon ne lui donna pas le temps d'agir. Il résolut d'attaquer dans leurs lignes les Prusso-Russes et il prit pour point objectif de ses mouvements Pultusk, quartier général de Benningsen, nœud des routes de Kœnigsberg et de Grodno.

La grande armée s'ébranla donc sous l'habile et vigoureuse impulsion de Napoléon.

Bernadotte se lia par la droite à Ney occupant Rypin. Bessières, Soult, Augereau formèrent le centre, et tous eurent ordre de se porter de front sur l'Ucker, tandis que Davout, Lannes, Murat pénétrèrent entre cette rivière et la Narew.

La division Grouchy contribua, à partir du 1er février 1807, à ce mouvement général et rentra le même jour sous les ordres du grand-duc de Berg.

Nous laisserons parler les rapports du général, sur les différentes affaires qu'il eut à soutenir presque chaque jour, à partir du 1er février 1807.

Voici ces rapports :

NOTICE RELATIVE A LA SECONDE DIVISION DE DRAGONS, A COMPTER DU 1ᵉʳ FÉVRIER AU 8 INCLUS DU MÊME MOIS, ADRESSÉE A SON ALTESSE IMPÉRIALE LE GRAND-DUC DE BERG.

Combat de Scheffelsdorf, le 1ᵉʳ février 1807.

« Monseigneur, la division, partie le matin de Malga, a rencontré l'ennemi en avant du village de Scheffelsdorf. Ses forces pouvaient s'élever à environ trois mille chevaux, plusieurs bataillons d'infanterie et quelques pièces de canons. Pour le chasser de la position qu'il avait prise, il fallait le débusquer d'une hauteur qui en était en quelque sorte la clef. Le 3ᵉ régiment a eu ordre d'enlever cette hauteur; le reste de la division le soutenait, formée sur trois lignes. Le 3ᵉ régiment a effectué sa charge, a chassé l'ennemi et l a poussé jusqu'au delà du ruisseau qui traverse Scheffelsdorf; mais, chargé à son tour par des forces supérieures, il a été obligé de se replier, ce qu'il a fait dans le meilleur ordre et sans être entamé. Le 10ᵉ régiment, qui traversait alors le défilé pour aller soutenir le 3ᵉ, s'est promptement formé et a fourni successivement trois charges qui ont été couronnées du plus heureux succès : la cavalerie russe a été culbutée jusqu'à la lisière du bois, et n'a pu se rallier que sous le feu de son infanterie, qui y était embusquée.

« Les résultats de ces charges ont été la prise d'une vingtaine de cavaliers et de deux officiers, une perte notable de la part de l'ennemi, et sa retraite, dans le plus grand désordre, sur Kosno et de là sur Allenstein.

Combat d'Allenstein, le 2 février.

« Monseigneur, la division a joint l'ennemi à un quart de lieue avant d'arriver à Allenstein ; il occupait les hauteurs qui dominent cette ville et commandent le défilé long et difficile que la division avait à traverser avant d'y arriver. A peine le 3ᵉ régiment était-il formé, que l'ennemi s'est avancé pour le charger avec des forces quadruples. Son attitude calme et fière a arrêté le mouvement offensif des Russes ; ils se sont bornés à pousser leurs tirailleurs en avant et à faire jouer leur artillerie. Celle de la division étant arrivée, a riposté avec succès ; les autres régiments ayant successivement franchi le défilé, se sont formés, et la division, en bataille sur deux lignes, ayant à sa droite la cavalerie légère du général Lassalle, a repris l'offensive.

« L'ennemi a été repoussé de toutes parts et rejeté dans Allenstein, qu'il a évacué peu après.

« La division a eu quelques hommes tués et plusieurs chevaux ; l'aide de camp du général Grouchy a eu son cheval emporté d'un boulet. »

Combat de Bergheim, le 3 février.

« Monseigneur, la division a formé l'avant-garde du maréchal Soult et s'est portée d'Allenstein sur Gutstadt par la rive droite de l'Alle; elle a joint dans sa marche les derniers traînards de l'armée russe; plusieurs officiers et soldats ont été faits prisonniers, et beaucoup de bagages enlevés à l'ennemi. Arrivés à hauteur du village de Spiegelberg, les fuyards qu'on poursuivait ayant quitté la route de Gutstadt pour aller passer l'Alle sur le pont de Bergfried, un détachement du 6ᵉ régiment a été poussé dans cette direction; il a rencontré en avant du pont un poste de quinze hommes d'infanterie russe qu'il a chargé et égorgé en totalité. Arrivé au pont, le feu de quatre pièces de canon et d'un bataillon l'a arrêté et forcé à prendre position. Le maréchal Soult, informé que ce point de Bergfried était fortement occupé par l'ennemi, a fait avancer de l'infanterie et la totalité du 6ᵉ régiment de dragons, laissant le reste de la division et de son corps d'armée en position à Spiegelberg. Un combat des plus meurtriers s'est engagé à Bergfried; le 6ᵉ régiment de dragons se précipita sur le pont et enleva le village à la baïonnette. La prise de plusieurs bouches à feu, de beaucoup de prisonniers et un carnage affreux de Russes ont été les suites du combat de Bergfried, auquel le 6ᵉ régiment de dragons a eu une glorieuse part.

Affaire de Schlitten, le 4 février 1807.

« Monseigneur, la division a passé l'Alle et a poursuivi l'ennemi dans sa retraite, qu'il a effectuée en combattant, quand la nature du terrain lui permettait de le faire avec avantage. Au débouché des bois, la division s'est déployée sur deux lignes; elle a soutenu les divers mouvements du corps d'armée de M. le maréchal Soult et est arrivée un peu en avant de Schlitten; la première ligne a entamé une charge qu'un ravin qu'on n'avait pu apercevoir a empêché de fournir; la division s'est alors rompue et a passé sous le feu de l'artillerie ennemie, le défilé à droite du moulin à vent de Schlitten. Sur ce point, elle a perdu plusieurs hommes et plusieurs chevaux. S'étant reformée après le passage du défilé, elle a pris position dans la plaine et a suivi les divers mouvements de l'armée.

Le 5 février.

« Cette journée s'est passée en marches dans la direction de Landsberg; la division a cantonné à Péterswald et Mavern. »

Rapport du combat en avant de Landsberg, Greinwald, le 6 février 1807.

« Monseigneur, j'ai l'honneur de rendre compte à Votre Altesse qu'arrivé à Sienken, je me suis porté rapidement en avant de ce village pour soutenir la cavalerie légère; je me suis formé, à cet effet, sur la droite de la route de Landsberg. Dans cette position, l'infanterie ennemie étant parvenue à repousser la nôtre et dépassant déjà ma droite, j'ai porté par un mouvement de flanc une partie du 6ᵉ régiment sur les derrières de l'ennemi, pour couper tout ce qui avait fait ployer mes tirailleurs, les dégager et les mettre à même de reprendre l'offensive. Ce mouvement a eu le plus heureux succès : une foule de fantassins russes ont été sabrés, un lieutenant colonel fait prisonnier ainsi que nombre de soldats.

« Dès lors mes succès sur la droite ont été constants; l'infanterie, appuyée de mes dragons, a constamment poussé l'ennemi; sur mon front, un pont qui se trouvait nécessaire à garder, l'a été par deux escadrons de dragons à pied; ayant reçu ordre de Votre Altesse de me porter en avant, j'ai pris position à gauche du village de Holl et par divers mouvements, j'ai appuyé ceux des cuirassiers de la 2ᵉ division.

« L'infanterie placée sur ma gauche étant écrasée par le nombre des ennemis, je me suis avancé à son soutien, et, m'établissant près d'elle, j'ai dû essuyer, à demi-portée de fusil, pendant trois quarts d'heure, le feu le plus meurtrier; mais la division, sentant l'indispensabilité de se maintenir sur ce pont, qui était la clef de la position de Iloff, qui eût été tournée, si notre infanterie eût ployé, a bravé une grêle de balles et déployé, dans cette circonstance difficile, l'inaltérable et froid courage qui caractérise le vrai soldat. Rien n'a pu l'ébranler, l'infanterie s'est maintenue : et un de mes régiments, porté à temps sur ma gauche, a arrêté une colonne de Cosaques qui allait me déborder dans cette partie. L'attitude de la division et ses divers mouvement, sont puissamment contribué, Monseigneur, à nous assurer les importants résultats de cette journée. Je ne puis donner assez d'éloges à la division, au général Milet et à tous les officiers.

« Ma perte a été considérable et ne pouvait manquer de l'être, exposés comme nous l'avons été au feu de l'infanterie pendant autant de temps ; j'ai à regretter le colonel Lebaron, tué d'une balle, et nombre de dragons. J'aurai l'honneur de vous transmettre l'état des tués et des blessés ; nous avons beaucoup de chevaux hors de combat. Parmi les officiers les plus méritants, je dois vous désigner, Monseigneur, le chef d'escadron Dejean, le capitaine Bouquevaux, du 3e régiment, et le capitaine Garavaque, du 6e ; j'ai l'honneur de vous prier de demander pour eux de l'avancement à Sa Majesté.

Combat d'Eylau, 7 février.

La division a traversé Landsberg et a suivi la route d'Eylau, sur laquelle était déjà le grand-duc de Berg qui harcelait l'ennemi. Les forces russes se trouvent réunies et en partie déployées sur les positions en avant d'Eylau ; la division s'est mise en bataille à hauteur de Grunhofschen et a eu à souffrir de la canonnade, qui lui a enlevé quelques hommes et quelques chevaux ; de Grunhofschen elle a marché sur Feninsken, où elle a soutenu l'infanterie de M. le maréchal Soult, qui se portait sur le village de Storkwest ; la division a bivouaqué dans ce dernier village pendant la nuit, après avoir encore fait divers mouvements.

Rapport de la bataille de Preuss-Eylau,
le 23 février 1807.

« Monseigneur, j'ai l'honneur de vous rendre compte que la division que je commande ayant reçu ordre de se porter à la droite de la position du cimetière de Preuss-Eylau, y est arrivée au moment où l'ennemi repoussait notre infanterie ; en conséquence, j'ai promptement fait former les premiers dragons qui débouchaient du défilé que nous avions à traverser pour arriver sur ce point ; à peine la première brigade a-t-elle été en bataille, que la charge a eu lieu ; la cavalerie ennemie a été enfoncée et repoussée.

Dans cette charge mon cheval a été tué, et je me suis cruellement trouvé froissé et tellement engagé sous lui que j'ai été longtemps sans pouvoir me débarrasser ; mais un de mes aides de camp m'ayant donné son cheval au risque d'être haché par l'ennemi qui nous talonnait, j'ai reformé la seconde brigade et l'ai portée au soutien de la 1re que la supériorité de l'ennemi obligeait à se retirer.

« Alors la 2e division de cuirassiers, étant arrivée

par la droite, a commencé à charger; ma seconde brigade, formée à sa gauche, a chargé avec elle l'infanterie ennemie, a traversé la première ligne russe, sabré une foule de fantassins et a fourni une des plus belles charges possibles. Toutefois, obligée de se reployer à raison du feu de la seconde ligne, je l'ai ralliée, et la division a chargé de nouveau avec la garde impériale; elle est arrivée sur les pièces et en a pris quatre. Après ces charges récidivées, la division a pris position en avant de la garde impériale à pied, a été exposée pendant plusieurs heures au feu de l'artillerie ennemie et même de ses tirailleurs. Mon aide de camp Fontenilles a été atteint d'une balle qui lui a percé la main, un grand nombre de dragons et de chevaux ont été tués par la mitraille. L'attitude de la division sous ce feu meurtrier a été ferme et fière, et elle n'a pas été ébranlée un instant.

« Sur le soir, Votre Altesse ayant ordonné qu'on chargeât sur les tirailleurs ennemis qui nous incommodaient, j'ai formé ce qui me restait de la division en trois portions, dont l'une les a chargés en flanc, tandis que la deuxième les attaquait de front et la troisième volait au soutien; cette charge, fournie jusque sur les deux légions ennemies qui se trouvaient masquées par un mouvement de terrain, a fait encore sabrer nombre de tirailleurs.

« Pendant le reste du jour, la division a continué à être exposée au feu de l'ennemi, qui n'a cessé de faire pleuvoir sur elle une grêle de boulets et d'obus.

« La perte que nous avons éprouvée est de plus de quatre cent cinquante chevaux tués ou blessés ; le chef d'état-major Fontaine a été atteint d'une balle. Alphonse Grouchy, mon fils, sous-lieutenant au 10e, a été culbuté en chargeant et foulé aux pieds des chevaux. J'ai eu mes habits percés de balles ainsi que le général Doumerc.

« Je ne puis, Monseigneur, donner trop d'éloges à la division en général, et en particulier à la conduite des généraux Milet et Doumerc, du colonel Dommanget, du chef d'escadron Berthelmy, du 10e régiment ; des chefs d'escadron Dejean et Delsalles du 3e, du chef d'escadron Dornier du 11e et de mes aides de camp.

« Je demande à Votre Altesse de l'avancement pour ces braves officiers et la décoration de la Légion d'honneur pour mes aides de camp Dupuy et Fontenilles, et pour le sous-lieutenant Carbonel, du 13e régiment, employé près de moi, qui dans cette affaire, comme dans toutes les autres, s'est particulièrement distingué. »

Le surlendemain de la sanglante bataille d'Eylau, Grouchy écrivit à sa femme :

« Depuis six jours nous nous battons journellement, et hier nous avons livré ici une bataille des plus sanglantes. Ma division a cruellement souffert ; j'ai eu mon cheval tué sous moi d'une balle ; il m'est tombé sur la cuisse, que j'ai eu presque cassée, et je me suis trouvé pris sous le cheval sans pouvoir me débarrasser. Dans ce moment nos troupes pliaient, de sorte que j'ai couru grand risque d'être haché par l'ennemi, qui en général massacre tout. Ce bon Lafayette, au risque de sa vie, s'est précipité de dessus son cheval, m'a arraché de dessous le mien, m'a forcé de prendre celui qu'il montait, et nous nous sommes retirés heureusement. Fontenilles a la main percée d'une balle. Ce pauvre Alphonse a été culbuté et foulé aux pieds des chevaux; mais heureusement qu'il n'a que des contusions. Enfin, depuis longtemps je n'avais assisté à une affaire aussi chaude ni à des combats aussi meurtriers que ceux que nous livrons depuis une semaine. »

Après la sanglante bataille de Preuss-Eylau, des partis de cavalerie légère russe, des Cosaques principalement, connaissant bien le pays, montés sur de rapides et sobres chevaux passant partout, sillonnèrent le pays. On avait évacué vers Villemberg, ville assez considérable et offrant des ressources, située sur l'Omulew, une partie des prisonniers faits le 7 février. Un de ces partis de Cosaques se présenta devant cette ville de Villemberg pour délivrer les prisonniers. Napoléon chargea Grouchy, dont il appréciait l'activité, et qu'il considérait comme un de ses meilleurs officiers de cavalerie, de la mission délicate d'éclairer et garder le pays; par son ordre le major général écrivit, le 14 février, d'Eylau, au commandant de la 2ᵉ division de dragons :

« L'empereur, général, est instruit qu'un parti de cavalerie assez considérable s'est présenté à Villenberg dans la journée du 12. En conséquence, Sa Majesté juge à propos que vous vous rendiez avec toute votre division de dragons à Heilsberg. En conséquence, je donne l'ordre au maréchal Davout de vous rendre la brigade que vous aviez envoyée à Donnau. Arrivé à Heilsberg, vous enverrez, dès demain, des officiers à Gutstadt, Seebourg, Allenstein, afin d'avoir des nouvelles de la cavalerie ennemie qui a passé le 12 à Villenberg. Votre objet est de protéger et de maintenir libres les routes par Lisptadt et Osterode et par Heilsberg, Gutstadt et Osterode, de manière à ce qu'elles soient à l'abri de toute incursion des Cosaques. Vous protégerez Allenstein et vous ferez promptement évacuer tous nos blessés sur Osterode et Thorn. Vous vous mettrez en communication avec le maréchal Lefèbvre, qui doit être à Osterode avec de l'infanterie et de la cavalerie, et avec le général Savary, commandant le 5ᵉ corps, qui était le 11ᵉ à Ostrolenka, etc., qui a dû se porter à Willenberg au premier bruit de l'apparition de l'ennemi. Le général Oudinot, qui était à Pultusk, a dû également se porter sur Willenberg le 13. Enfin tâchez d'avoir des nouvelles du général Grandeau, qui avait ordre de se tenir à Myszyerec avec deux bataillons du 111ᵉ et deux cents chevaux pour protéger l'Omulew. Vous aurez soin de correspondre fréquemment avec moi par des officiers que vous m'enverrez en poste, car il est bien essentiel que l'empereur sache ce qui se passe sur vos derrières. »

Grouchy partit le jour même avec sa division pour Heilsburg, à quelques lieues au sud-ouest d'Eylau, pour remplir la mission dont il était chargé. Le lendemain, 15 février, il écrvit de cette ville au major-général :

« J'ai l'honneur de rendre compte à Votre Altesse que je suis arrivé ce matin ici, avec une de mes brigades; la 2ᵉ va y arriver sous deux heures.

« Je n'ai encore recueilli que des données vagues sur la marche de la colonne qui a délivré les prisonniers russes à Villemberg; le commandant de Villemberg, le colonel Desnoyers, vous a d'ailleurs adressé hier un rapport à ce sujet.

« J'envoie à l'instant des reconnaissances sur Bischoffstein, et des officiers sur Gutstadt et Osterode. Aussitôt leur retour, je vous transmettrai le résultat de ce que j'apprendrai.

« Il y a ici une terreur panique de la colonne annoncée venant de Villemberg, qu'on dit forte de 600 Cosaques, de seize escadrons de cuirassiers et de 2 ou de 3,000 hommes d'infanterie, et qu'on prétend marcher sur Heilsberg. Tout ce qui se trouve de blessés dans les points environnants se réfugie en hâte à Heilsberg, qui est encombré de plus de 1,500 éclopés. Les moyens d'évacuation manquent; je fais l'impossible pour me les procurer.

« Un faible bataillon du 85ᵉ régiment arrive à Heilsberg venant d'Ortelsburg, d'où il est parti le 13 au matin; j'ai su par son commandant que le général Grandeau a évacué Méziniest le 10, et s'est porté à Lavedy. Je présume que c'est Zaveby qu'on veut dire.

« Ce commandant rapporte qu'on lui a dit que la colonne qui a marché sur Villemberg s'était ensuite dirigée sur Neidenburg; il dit aussi avoir été suivi, mais de loin, par l'ennemi. J'ai engagé ce chef de bataillon à demeurer à Heilsberg jusqu'à la rentrée de mes reconnaissances, attendu que si effectivement l'ennemi se portait sur ce point avec de l'infanterie, il serait bon que j'en eusse pour tenir à Heilsberg, jusqu'à l'évacuation des blessés. Je désirerais même que vous voulussiez m'autoriser à le garder jusqu'à ce que j'aie quelque chose de positif sur la marche de l'ennemi. Je ne sais si le colonel Desnoyers vous a rendu compte que l'officier que vous avez envoyé au général Savary n'était point passé et avait rétrogradé; mais sans doute que le général Savary aura été prévenu par le général Grandeau du mouvement de l'ennemi. »

En même temps qu'il expédiait cette dépêche à Berthier, Grouchy crut devoir en envoyer également une au maréchal Lefèbvre; la voici :

« Monsieur le maréchal, j'ai l'honneur de vous prévenir que je viens d'arriver à Heilsberg avec la division de dragons que je commande. Il m'a été prescrit de me mettre en communication avec vous, monsieur le maréchal, à l'effet de protéger et de maintenir libres les routes par Leibstadt et Osterode, et par Heilsberg, Gutstadt et Osterode.

« J'ose vous prier, en conséquence, de me faire savoir jusqu'où s'étendent, dans cette direction, les troupes du corps d'armée sous vos ordres. Je vous serai obligé de me marquer aussi ce que vous auriez appris sur la marche d'une colonne russe qui était le 12 à Willemberg, et dont il m'est ordonné de découvrir, s'il est possible, la direction.

« Permettez que je vous demande encore, par suite des instructions qui me sont données, si vous avez quelques renseignements du point sur lequel aura marché Savary, commandant le 5ᵉ corps, lequel devait arriver le 13 à Willemberg. »

Le jour suivant nouvelles dépêches de Grouchy :

« Heilsberg, 16 février 1807.

AU MAJOR GÉNÉRAL.

« Monseigneur, la reconnaissance que j'ai poussée sur Seeburg n'a pas rencontré l'ennemi dans cette partie ; il n'y a point paru depuis du temps ; cependant on y fabrique beaucoup de pain, et j'ai lieu de croire qu'on l'envoie de là à l'armée russe. J'ai envoyé une seconde reconnaissance sur Seeburg, elle rentrera dans la nuit : j'aurai l'honneur de vous faire part de ce qu'elle rencontrera.

« Ainsi que vous me l'avez prescrit, j'ai employé les moyens les plus énergiques pour assurer l'évacuation des blessés qui étaient ici. Il n'en reste plus que deux cents et quelques à Heilsberg, et j'ai lieu d'espérer qu'ils seront évacués dans la nuit.

« J'ai un escadron à Allenstein, et j'en ai un autre à Guttstadt. Demain je me rendrai dans cette ville et j'occuperai des points intermédiaires entre Heilsberg, Guttstadt et Allenstein, afin d'assurer l'évacuation de cette partie et de protéger les routes.

« Je n'ai point encore le rapport de l'escadron que j'ai à Allenstein; mais s'il me parvient avant que je quitte Heilsberg, je vous le transmettrai. J'ai reçu ce matin, à midi, l'ordre du mouvement de l'armée; je continuerai à éclairer ses derrières et son flanc droit, à assurer les communications et à vous faire part des renseignements que je pourrai me procurer. »

A peine la dépêche de Grouchy reçue, Berthier lui expédie celle-ci :

« Eylau, le 16 février 1807.

« J'ai communiqué à l'empereur, général, votre lettre du 16, à neuf heures du matin. L'intention de Sa Majesté est que vous vous portiez avec votre division à Guttstadt. Vous serez remplacé demain à Heilsberg par les divisions d'Hautpoul et Nansouty; elles vous appuyeraient à Guttstadt dans le cas où vous en auriez besoin. Ayez bien soin de vos blessés et protégez leur évacuation. »

Le même jour, 16 février, deux nouvelles dépêches de Berthier :

« Heilsberg, le 16 février 1807.

« De nouveaux ordres de Sa Majesté me prescrivent, Général, de faire évacuer, dans les vingt-quatre heures, tous les blessés qui sont à Heilsberg et de les diriger sur Osterode.

« Je m'empresse de vous faire part de cet ordre, afin que vous le fassiez mettre à exécution. Sa Majesté ordonne que l'on prenne de force tous les moyens de transport à plusieurs lieues à la ronde; je vous fournirai donc, soit en infanterie, soit en dragons, les patrouilles dont vous aurez besoin à cet effet; ne perdez pas un moment, je vous prie : la chose est d'autant plus urgente, que probablement je laisserai demain Heilsberg pour me porter sur un autre point, et que cette ville se trouvera découverte.

« Veuillez faire revenir tous les prisonniers russes, non blessés, d'ici à une heure, afin que je les fasse évacuer également par Osterode sur Thorn. Vous me ferez dire le lieu de leur rassemblement et leur nombre.

« Je vous charge de faire prévenir tous les officiers blessés qui sont ici, qu'ils aient également à en partir dans la journée. »

« Eylau, 16 février 1807, à minuit.

« Je vous préviens, général, que les Cosaques n'ont fait que paraître à Willemberg; leur but était de délivrer les prisonniers de guerre. La division du général d'Hautpoul arrivera dans la matinée à Heilsberg; elle y restera la journée. Quant à vous, l'intention de Sa Majesté est que vous fassiez battre tous les chemins avec votre division de dragons, pour tomber sur les Cosaques. Il paraît, d'après les rapports qui me sont parvenus, que, le 14, le général Suchet a dû être à Willemberg avec sa division. Ayez soin de me donner de vos nouvelles. »

Le général avait dans un des régiments de sa division un officier fort intelligent, le chef d'escadron Barthelemy. Il le chargea, par la dépêche ci-dessous, du soin de lui avoir des nouvelles de la fameuse colonne russe de Willemberg, et lui écrivit de faire évacuer les blessés :

« Veuillez, commandant, continuer à vous procurer, ainsi que l'a fait le capitaine Guérin, tous les renseignements possibles sur la marche, les mouvements et la force de l'ennemi, et notamment sur la colonne qui a délivré les prisonniers à Willemberg. Il est important de s'informer de ce qu'elle est devenue ; poussez de petites reconnaissances sur les routes de Wartenbourg, Passenheim et Ortelsburg.

« Tâchez de savoir des habitants du pays s'il est arrivé des troupes françaises à Willemberg, et par le retour de la reconnaissance que j'envoie à Allenstein, transmettez-moi la réponse à ces diverses questions.

« Vous êtes dans une position très en l'air à Allenstein ; mais je suis obligé de vous y tenir jusqu'à l'achèvement de l'évacuation des blessés, ayez donc soin de l'accélérer par tous les moyens possibles ; prenez de force des traîneaux dans les villages qui vous environnent, enlevez toutes les voitures, et, dès que les blessés seront évacués, reployez-vous sur Guttstadt. J'aurai toujours des patrouilles roulantes entre Guttstadt et Allenstein ; mais je ne puis trop vous recommander d'être sur vos gardes, et surtout d'achever dans le plus bref délai l'évacuation des blessés. Ainsi que je vous l'ai déjà marqué, d'Allenstein les blessés doivent être dirigés sur Osterode. Si la retraite sur Guttstadt était coupée, vous vous retirez sur Osterode. »

D'après les ordres qu'il avait reçu du major général, Grouchy se rendit à Guttstadt, et écrivit de cette ville, le 17 février 1807 :

« Monseigneur, j'arrive à l'instant ici ; on y avait annoncé pour cette nuit une attaque de la part de l'ennemi, qui devait venir enlever nos blessés et reprendre le canon pris sur lui, qui s'y trouvait. L'escadron que j'y avais envoyé hier a été toute la nuit à cheval ; rien n'a paru. Il en est, je crois, de cette alarme comme de celle que j'ai trouvée répandue à Heilsberg. Il me paraît constant qu'il y a seulement des Cosaques dans les bois environnant Guttstadt, et que ce sont eux qui donnent lieu à tous ces bruits.

« Ma reconnaissance envoyée hier de Heilsberg sur Seeburg est rentrée sans rien rapporter de nouveau ; les Russes n'ont pas paru sur ce point.

« Le rapport du parti que j'ai à Allenstein m'apprend qu'ils n'ont rien de ce côté. Des patrouilles ennemies, venant de Passenheim, se sont montrées à peu de distance d'Allenstein ; mais la route de Varsovie par Prasnitz et Mlawa n'a pas été inquiétée jusqu'au 16, date du rapport que j'ai de cette ville.

« A Wartenburg, l'ennemi ne s'est point montré ; il y avait encore, le 15 février, une compagnie de chasseurs français ; elle en est partie pour se porter j'ignore sur quel point.

« Je ne peux rien apprendre de positif sur la marche de la colonne russe venue à Willemberg ; je persiste à croire qu'elle fait partie du corps d'armée qui est en face du général Savary, et qu'elle ne s'en est séparée que pour venir délivrer les prisonniers dont elle aura su la fausse direction.

« Il me paraît aussi, d'après mes rapports, qu'il n'y a pas de troupes françaises à Willemberg, et je me persuade que MM. les généraux Savary et Oudinot n'ont pas marché sur ce point, soit qu'ils n'aient pas reçu les ordres de Sa Majesté, ou qu'ils aient été coupés par l'ennemi.

« Je vais m'occuper d'activer ici l'évacuation des prisonniers, ainsi que je l'ai fait à Heilsberg. Je fais également évacuer, d'Allenstein sur Osterode, tous les blessés.

« J'aurai l'honneur de vous transmettre demain, de bonne heure, le rapport de ce que j'apprendrai d'Allenstein, où j'envoie un parti, afin d'éclairer cette route, et me lier avec l'escadron que j'y ai et qui est un peu en l'air. »

« Guettstadt, le 17 février 1807.

AU MAJOR GÉNÉRAL.

« Monseigneur, les reconnaissances que j'ai poussées d'Allenstein sur *Wartenburg*, *Passenheim* et *Hohenstein* concordent toutes à rapporter que l'ennemi n'a que de faibles partis dans ces directions.

« Ainsi que vous me l'avez prescrit, j'éclaire la route d'Allenstein que j'occupe; j'ai ma division en échelons d'ici à cette ville, et je balaye tout ce qui chercherait à intercepter les communications.

« J'ai encore des reconnaissances sur divers points.

« Je suis à peu près sûr que M. le général Savary n'avait pas de troupes à Willemberg le 14, ainsi que vous paraissiez le croire par votre lettre du 16 à minuit, la dernière que j'ai reçue de votre Altesse. Le 13, les Cosaques ont chargé un détachement de chasseurs à cheval du 16e régiment, près Willemberg; ces chasseurs ont été recueillis par mes partis. Je les attends d'un moment à l'autre, et je vous ferai part de ce qu'ils sauront de M. le général Savary, avec lequel je n'ai pas encore pu me mettre en communication. J'ai fait évacuer tout ce qu'il y avait de blessés à Guttstadt, il y en reste peu pour le moment. J'ai en outre fait partir pour Osterode environ deux cents prisonniers russes, que j'ai ramassés de côté et d'autre. Il y a environ de quatre à cinq cents blessés à Allenstein, que j'ai beaucoup de peine à faire évacuer; on s'en occupe, mais les moyens de transport sont difficiles à se procurer. »

Des ordres pareils à ceux contenus dans la dépêche précédente du major-général furent expédiés, le même jour, au général par le chef d'état-major du grand-duc de Berg.

« Mon cher général, lui écrit-on de Landsburg, le 17 février au soir, le prince ordonne que vous battiez la campagne avec votre division sur la route d'Allenstein, pour tâcher de ramasser beaucoup de prisonniers qui se sont évadés et pour éloigner les partis de Cosaques qui pourraient se trouver sur la route ou dans les environs. Poussez des partis sur *Seeburg*, sur *Wartenburg* et sur *Passenhein*. Enfin agissez selon que vous le jugerez le plus convenable ; le prince vous laisse le maître de vos opérations, ayez soin seulement de faire, tous les soirs, un rapport et de l'envoyer par un sous-officier au général, qui sera demain à *Freymaskt* entre *Wormsdet* et *Heilsberg*, et après-demain à Liebstadt ; tâchez de vous mettre en communication avec le corps d'armée commandé par le général Savary, qui doit avoir ses troupes légères à Willemberg, ou peut-être à Passenhein.

« Je vous prie de me marquer de suite si vous avez des renseignements sur le corps du général Essen, qui, dit-on, a quitté la *Narew* pour rejoindre l'armée. Enfin, mon cher général, voyez, questionnez, et envoyez-nous tout ce que vous apprenez. Ayez la bonté de me dire chaque soir où vous serez le lendemain, afin que je puisse vous y envoyer les ordres du prince. »

Nous donnerons sans commentaires plusieurs lettres écrites à Grouchy, ou par lui, et se rapportant à la mission dont il était chargé, mission qui dura jusqu'à la bataille de Friedland :

« Guttstadt, le 18 au soir.

GROUCHY AU COMMANDANT BARTHELEMY.

« J'ai reçu, commandant, vos deux lettres et vous remercie des détails qu'elles contiennent ; veuillez dire à votre colonel de faire partir sur-le-champ un petit détachement pour *Passenheim*, afin que je sois informé demain 19, à mon arrivée à *Allenstein*, de ce qu'il peut y avoir de nouveau à *Passenheim*, et surtout si on y a entendu parler des troupes du général Savary, ou si seulement ces troupes sont à Willemberg.

« Il m'est spécialement prescrit de me mettre en communication avec le corps d'armée du général Savary; ainsi ne négligez aucun moyen pour savoir où il peut être; envoyez à cet effet quelques émissaires, s'il vous est possible de vous en procurer.

« Faites venir, pour la division qui arrivera tout entière à Allenstein, tout ce qu'il vous sera possible de vous procurer en vivres et en fourrages.

« Prévenez votre colonel que votre régiment fera un mouvement aussitôt notre arrivée, et qu'il se tienne prêt à monter à cheval vers midi ou une heure. »

GROUCHY AU GÉNÉRAL BELLIARD.

« Je vous préviens, mon cher Belliard, que je vais occuper aujourd'hui avec ma division *Grüsslinen*, *Hurken*, *Jederabno* et *Hohenstein*. Depuis votre lettre du 17 je n'ai pas de vos nouvelles, ce qui me met dans une grande perplexité, à raison du doute où je suis si je dois rester sur le flanc de l'armée, ou me rapprocher totalement du 5e corps aux ordres du général Savary.

« Son Altesse le prince de Neufchâtel m'ayant encore écrit, je lui rends compte directement. J'oublie de vous dire que j'ai un parti de cent chevaux sur *Ortelsburg* et

Willemberg; les communications sont libres, il n'a paru de ce côté que quelques Cosaques isolés.

« Mes chevaux sont dans un état bien triste, tant de fatigues que des suites de la pénurie des fourrages. Tous les jours il en meurt trois ou quatre, et si les circonstances ne permettent pas de prendre des quartiers d'hiver, certes nous n'aurons plus de cavalerie d'ici à un mois.

« Marquez-moi, dès que vous le pourrez, mon ami, si ma direction sera sur *Thorn*, ou sur *Varsovie*, je voudrais en être informé pour pouvoir diriger mes équipages vers l'une ou l'autre de ces villes.

« Mon quartier général sera ce soir à *Hohenstein*; demain ou au plus tard après-demain, je me porterai à Gilgenburg, à moins d'ordres qui me donnent une autre direction. »

« Gilgenburg, le 25 février 1807.

GROUCHY A SON PÈRE.

« Voilà bien du temps que je n'ai pu vous écrire, mon cher papa; mais depuis plus de trois semaines nous avons été constamment aux prises avec l'ennemi et les moyens de correspondre manquaient absolument. Toutefois j'espère que vous n'aurez eu d'inquiétudes que celles qu'il m'était impossible d'éviter aux personnes auxquelles je suis cher; car dès le soir même de la bataille d'Eylau j'adressai deux lignes à ma femme et lui recommandai spécialement de vous marquer qu'il ne m'était arrivé rien de bien fâcheux ; j'en ai été quitte pour un cheval tué sous moi, de fortes contusions et des balles dans mes habits.

« Ma femme vous aura sans doute dit le trait de dévouement amical de Lafayette, qui m'a relevé, arraché de dessous mon cheval, forcé à prendre le sien, et retiré par là de la cruelle position où j'étais.

« Alphonse a aussi couru des dangers, et a été culbuté dans la mêlée ; mais il ne se ressent plus de sa chute ; il n'en est pas de même de moi : j'ai éprouvé un tel contre-coup, que j'en ai maintenant la fièvre, qui, jointe à des douleurs rhumatismales dans la tête, m'obligent à garder la chambre depuis hier, que j'ai dû remettre le commandement de la division à mon ancien général de brigade et venir ici m'occuper de ma santé ; heureusement que l'armée est fort tranquille, et même cantonnée, ce qui me donnera le temps de me débarrasser de mes infirmités et de me soigner un peu ; une huitaine de jours de repos me remettront complétement, à ce que j'espère.

« C'est une terrible bataille que celle que nous avons gagnée à Eylau : toute la journée, j'ai été ou occupé à charger l'ennemi, ou exposé au feu de la mitraille et de l'infanterie. Ma division, depuis trois semaines, est réduite de moitié ; j'ai eu à Eylau trois cents et tant de chevaux hors de combat, deux de mes colonels de tués, Fontenilles blessé d'une balle qui lui perce le poignet, une foule d'officiers tués, et l'armée a perdu une énorme quantité de généraux ; mais l'ennemi a bien plus souffert encore ; le champ de bataille et beaucoup de canons nous sont restés, et la retraite des Russes derrière le Prigel constate leur défaite. Toutefois il est permis de dire, de cette journée, ce que le grand Frédéric disait après avoir vaincu les mêmes Russes : *Encore trois ou quatre victoires comme celle-là, et je n'aurai plus d'armée.*

« Qu'allons-nous faire maintenant ? qu'allons-nous devenir ? En vérité il est bien difficile de le dire ; l'état de stagnation où nous sommes donnerait pour ainsi dire lieu de croire qu'on négocie ; mais cependant la bataille d'Eylau n'est pas assez décisive pour qu'on puisse se livrer à cet espoir. Si les plans de l'empereur eussent été mieux exécutés, nous eussions obtenu bien d'autres résultats ; mais il y a eu des fautes, et point assez d'ensemble dans l'attaque. Depuis la bataille, j'ai toujours été aux avant-postes, et à peu près en vue de Kœnigsberg ; ensuite l'on m'a envoyé sur le flanc droit de l'armée, et, ainsi que je vous l'ai déjà dit, elle est maintenant cantonnée.

« Je vous remercie, cher papa, de la dernière lettre que vous m'avez adressée ; elle est bonne et tendre comme toutes celles que vous m'écrivez. Le vol que l'on m'a fait des effets que j'avais à Villette m'afflige moins pour moi que pour vous-même, qui vivez au milieu de bien méchantes gens. Vraiment vous devriez prendre plus de précautions, faire coucher quelqu'un dans le billard, et ne pas demeurer aussi isolé que vous l'êtes presque toujours ; je gémis de vous savoir dans une telle solitude.

« Faites-moi donner de vos nouvelles, cher papa ;

elles seront ma consolation et ma plus vive jouissance; on n'en goûte guère, d'ailleurs, quand on est au milieu des scènes de sang et d'horreur qui nous environnent.

« Recevez mes tendres embrassements, et croyez bien que, dans quelque position que je sois, vous êtes sans cesse présent à ma pensée et à mon cœur.

« Mille choses affectueuses à mon frère.

« P.-S. Alphonse et tout ce qui m'entoure se rappellent à votre souvenir. »

« Warlach Waltermuch, le 14 mars 1807 (près Guttstadt).

GROUCHY A SON PÈRE.

« J'ai eu avant-hier la satisfaction de recevoir de vos nouvelles, mon cher papa, et c'est une bien réelle jouissance dans la position dans laquelle je suis. Depuis que je ne vous ai écrit, ma santé s'est rétablie, et j'ai rejoint ma division, dont j'ai été absent pendant huit ou dix jours; heureusement que pendant ce temps-là elle n'a rien eu à faire. En général, depuis la sanglante bataille d'Eylau, il n'y a pas eu d'affaires importantes, seulement des engagements d'avant-postes. L'armée est le long d'une petite rivière qu'on nomme la *Passarge*. Le corps dont je fais maintenant partie est celui de M. le maréchal Ney; il est en avant de la *Passarge*, de sorte que nous sommes tout à fait en présence de l'ennemi. Nos vedettes se voient, et tous les jours il se tire quelques coups de fusil; cette position a cela de fatigant qu'elle nécessite la plus continuelle et la plus active surveillance. Aussi sommes-nous sur les dents, hommes et chevaux, et nous les avons bien longues, car nous sommes dans un pays entièrement ruiné par le passage et la présence d'armées énormes, et par les dévastations qu'elles traînent à leur suite.

« En tout, difficilement on peut se faire une idée des souffrances, des privations et des maux de tout genre qui nous assaillent, notamment les troupes à cheval. Ma division est fort affaiblie, étant une de celles qui a le plus combattu et marché. Elle n'est maintenant composée que de quatre régiments, dont voici les numéros : 4, 6, 10 et 11. Il y en avait six au commencement de la campagne ; mais, les régiments ayant reçu des renforts à Berlin lors de la revue de l'empereur, les divisions de dragons ont été réduites à quatre régiments. Deux de mes colonels ont été tués à Eylau, et ma division est réduite à peu près de moitié. A Eylau, j'ai eu environ trois cents chevaux hors de combat. Vous pouvez, d'après cela, juger si j'ai eu une active part à cette journée. Vous serez sans doute étonné de me voir tantôt avec le prince Murat, tantôt avec quelque général ; depuis la nouvelle organisation de l'armée (qui, à mon avis, n'est rien moins que bonne), l'infanterie et la cavalerie forment des divisions séparées, et celles de troupes à cheval sont envoyées tantôt d'un côté, tantôt d'un autre. Voilà ce qui fait les continuels changements qu'éprouvent les divisions de dragons. Il n'y a que les divisions d'infanterie qui restent toujours aux mêmes corps d'armée.

« Voilà bien des détails militaires, cher papa ; mais

comme vous me les avez demandés, je n'ai pu vous les refuser; sans cela j'eusse cru vous ennuyer.

« J'en viens maintenant à nos affaires particulières... »

Le reste de la lettre n'ayant aucune importance historique, nous le supprimons.

On se rappelle la belle action, le noble dévouement pour le général de Grouchy de l'un de ses aides de camp, M. de Lafayette, à la bataille d'Eylau. Mme de Grouchy ayant affectueusement remercié cet officier, par lettre, M. de Lafayette lui répondit de Waltersmühl près Guttstadt, le 21 mars 1807 :

« Le jour de la bataille d'Eylau serait, Madame, le plus beau jour de ma vie, si j'osais me flatter d'avoir sauvé celle du général Grouchy. Sa bonté pour moi a beaucoup exagéré l'importance du service que je lui ai rendu; je lui dois trop d'ailleurs pour pouvoir jamais m'acquitter envers lui; heureux de m'être trouvé à portée de remplir un devoir comme tout autre l'eût fait à ma place.

« C'est encore au général, c'est à la manière dont il a bien voulu faire valoir le peu que j'ai pu faire, que je dois la lettre pleine de bonté que je viens de recevoir de vous. C'est un titre de plus à ma reconnaissance, et celui-là est bien cher à mon cœur. Croyez, Madame, que je conserverai précieusement toute ma vie cette lettre qui m'impose de nouvelles obligations envers celui auquel je suis et serai toujours entièrement dévoué.

« Oserai-je vous prier de remercier en mon nom ces

demoiselles, de la bienveillance qu'elles veulent bien me témoigner dans leurs charmantes lettres au général.

« Veuillez agréer, Madame, l'hommage de ma respectueuse reconnaissance.

« G. W. Lafayette » (son aide de camp).

Voici maintenant deux lettres du général à son père, et une du jeune Alphonse à son grand-père :

Strasbourg en Pologne, 29 mars.

« Nous avons quitté les environs de Guttstadt et l'avant-garde, où tous nos chevaux mouraient de faim, attendu qu'il n'existe plus du tout de fourrages de ce côté-là, et on nous a envoyés ici pour nous refaire un peu de nos longues fatigues et de la continuelle activité dans laquelle nous sommes dans la division, depuis six mois ; malheureusement les instants de repos dont nous allons jouir ne seront pas de longue durée ; tout annonce, à qui a l'habitude des armées, que la position et les mesures prises dans la nôtre seront bientôt suivies de l'ouverture d'une nouvelle campagne. Avant quinze jours ou trois semaines nous sortirons, j'en suis persuadé, du bizarre calme qui a succédé aux orages d'Eylau et des journées qui ont précédé cette sanglante bataille. Telle est ma manière de voir ; puissé-je me tromper, car, malgré tout mon amour de gloire, j'aime bien la paix !

« De la misère et de dessus la paille où j'étais il y a

six jours, je suis passé dans une espèce de château, où je repose dans un bon lit, et j'écris du coin de la cheminée, les pieds sur les chenets, après avoir déjeuné avec du thé et dans une tasse de porcelaine. Quelle transition! »

« Strasbourg, en Pologne, 12 mai 1807.

GROUCHY A SON PÈRE.

« La poste me traite bien mal, mon cher papa, si elle ne vous a porté aucune de mes lettres depuis celle du 29 mars. Dans les premiers jours d'avril, je vous ai écrit; mais il ne faut pas vous étonner que deux ou trois de mes lettres vous manquent. Imaginez qu'une femme de mes amies m'en a écrit quatorze depuis la bataille d'Eylau, et que, de ces quatorze lettres, il ne m'en est parvenu que quatre. Dix sont perdues ou ont été supprimées.

« Cette même dame, que vous connaissez, cher papa, pour l'avoir vue une fois à Villette avec sa mère, m'avait déjà instruit de l'accident de Cabanis, et donné l'espoir qu'il n'aura pas de suites. J'avoue que, si je suis tranquillisé quant au moment présent, il n'en est pas de même pour l'avenir. Le genre de vie que mène Cabanis, la nourriture abondante et trop substantielle qu'il prend, la quantité de vins généreux qu'il boit, amèneront bien promptement de nouvelles rechutes, à moins qu'il n'apporte de grands changements à son régime. Dieu veuille qu'il en sente la nécessité, et s'impose les privations nécessaires! Il est un si bon mari, et un si constant mobile de bonheur pour ma sœur, que je lui suis attaché à cause d'elle et serais vraiment affecté de sa perte. Sa position changerait d'ailleurs d'une façon bien fâcheuse, car les six mille francs de pension, assurés aux veuves des sénateurs, s'ils la plaçaient dans un état au-dessus du besoin, ne lui assureraient pas de l'aisance. Espérons qu'elle conservera son mari et qu'il sera assez sage pour adopter une hygiène convenable à la nature de son tempérament, sur lequel une attaque d'apoplexie donne de fâcheuses lumières.

« Je vous remercie, cher papa, des détails que vous me transmettez sur la vente du poisson du grand étang; quelque calculateur que je sois sur tout ce qui peut améliorer ma fortune, laissez-moi vous dire que je désire et compte bien, d'ici à longues années, n'avoir point à faire de spéculations de ce genre.

« Vous ne manquez aucune occasion, cher papa, de me donner des marques d'attachement. C'en est une réelle, et à laquelle je suis extrêmement sensible, que d'avoir fait imprimer les divers rapports des affaires auxquelles ma division a eu la principale part. J'en recevrai avec bien du plaisir quelques exemplaires; mon seul regret est que ces rapports, rédigés pour la plupart sur le champ de bataille, se ressentent du tumulte au milieu duquel ils ont été écrits et de la précipitation de leur rédaction. A tête reposée, ils eussent été moins mal faits. Je vous engage à y joindre les derniers qui vous sont parvenus; je le désire d'autant plus, que dans les rapports officiels on n'a pas daigné dire un mot de ma division, qui cependant a eu à jouer un rôle aussi sanglant qu'actif dans tous les combats qui ont précédé la bataille d'Eylau.

« La même main qui a tracé le dernier bulletin que Sophie vous a fait passer, en a écrit plusieurs de ceux que vous avez déjà, cher papa, et par une timidité qui l'honore peut-être, mais que je trouve déplacée, elle a craint de vous les envoyer directement. Je suis bien aise de vous dire ceci, car je la tourmente afin qu'elle se détermine à correspondre avec vous sans intermédiaire, et si je puis l'y faire consentir, peut-être recevrez-vous à l'avenir plus souvent de mes nouvelles que vous n'en avez eu jusqu'à ce jour. Il me paraît impossible, assuré comme je le suis de la part que vous prenez à mon bonheur, que vous ne portiez pas un vif intérêt à une personne qui depuis sept ans a embelli ma vie de plus de félicité, qui m'a donné plus de preuves d'affection que je ne puis le dire, et à laquelle j'appartiens par des liens plus chers que ceux qui m'unissent à qui que ce puisse être. Si vous recevez une lettre de cette dame, cher papa, ne vous fatiguez point par une longue réponse : dites-lui seulement que vous aimez comme votre fille celle qui fait tant pour celui de vos enfants auquel vous avez prodigué de si constants gages de tendresse. C'en sera une nouvelle preuve de votre part, dont je serai profondément touché.

« Vous voulez donc savoir, cher papa, ce qu'est ma division. Elle ne s'est pas relevée des pertes qu'elle a faites dans tant d'affaires ; forte au commencement de la campagne d'environ trois mille chevaux, elle ne l'est plus que de quinze cents en ce moment. Il est vrai que j'en attends environ trois cents de Silésie; elle n'a d'ailleurs plus que quatre régiments, en voici les numéros : 3°, 6°, 10° et 11°. Quoique l'époque à laquelle l'Empereur distribuera des récompenses aux généraux paraisse encore ajournée, vous apprendrez cependant avec plaisir, cher papa, que le prince Murat m'a désigné comme un de ceux ayant le plus de droits à être nommé sénateur, ou à avoir le grand cordon. J'ai peu d'espoir d'obtenir l'une ou l'autre de ces récompenses, mais néanmoins je ne m'en réjouis pas moins de voir qu'on a songé à moi, ce qui me permet de croire que mes longs services finiront un jour par être récompensés.

« Voilà plus de quarante jours que nous sommes cantonnés et fort tranquilles. Je ne sais si des négociations occasionnent cette stagnation, ou si simplement on attend l'issue du siége de Dantzick, tant il y a que, quoique nous ayons assez de peine à vivre, le pays n'offrant plus aucune ressource, ce repos a cependant fait grand bien aux hommes et aux chevaux.

« Adieu, cher papa, je vous embrasse tendrement et vous aime de même.

« Alphonse, et tout ce qui m'entoure, se rappellent à votre souvenir et à vos bontés »

« Strasbourg, le 28 mai 1807.

ALPHONSE DE GROUCHY A SON GRAND-PÈRE.

« Depuis, cher bon papa, que je n'ai eu le plaisir de vous écrire, la division n'a plus été en présence de l'ennemi ; ainsi nous n'avons pas été exposés comme à cette époque. Elle avait tant souffert qu'on l'a envoyée sur les derrières, afin de la refaire. L'Empereur est venu il y a deux jours la passer en revue ; il a été très-satisfait de la tenue et de la manière dont elle a manœuvré, il en a publiquement témoigné sa satisfaction à mon papa en le comblant d'éloges. Il a fait beaucoup de nominations dans la division, et, contre mon attente, il m'a nommé avec infiniment de grâce lieutenant, aide de camp de mon papa ; je ne puis mieux vous en convaincre qu'en vous détaillant le fait. Sur la demande que mon papa lui en faisait, il répondit que cela avait beaucoup d'inconvénients, parce que souvent un général devait sacrifier les officiers qui l'entourent. Sur quoi mon papa s'étant désisté, il lui demanda mon âge, et alors il reprit : Il est encore jeune, je vous l'accorde afin que vous fassiez son éducation. Comme je ne doute pas du plaisir que vous fera mon rapide avancement, cher bon papa, je m'empresse de vous en faire part. Mais j'en suis si heureux que je ne m'occupe que de moi, tandis que je devrais m'informer de votre santé et de celle de mon oncle.

« J'espère que la vôtre est toujours bonne, du moins

le désir que j'en ai me le fait croire; quant à celle de mon oncle, je l'espère, s'il suit vos conseils.

« Je ne puis m'empêcher de revenir à la revue pour l'envisager sous un point de vue bien cher à nos cœurs. L'Empereur a été si satisfait et l'a tellement témoigné que je ne doute pas que ses éloges ne soient suivis de quelque récompense pour mon papa.

« Adieu, cher bon papa, je vous embrasse tendrement ; le courrier part à l'instant.

« Permettez que j'embrasse ici mon oncle. »

Le général voyait juste, en annonçant à son père la reprise prochaine des hostilités. Bientôt sa division reçut l'ordre de se porter en avant.

Pendant les mois de mars, d'avril et de mai, elle occupa successivement Guttstadt où nous avons laissé le quartier général de Grouchy, Altkirck, Groswitz, Strasbourg d'où sont datées quelques-unes des lettres du général, puis Osterode, Heilsberg et Preuss-Eylau.

La plupart du temps, la division se trouva dans des pays marécageux, boisés et offrant fort peu de ressources. Elle était le 12 juin à Eylau, sur l'emplacement même du champ de bataille où elle avait si brillamment combattu le 7 février, lorsque le général reçut l'ordre de se rendre auprès de l'Empereur, non loin de Friedland, pour recevoir ses instructions et prendre le commandement en chef d'un corps de la cavalerie en l'absence de Murat. Cette cavalerie eut la plus belle part à la victoire du surlendemain 14.

Laissons parler le rapport du général à Murat :

Rapport de la bataille de Friedland. 14 juin 1807.

A SON ALTESSE IMPÉRIALE LE GRAND-DUC DE BERG.

« Monseigneur, j'ai l'honneur de vous rendre compte que le 13 juin, vers minuit, je me suis rendu à Donnau avec la 2ᵉ division de dragons, pour y prendre, par ordre de Sa Majesté, le commandement de divers corps de cavalerie qui devaient s'y réunir à elle. A peine arrivé à Donnau, je me suis mis en marche pour le village de Georgenau, à l'effet de soutenir l'attaque que M. le maréchal Lannes devait effectuer avec la division Oudinot sur Friedland. Ma division a d'abord été placée à la droite des grenadiers réunis pour empêcher les Russes de nous déborder ; mais, voyant qu'ils faisaient filer vers leur droite de fortes masses de cavalerie, j'ai successivement fait passer le défilé de Posthenon à la 2ᵉ division de dragons et l'ai établie à gauche de ce village.

« L'ennemi manœuvrait de ce côté, dans le dessein de déboucher entre le village d'Henrichdorff dont il était maître et les bois qui se trouvent dans cette partie ; s'il y réussissait, il se plaçait sur les derrières de M. le maréchal Lannes et lui coupait la communication avec Georgenau. Pour parer à ses desseins, je me suis porté, avec la 2ᵉ division de dragons, dans cette trouée même, et ai contenu l'ennemi jusqu'à l'arrivée de la division Nansouty, qui s'est réunie à moi vers les sept heures du matin.

« Il était important, pour couper la retraite de l'ennemi sur Kœnigsberg et l'empêcher d'agir contre notre gauche, de s'emparer du village d'Henrichdorff, qu'il occupait avec de l'infanterie. J'ai, en conséquence, fait attaquer ce village par la 2e division de dragons, soutenue de la division Nansouty.

« Cette attaque, effectuée par les deux brigades Milet et Carrié, la première chargeant dans Henrichdorff, la seconde tournant le village, a été couronnée du plus grand succès. Le village a été enlevé ; quatre pièces de canon, six caissons ont été pris, ainsi qu'un bon nombre de fantassins. Une grande partie des soldats ont été sabrés sur le champ de bataille, et la cavalerie russe, placée sur le flanc du village, a été repoussée au loin.

« Maître d'Henrichdorff, j'ai pris position à gauche de ce village, me prolongeant dans la direction de Schwonau.

« Cependant les Russes, sentant la nécessité de maintenir leurs communications avec Kœnigsberg, avaient successivement réuni de grandes forces de cavalerie contre moi, elles s'élevaient environ à soixante escadrons. Ils avaient aussi amené de l'infanterie, et ils se déterminèrent vers les onze heures à essayer de me faire abandonner ma position et à reprendre Henrichdorff.

« J'arrivais en ce moment de l'aile droite, où l'on venait de combattre avec acharnement, de repousser l'ennemi, et où le colonel Gautherin venait d'être blessé. Sentant toute l'importance de conserver Henrichdorff, où d'ailleurs M. le maréchal Lannes m'ordonnait de rester au prix des plus grands sacrifices, je me déterminai à faire les charges les plus vigoureuses, afin de regagner le terrain qui avait été perdu, et de prévenir les desseins ultérieurs des Russes, qui, occupant le village de Schwonau, avaient envoyé plus de deux mille Cosaques sur mes derrières et me pressaient vivement sur mon front. Toute ma gauche avait été débordée, et l'ennemi portait une colonne vers Georgenau. Dans cette position difficile, je pris le parti de faire charger l'ennemi par une brigade de cuirassiers en flanc, et en queue, par la droite même du village d'Henrichdorff, tandis qu'avec ma division, les carabiniers et la 2ᵉ brigane du général Nansouty, je chargeais de front tout ce que j'avais en face et contenais ce qui menaçait mes derrières. Ces divers mouvements ont amené le résultat désiré, *quinze* charges successives ont eu lieu. Celle de la droite d'Henrichdorff conduite par le général Nansouty a été aussi brillante qu'utile ; les charges que j'ai fait faire de front nous ont mis à même de nous réunir à gauche d'Henrichdorff. Là une mêlée longue et sanglante a eu lieu ; les charges se répétaient avec la rapidité de l'éclair; enfin, la victoire nous est demeurée. L'ennemi a été repoussé, le village d'Henrichdorff a été conservé et j'ai repris position sur le plateau à gauche de ce village. L'ennemi ramenant constamment des forces en face de moi, j'ai rappelé de la droite les dragons bataves, et, ayant été successivement joint par les brigades de cavalerie légère des généraux Beaumont et Colbert, j'ai repoussé de nouveau tout ce que j'avais de Cosaques sur mes derrières et à ma gauche.

« L'ordre de bataille de l'armée arrêté par Sa Majesté l'Empereur m'étant parvenu, j'ai manœuvré de manière à occuper l'ennemi dont l'artillerie nous faisait beaucoup de mal et à l'empêcher de rien porter sur la droite de notre armée.

« Les divers corps de l'armée ayant successivement opéré leurs attaques, et le 8ᵉ corps, à la gauche duquel se trouvait la cavalerie, commençant la sienne, j'ai poussé de toutes parts l'ennemi, qui avait continué à chercher à déborder ma gauche et à me tourner; la brigade Beaumont a entamé contre les Cosaques et les troupes qui essayaient de me déborder une charge qu'ils n'ont pas jugé à propos d'attendre.

« L'ennemi en désordre s'est replyé en toute hâte sur l'Alle, qu'il a passé au Gué près Kloschewen, abandonnant une partie de son artillerie et de ses caissons; il était dix heures du soir; la cavalerie a pris alors sa position à gauche de M. le maréchal Mortier, ayant l'Alle devant elle.

« Je ne puis, Monseigneur, donner assez d'éloges à la division; elle a déployé la valeur la plus brillante dans les nombreuses charges qu'elle a fournies, et à l'attaque du village d'Henrichdorff, qui a été emporté par les 3ᵉ et 6ᵉ régiments. Les 10ᵉ et 11ᵉ régiments ont fait preuve d'une admirable fermeté dans un moment où presque tous les autres corps avaient été ramenés par l'ennemi. Seuls, ils sont restés inébranlables au milieu de la plaine; quoique environnés de toutes parts, ils n'ont pas fait un pas rétrograde, et par leur énergique attitude ils m'ont donné le temps de rallier deux régiments de cuirassiers et de ramener la victoire de notre côté.

« La division Nansouty a combattu avec non moins de valeur, et les autres troupes sous mes ordres se sont parfaitement montrées.

« J'ai l'honneur de joindre à ce rapport l'état des officiers de la division pour lesquels je sollicite des récompenses, auxquelles ils se sont donné des droits dans cette journée mémorable. »

Le 7 juillet, l'aide de camp Lafayette malade quitta son général pour retourner en France, portant pour le père du général la lettre suivante :

« Posen, 7 juillet 1807.

« Georges Lafayette qui retourne en France, mon cher papa, m'a promis de vous aller voir à Villette, et de vous porter de mes nouvelles. Je ne causerai donc point longuement avec vous aujourd'hui, le porteur de ces lignes devant vous donner plus de détails sur ma position et tout ce qui me concerne que je ne pourrais faire moi-même par écrit. Mais ce qu'il ne vous dira jamais assez, cher papa, c'est mon impatience de vous revoir, combien il me tarde d'être près de vous et des personnes qui me sont chères. Malheureusement je crains bien d'être condamné à passer bien du temps encore en Allemagne, et cette pensée me rend souvent triste et mélancolique, malgré les avantages et les agréments que me valent les campagnes de Prusse et de Pologne. J'en jouirais doublement si j'en jouissais près de vous, cher papa, auquel je dois les connaissances et les moyens qui me les ont valus.

« J'ai chargé Georges de vivement presser Mme de Grouchy de faire près de l'Empereur des démarches, ainsi que près du ministre de la guerre, afin de m'avoir une autorisation de rentrer en France. Puisse-t-elle y mettre assez de suite et de persévérance pour réussir, c'est le vœu le plus ardent que je forme maintenant.

« Adieu, cher papa, je vous embrasse tendrement et charge Georges de vous dire combien vous avez été présent à ma pensée et à mon cœur durant l'année d'absence qui vient de s'écouler. »

Le 15 juillet, un mois après la victoire de Friedland, le général, au comble de la joie du rôle glorieux qu'il avait joué à cette grande bataille, écrivit à son père pour lui faire part des récompenses qu'il avait reçues :

« Je ne veux pas perdre un moment, mon cher papa, à vous faire partager la joie que je ressens des preuves multipliées que je reçois des bontés de l'Empereur. Ainsi que je vous l'ai déjà écrit, il m'a décoré, il y a quelques jours, de la grand'croix de l'ordre du mérite militaire de Bavière ; ce matin je viens de recevoir la nouvelle qu'il m'a donné le grand cordon de la Légion d'honneur, et, en outre, un domaine en Pologne. Vous verrez tout cela dans les copies des lettres qui m'annoncent ces bonnes nouvelles, copies que je joins à ces lignes. La manière dont sont relatés les services qui me valent ces récompenses, est surtout bien flatteuse et vous causera sans doute, comme à moi, une vive joie. Ce que l'Empereur fait pour moi surpasse tout ce que je pouvais désirer et espérer ; je suis bien complétement dédommagé d'avoir attendu un peu longtemps.

« L'Empereur a aussi comblé de grâces et d'avancement tous les officiers de ma division ; on a fait pour elle le double de ce qu'on a fait pour les autres ; aussi mes compagnons d'armes se félicitent-ils beaucoup d'avoir été guidés par moi aux champs de l'honneur et de la victoire.

« Enfin, cher papa, comme une bonne nouvelle semble toujours devoir être accompagnée d'une autre, je viens d'avoir ordre de partir demain pour Posen ; c'est déjà un grand pas vers la France. Puissé-je bientôt y rentrer, me retrouver près de vous, vous presser contre mon cœur, et vous bénir de ce que l'éducation, les soins et l'amour paternels, dont vous m'avez donné tant de preuves, m'ont frayé les routes qui, pendant cette campagne, m'ont enfin amené à un beau complément de réputation militaire et à d'honorables récompenses.

« Dites, je vous prie, à mes sœurs, auxquelles je n'ai point le temps d'écrire, étant comme vous pouvez croire accablé de travail au moment d'un départ précipité, les événements heureux qui m'arrivent.

« Adieu, cher papa ; je vous embrasse comme je vous aime, et c'est bien de tout mon cœur.

« Permettez que j'embrasse ici mon frère, qui plus

que personne, j'en suis bien sûr, partagera toute ma satisfaction. »

Ici se termine le rôle de Grouchy pendant les campagnes de Prusse et de Pologne. Nous l'avons vu sur les champs de bataille du Nord ; nous allons bientôt le voir, au Midi, dans le péninsule espagnole, car il n'était pas dans sa destinée de rester inactif. Lorsque l'Empereur avait entre les mains un bon instrument, il ne le laissait pas rouiller.

Après Friedland, la division Grouchy marcha sur Posen, par Angerburg, Rastenburg, Ortelsburg, Jedwabno, Niedenboug, Soldan, Lauterburg, Strasbourg (en Pologne), Gallux, Thorn où elle séjourna le 29 juillet ; Posen où elle fut cantonnée le 16 août, après avoir passé la Wartha. Le 21 août, elle était à Landsburg, et le 27 août à Stargard.

Grouchy de sa personne suivit l'Empereur à Tilsitt. Là il retrouva le grand-duc Constantin qui avait pris de lui tant de soin lors de ses blessures et de sa captivité à Novi. Il voyait souvent le prince, avec lequel il échangea plusieurs lettres sans importance historique.

LIVRE NEUVIÈME

ESPAGNE

1808.

Récompenses accordées au général de Grouchy par l'Empereur, pour sa brillante conduite à Friedland. — Il est nommé grand-croix de l'ordre du Mérite de Bavière et grand-croix de la Légion d'honneur. — Décrets et lettres. — Le général est envoyé en Espagne. — Sa lettre à son père datée de Vittoria, 24 janvier 1808. — Situation de la Péninsule. — Grouchy pénètre en Espagne avec sa division (cavalerie du corps d'observation de l'Océan). — Sa correspondance avec le maréchal Moncey, commandant en chef et avec ses généraux. — 13 mars, Grouchy reçoit l'ordre de former l'avant-garde du corps de Moncey, avec sa division de cavalerie et celle d'infanterie de Musnier, de prendre le commandement de cette avant-garde et de s'avancer sur Madrid. — Marche sur Aranda, Burgos, Bosiguillas, Buytrayo. — Révolution à Madrid (19 mars). — Lettre relative à ces événements. — Ordre à Grouchy (22 mars) d'entrer à Madrid, dont il est nommé gouverneur. — Dispositions qu'il prend pour assurer le service. — Insurrection du 2 mai 1808. — Rapport de Grouchy sur cette affaire. — Lettres relatives au gouverneur de Madrid. — Affaire entre le général de Grouchy et le duc de Rovigo. — Envoi de Moncey à Valence avec une division. — Relation de cette expédition, faite à Grouchy par le général Musnier. — Grouchy gouverneur est chargé des dispositions à prendre pour la retraite de l'armée sur l'Ebre, à la fin de juillet et au commencement d'août 1808, à la suite de l'affaire de Baylen. — Sa correspondance avec Belliard, chef d'état-major général. — Il demande et obtient un congé d'un mois.

On a vu le beau rôle que le général de Grouchy avait joué, le 14 juin 1807, à la bataille de Friedland. Se trouvant, en l'absence de Murat, qui s'était porté avec Davout sur Kœnisberg, le commandant en chef de toute la cavalerie, il avait, dès le point du jour enlevé aux Russes leur poste retranché de Schwanzendorff, et, les chassant de ce village, s'était emparé d'une batterie et de trois mille hommes. Un peu plus tard, dans la matinée, à l'aide d'une retraite habilement simulée, ayant tendu un piége dans lequel l'ennemi était tombé et débouchant ensuite de Friedland, il avait rejeté un corps d'infanterie au delà de la Prégel, préparant ainsi la victoire.

Cette conduite glorieuse et la part qu'il avait eue au gain de la bataille du 14 juin, lui valurent, au bulletin de cette journée, la mention *d'avoir rendu des services importants.*

Le 30 juin, à Tilsitt, l'Empereur prit en faveur du général le décret ci-dessous :

NAPOLÉON, EMPEREUR DES FRANÇAIS ET ROI D'ITALIE,

« Voulant reconnaître les services qui nous ont été rendus dans la campagne de Pologne par le général de division Grouchy, nous avons résolu de lui accorder et nous lui accordons par ces présentes le domaine de *Nowawies*, département de Posen, pour en jouir, lui, ses héritiers et successeurs, en toute propriété, entendant que ledit domaine ne puisse être vendu ni aliéné par lui, ou ses héritiers et successeurs, sans notre autorisation, et autrement qu'à charge de remplacement en propriétés situées dans le territoire de notre empire, pour lesdites propriétés faire partie du fief qu'il est dans notre intention de lui accorder aussitôt que nous aurons jugé à propos de statuer à cet égard.

« La commission du gouvernement et notre commissaire près d'elle sont chargés de faire mettre en possession dudit domaine le général de division

Grouchy dans les huit jours qui suivront la notification des présentes. »

Le 1er juillet 1807, le roi de Bavière ayant mis des croix de son ordre à la disposition de l'Empereur, ce dernier jeta les yeux sur Grouchy pour un grand cordon, et le 2 juillet le général reçut de Tilsitt les deux lettres ci-dessous :

Tilsitt, le 1er juillet 1807.

« Je vous envoie, mon cher Grouchy, la lettre d'avis du major général pour la décoration de grand-croix de l'ordre de Mérite militaire de Bavière..... Je joins aussi la nomination de Millet à la Couronne de fer. Vous êtes proposé ce matin à l'Empereur pour le grand cordon de France ou le sénat..... Les négociations vont toujours très-vite; bientôt, j'espère, cela finira, et on saura ce qui est déterminé ; jusqu'à présent rien ne transpire. »

Tilsitt, le 1er juillet 1807

BERTHIER AU GÉNÉRAL GROUCHY.

« Je me fais un plaisir, général, de vous prévenir que le roi de Bavière ayant fait part à l'Empereur du désir qu'il avait de mettre à sa disposition quelques décorations de ses ordres pour les officiers auxquels Sa Majesté Impériale voulait témoigner sa bienveillance, l'Empereur vous a désigné, dans l'état qu'il adresse au roi de Bavière, pour la décoration de grand-croix de l'ordre du Mérite militaire de Bavière. J'écris en conséquence à ce souverain, et son ministre vous adressera l'ordre et les provisions. »

Quelques jours plus tard, le 14 juillet, Grouchy fut prévenu par la lettre ci-dessous, écrite de Kœnigsberg par Berthier, d'une nouvelle faveur de l'empereur Napoléon :

« L'Empereur, général, voulant vous donner un témoignage de sa satisfaction pour *les services que vous lui avez rendus, notamment à la bataille de Friedland*, vous a nommé, par son décret du 13 juillet, grand-cordon de la Légion d'honneur.

« Je m'empresse de vous faire part de cette preuve de la bienveillance de Sa Majesté, en attendant que M. le grand chancelier de Lacépède, chargé de l'exécution de ce décret, vous ait adressé votre lettre de nomination en cette qualité et envoyé le grand cordon. »

Un des biographes du général raconte que, sur le champ de bataille même de Friedland, l'Empereur décora Grouchy du grand cordon de la Légion d'honneur. La chose n'est pas probable; Grouchy l'eût mandé dans sa lettre à son père, lettre qu'on trouvera plus loin. D'ailleurs celle qu'on vient de lire de Berthier n'aurait plus eu d'objet et n'eût évidemment pas pu être écrite par le major général.

Ces faveurs successives comblèrent de joie Grouchy et les siens, et lui firent oublier les rigueurs de la campagne de Prusse. Il partit de Tilsitt pour revenir à Paris, après la paix; mais il ne tarda pas à recevoir de nouveaux ordres de service. Envoyé en Espagne, il rend compte de ce qui lui advint, dès son arrivée à Vittoria, le 24 janvier 1808, par la lettre suivante à son père :

« Nous voilà de nouveau bien éloignés l'un de l'autre, mon cher papa, et des bords de l'Oder, en Prusse, je me trouve jeté sur ceux de l'Èbre, en Espagne. Obligé de partir de Paris aussitôt après la noce de ma fille et sans avoir le temps d'aller seulement vous embrasser, je me suis d'abord rendu à Pau, département des Basses-Pyrénées. Là était ma brigade de dragons, et à Orthez, huit lieues plus loin, ma brigade de hussards. Je suis resté une semaine environ à Pau, chez le préfet, M. de Castellane, le propriétaire d'Acosta près Meulan. Il m'a accueilli comme un ancien ami qu'on est heureux de retrouver, n'a pas souffert que j'eusse d'autre maison que la sienne et m'a fait agréablement passer quelques instants, car Pau a une excellente société, à la tête de laquelle se trouvent MM. de Gontaud, Mme de Saint-Simon et autres gens de l'ancien régime. L'ordre d'entrer en Espagne étant arrivé, je suis venu avec ma cavalerie à Bayonne, où j'ai joint le maréchal Moncey, qui commande le corps d'observation des côtes de l'Océan; tel est le nom de l'armée dont la cavalerie m'est confiée. C'est la troisième qui passe les Pyrénées : la première est sous les ordres du général Junot, elle occupe le Portugal et a son quartier général à Lisbonne; la seconde, commandée par le général Dupont, occupe Burgos et Valladolid, en Espagne; la nôtre a son quartier général à Vittoria, et avec ma cavalerie je me rends à Logrono et Viana, sur les bords de l'Èbre; il y a vingt lieues d'ici, et je présume que nous n'y resterons pas longtemps, mais que nous nous porterons très-prochainement plus en avant.

« C'est un détestable pays à habiter que l'Espagne, surtout quand on y vient comme nous y venons, c'est-à-dire en amis ; on ne vous y traite rien moins que comme tels : on ne vous fournit rien, il faut tout acheter, et au poids de l'or. Enfin, toutes les privations et toutes les souffrances physiques nous assiégent ; elles me paraissent d'autant plus pénibles que ma position dans cette armée est aussi peu convenable que possible. Imaginez, cher papa, que toutes mes troupes se réduisent à deux petites brigades, une de hussards et une de dragons, qui réunies ne forment pas un total de dix-huit cents chevaux ; encore les hommes qui les montent sont-ils tous conscrits, qui n'ont pas les premières notions du métier. De sorte que je me trouve à la tête de la plus pitoyable et de la plus ridicule cavalerie qui ait jamais existé. Il est vrai qu'on ne se bat pas, et d'ailleurs l'Empereur m'a comblé de trop de récompenses, à la fin de la campagne dernière, pour que je ne me trouve pas satisfait de servir de telle manière qui peut lui convenir ; mais je ne puis m'empêcher de regretter mon ancienne division d'Allemagne, et surtout le repos, après lequel l'état de souffrance dans lequel je me trouve depuis du temps me fait vivement soupirer.

« Voilà bien des détails sur ma position, mon cher papa ; maintenant il faut que je vous dise combien je souhaite que vous m'en fassiez donner sur votre santé, vos affaires, tout ce qui vous intéresse ; dans mon exil, et c'en est un cruel que d'habiter l'Espagne. Les lettres sont ma seule consolation; faites que j'en reçoive de Villette, cher papa; elles sont toujours au nombre des plus chères à mon cœur.

« Alphonse doit être arrivé dans cet instant à Paris. J'aime à croire qu'il aura été vous voir. Je ne sais encore s'il me viendra joindre. Les intérêts de son avancement seraient qu'il me quittât pour repasser dans son régiment, pour y remplir les fonctions d'adjudant-major, ce qui lui assurerait le grade de capitaine au bout de dix-huit mois. Mais malheureusement il est à craindre que mon éloignement de Paris n'empêche l'effet des démarches que j'avais faites pour mener à bien cette affaire. Vous saurez du reste avant moi ce qui en est.

« Adieu, mon cher papa, je vous embrasse tendrement, ainsi que mon frère.

« Adressez-moi ainsi vos lettres :

« Au général G., commandant la cavalerie du corps d'observation des côtes de l'Océan, au quartier général à Vittoria, ou partout où il pourra être en Espagne. »

Après la paix avec les puissances du Nord, Napoléon avait tourné ses regards ambitieux vers le Midi. Il lui fallait la monarchie universelle. Son éternelle et implacable ennemie, l'Angleterre, debout dans son île, le bravait impunément. Il ne croyait plus possible de lui porter un coup direct, comme il avait voulu le faire en 1805; mais il espérait, par la destruction de son commerce, de ses comptoirs, atteindre les sources de sa richesse et ébranler son crédit. Il avait donc imaginé d'abord le système du blocus continental, et, croyant ensuite avoir conquis dans Alexandre un allié sûr, fidèle et fort, il résolut d'attaquer la Grande-Bretagne par le midi de l'Europe. Il fut encouragé dans ce projet par son nouvel allié, et il ne vit pas qu'en agissant ainsi, en se lançant dans cette aventure, qui fut si désastreuse pour lui et pour la France, il opérait la diversion la plus favorable et la plus avantageuse aux souverains de l'Europe, ses ennemis de la veille, qui pouvaient bien difficilement lui pardonner ses victoires et leur abaissement.

La conduite que l'Espagne et le Portugal avaient tenue au moment de la guerre contre la Prusse, favorisait le projet de Napoléon, en lui donnant un prétexte à peu près plausible pour chercher querelle aux souverains de ces deux pays.

En effet, au moment de la campagne dans le Nord, le faible cabinet de Madrid avait hasardé quelques démonstrations en faveur de la Prusse et de la Russie, mais dès les premiers succès le favori Godoï, prince de la Paix, s'était prosterné devant le vainqueur, et la cour l'avait imité.

Aussi Napoléon obtint-il facilement le passage, sur les terres du royaume espagnol, d'une armée destinée à détruire les comptoirs anglais de Lisbonne et d'Oporto. Bien plus, la cour de Madrid donna à l'Empereur la coopération de troupes espagnoles et consentit à jeter sur les côtes de la Baltique le corps d'élite de La Romana (vingt-deux mille hommes), pour combattre dans le Nord la puissance anglaise et soutenir la mesure du blocus continental.

Nous l'avons dit, la ruine des comptoirs anglais en Portugal n'était plus seulement le point objectif de Napoléon : il lui fallait la Péninsule tout entière; faisant valoir la nécessité de soutenir sa première armée, envoyée en Portugal, sous Junot, il obtint facilement de l'Espagne l'autorisation de réunir quatre-vingt mille hommes sur les frontières des Pyrénées, et, bientôt après, de faire pénétrer cette armée dans les provinces espagnoles.

Junot, le plus ancien aide de camp de Napoléon, formé sous ses yeux au grand art de la guerre, reçut l'ordre de quitter Bayonne, où il était avec vingt-cinq mille combattants (corps d'observation de la Gironde); le 18 octobre 1807, ce corps franchit la Bidassoa pour se porter sur Salamanque, où les trois divisions qui le composaient (de Laborde, Loison, Travot, cavalerie Kellermann) prirent leurs cantonnements au commencement de novembre. Dix mille Espagnols réunis sur le Minho, six mille sur le Tage et un pareil nombre à Badajoz eurent ordre de soutenir Junot.

Les Anglais envoyèrent une escadre avec le commodore Sidney-Smith au soutien du Portugal. Napoléon prescrivit à Junot de marcher droit sur Lisbonne. Junot exécuta cet ordre, il côtoya la frontière jusqu'au Tage, en répandant le bruit qu'il était chargé d'une expédition sur Gibraltar; puis, en cinq jours, il se porte à Alcantara, franchit le petit ruisseau qui sépare les deux royaumes et s'avança sur Abrantès, où son corps d'armée arriva après une marche pénible à travers un pays stérile et désolé. Junot et ses troupes, malgré une pluie incessante et des torrents affluents du Tage, débordés, se trouvèrent à Abrantès sans avoir rencontré un soldat. Le général en chef somma alors le gouvernement portugais de lui livrer Lisbonne. Le même jour, la flotte anglaise se présenta à l'embouchure du Tage, devant Lisbonne, dont l'entrée lui fut refusée, la cour ayant décidé de rompre avec le cabinet de Saint-James, dans l'espoir de satisfaire aux exigences de Napoléon, Sidney-Smith, furieux de cet acte de faiblesse, y répondit par des hostilités immédiates. Effrayée et placée entre deux dangers, la famille royale courut s'embarquer sur la flotte anglaise pour fuir au Brésil. En vain les Anglais voulurent, après le départ de la cour, organiser la défense, le conseil de régence vota l'entrée de l'armée française dans les murs de Lisbonne pour calmer l'effervescence populaire. Le 30 novembre, Junot pénétra audacieusement dans la capitale du Portugal, après une marche forcée, ayant laissé en arrière son artillerie. Les Anglais s'éloignèrent, et les divisions espagnoles, chargées de soutenir le corps de Junot, occupèrent le littoral.

Au moment où le 1ᵉʳ corps de la Gironde pénétrait en Portugal, un 2ᵉ, formé des divisions Barbou, Viel, Malhet et d'un corps de cavalerie, environ dix-huit mille hommes, sous Dupont, un des grands divisionnaires de la grande armée, passant la Bidassoa, se porta sur Valladolid. Un troisième corps, dit d'observation de l'Océan, sous les ordres de Moncey (divisions Mesnier, Morlot et Gobert), fort de vingt-huit mille hommes, pénétra dans les provinces basques, du côté de Burgos. La division de cavalerie attachée à ce corps, brigade de dragons Priré et brigade de hussards Wathiez, était sous les ordres de Grouchy.

Bientôt le prince Murat, grand-duc de Berg, beau-frère de Napoléon, vint prendre le commandement en chef de toutes les troupes dans la Péninsule.

Nous ne ferons pas ici l'histoire des événements qui se passèrent à Madrid et des causes qui engagèrent l'Empereur à faire envahir et occuper par ses troupes le royaume d'Espagne; nous n'avons d'autre but que de suivre pas à pas le général de Grouchy.

Le 2 janvier 1808, Grouchy, étant arrivé à Pau, écrivit de là au maréchal Moncey, son chef immédiat, encore à Bordeaux :

« Monsieur le maréchal, j'ai l'honneur de vous rendre compte de l'arrivée à Pau et Orthez des brigades de dragons et de hussards sous mes ordres. Les détachements de deux des régiments qui doivent compléter le 2⁰ régiment provisoire de dragons sont encore en arrière, mais arriveront très-incessamment. Le major la Nogarède, du 1ᵉʳ régiment de hussards, et qui est destiné à commander le 1ᵉʳ régiment provisoire, n'a pas encore joint. Les deux autres officiers généraux et supérieurs de la division sont à leur poste.

« Les plus grandes difficultés s'élèvent quant à la nourriture des chevaux et aux prix auxquels on est forcé de traiter pour cet objet. Ces prix sont dans une affligeante disproportion avec ceux assignés par le gouvernement à Pau ; les fournisseurs ne veulent donner la ration d'hiver qu'à trente-huit, sous et il n'en est payé que vingt-deux par le directeur ministre à Orthez; les régiments de hussards éprouvent plus de difficultés encore.

« Quant à l'instruction, la tenue, l'armement même, la division, ainsi que vous pouvez le croire, laisse tout à désirer. Son organisation n'est pas même complétement achevée et ne pourra l'être que lors de l'arrivée des détachements en arrière. Toutefois, secondé comme je le suis par les généraux Privé et Wathiez, j'espère que promptement les troupes acquerront une partie de ce qui leur manque.

« Après avoir rendu ce compte succinct, qui sera prochainement suivi de l'envoi d'un état détaillé des objets dont les brigades ont besoin, habillement, équipement et armement, permettez, monsieur le maréchal, que je vous témoigne combien je me félicite de l'avantage de servir sous vos ordres. Votre attachement et votre bienveillance m'ont été chers et précieux à toutes les époques, et c'est avec bonheur que je me vois placé de manière à pouvoir m'y donner de nouveaux titres. »

Quelques jours plus tard, le général, fidèle à son système de protecteur des officiers ayant servi sous ses ordres, écrivit au grand chancelier de la Légion d'honneur Lacépède :

« Vous m'avez promis, cher collègue, de présenter à Sa Majesté, lors de son premier travail, l'un de mes aides de camp, le lieutenant Carbonel, pour l'obtention de la Légion d'honneur. Quand je vous vis à Paris, je vous laissai une note explicative des titres que cet officier s'était donnés à cette décoration. Permettez que je vous demande instamment de les faire valoir, en ce moment surtout, où l'on m'assure que l'Empereur va s'occuper des récompenses de ce genre à accorder aux officiers d'état-major, récompenses qui ont été ajournées depuis Tilsit.

« Je compte, mon cher collègue, sur un intérêt particulier de votre part en faveur de Carbonel; il en est vraiment digne, et ma sobriété à vous faire des recommandations me permet de croire que cet officier ne sera pas mis de côté.

« Dans la 2ᵉ division de dragons, que j'ai commandée durant les campagnes de Prusse et de Pologne, les officiers d'état-major qui se sont le plus distingués, après mon aide de camp toutefois, sont MM. Crétin, aide de camp du général de brigade Carrié, et Mallet, capitaine adjoint à l'état-major. Je vous prie de les joindre à Carbonel, si un état des officiers de l'état-major de la 2ᵉ division de dragons les plus dignes d'être décorés, est demandé. »

Enfin, le 9 janvier, il manda de Pau à Moncey, alors à Bayonne :

« Monsieur le maréchal, j'ai l'honneur de vous accuser réception de vos dépêches en date des 6 et 7 janvier, et de la lettre confidentielle qui y était jointe.

« La division se mettra en mouvement le 13, ainsi que vous le prescrivez, et je me rendrai à Bayonne le 11, dans la journée, afin de passer quelques instants auprès de vous, monsieur le maréchal, et de vous renouveler de vive voix tous les sentiments dont j'aimerai toujours à vous entretenir.

« Le préfet des Basses-Pyrénées se propose aussi d'aller vous rendre ses devoirs.

« J'aurai l'honneur de vous rendre compte de l'affaire relative au capitaine Martin et au dragon qui a porté plainte contre lui. »

Les deux brigades de la cavalerie Grouchy étant entrées en Espagne par les provinces basques, celle des hussards du général Wathiez vint camper à Viana, où elle se trouva fort mal. Wathiez réclama à Grouchy, qui lui répondit de Logrono le 28 janvier :

« Le capitaine adjoint Fontenilles m'a remis votre lettre de condoléance, mon cher général ; je ne puis faire que Viana soit un bon endroit, que Logrono puisse contenir les deux brigades, et que les renseignements que me donne l'état-major général soient fidèles ; mais ce que je peux, c'est vous faire étendre davantage, afin que vous soyez moins mal. Je vous autorise donc à faire occuper, par un escadron ou deux, Los Arcos et par autant de monde Mandavia ; de telle manière, vous éprouverez moins de gêne et moins de privations. D'ailleurs, je vous envoie Fontenilles, qui, parlant la langue, prendra sur les lieux qui vous avoisinent les renseignements dont vous pouvez avoir besoin, et, d'après le compte qui vous sera rendu, vous vous étendrez de droite ou de gauche.

« Quant à l'instruction et à la discipline, il ne faut

pas qu'un mauvais établissement empêche l'une et nuise à l'autre. En obligeant les officiers de s'en occuper, en manœuvrant à pied tous les jours, en travaillant le maniement des armes, en ayant tous les jours, école de théorie pour les officiers et sous-officiers, votre brigade sortira bientôt de l'état de nullité dans lequel elle est sous le rapport des manœuvres, état dans lequel elle demeurerait, si on se persuadait ne pouvoir vaincre les difficultés résultant de la composition des régiments provisoires et de la position dans laquelle vous êtes.

« Sous deux jours, j'irai vous passer en revue, et prétends que vous manœuvriez ; prévenez-en les majors et les officiers, et que chacun étudie son ordonnance.

« Je vous recommande de faire travailler de suite au traitement de vos galeux ; avec un peu d'adresse vous trouverez moyen que ce soit aux frais des autorités locales ; on en est venu à bout ici. »

On voit que, comme le dit Grouchy à son père, les troupes mises à sa disposition étaient loin de valoir la belle cavalerie qu'il avait commandée en Prusse et en Pologne, et surtout à Friedland. Mais il ne mit que plus de zèle et d'ordre à former ses deux brigades.

Nous allons donner les deux lettres suivantes, écrites, l'une 3 février de Logrono, l'autre datée de Burgos 18 du même mois, et adressées au maréchal, parce qu'elles indiquent l'état des jeunes soldats français dirigés à cette époque sur l'Espagne et aussi l'attitude de la population à leur égard.

« Effectivement, monsieur le maréchal, les expressions dont s'est servi le commissaire des guerres Fages dans la lettre dont vous m'avez fait donner communication, sont déplacées ; mais sa conduite administrative est loin de mériter des reproches, on ne saurait avoir plus de zèle, plus d'activité et de meilleures manières.

« L'évacuation des couvents et leur transformation en casernes se sont faites à Viana, à Logrono et partout, par suite des ordres des autorités locales. Ce sont elles qui ont préféré y loger les militaires que les établir ailleurs. La force armée française n'a influencé en rien cette mesure.

« Le couvent où sont traités les galeux, à Naverette, a été également désigné à l'amiable, et la preuve la plus convaincante de l'harmonie parfaite qui règne entre les Espagnols et nous, et de leurs bonnes intentions à notre égard, est qu'ils ont consenti à faire traiter, soigner, médicamenter nos malades à leurs frais et par leurs propres chirurgiens ; de sorte, monsieur le maréchal, que, quand aucun établissement pour les galeux n'existait à l'armée, quand aucun de nos chirurgiens n'était arrivé, quand aucun médicament ne pouvait être fourni ou administré par des mains françaises, déjà les galeux de la cavalerie avaient un traitement commencé et recevaient des secours, par suite desquels ils sont à même de reprendre leur service sous huit jours.

« Le couvent où sont traités les galeux n'est d'ailleurs point un hôpital, mais une caserne comme les autres. Dans les hôptaux civils espagnols on a placé nos blessés et nos fiévreux. C'est là où le petit nombre de ceux de la cavalerie, nombre qui ne s'élève pas à une trentaine, a reçu jusqu'à ce moment des soins. Ces soins seront plus éclairés quand ils émaneront d'agents français ; mais, alors qu'il n'y en avait pas, faire traiter les malades, les fiévreux, les galeux était chose aussi avantageuse que difficile, et c'est ce qui a été fait ici.

« C'est par mes ordres, monsieur le maréchal, et toujours très-volontairement et de la meilleure grâce possible de la part des Espagnols, que la ration de paille a été un peu augmentée pendant les premiers jours du séjour ici ; comme il n'y avait aucune literie dans les écuries, il était désirable que cette ration fût plus forte, afin que la paille qui ne serait pas mangée servît à empêcher que les chevaux ne couchassent sur la pierre.

« Quant à la discipline et à la conduite des deux brigades, je n'ai que des éloges à leur donner ; deux ou trois rixes particulières, inévitables entre gens qui parlent des langues différentes, ont pu amener quelques voies de fait, mais les autorités locales en poursuivent les auteurs et ne déversent aucune espèce de blâme sur les Français.

« Soyez d'ailleurs assuré, monsieur le maréchal, que, partout où j'ai commandé jusqu'à ce jour, j'ai su maintenir l'ordre, ne souffrir que de bons procédés et diriger les esprits et les choses de manière à ce que la plus complète harmonie existât entre mes subordonnés et les habitants du pays.

« Votre aide de camp pourra entrer avec vous, monsieur le maréchal, dans des détails trop longs pour être insérés ici, mais qui vous prouveront qu'un tel état de choses existe dans l'étendue des cantonnements de la cavalerie, plus peut-être qu'en aucun des points de l'Espagne où se trouvent des troupes de Sa Majesté.

« Mille grâces de ce que vous voulez bien me dire de l'inspection dont est chargé le général Mouton. Je me féliciterai toujours que les troupes qui me sont confiées soient sévèrement examinées, surtout si c'est par des gens qui s'y entendent. L'état de l'instruction des régiments provisoires de hussards et de dragons, grâce aux mesures que j'ai prescrites, est parfaitement commencé, et a même droit d'étonner, quand on songe à la si nouvelle époque de leur formation, à l'espèce d'hommes qui la composent et aux obstacles de tous genres qui auraient pu la rendre nulle.

« Je désire sincèrement, monsieur le maréchal, que vos occupations vous permettent de venir bientôt en juger, et me mettent à même de vous renouveler de vive voix l'expression de mes sentiments et de mon attachement. »

« Monsieur le maréchal, puisque vous désirez un rapport par écrit sur l'incendie qui a eu lieu dans l'un des couvents de Logrono, le 8 du courant, j'ai l'honneur de vous le transmettre ci-après.

« Le couvent de la Sainte-Trinité, situé à cinq ou six cents pas de la ville de Logrono, et isolé de tous autres bâtiments, était occupé par quatre compagnies du 2ᵉ régiment provisoire de dragons, et par les moines qui avaient cédé à la troupe une partie de leur logement. Le 8 février, vers les minuit et demi, le feu se manifesta dans une chambre haute, près de la toiture. On ignore comment il fut mis ; les moines faisant souvent du feu dans le corridor qui règne dans cette partie de la maison, il paraît probable qu'il s'est communiqué de ce corridor à quelque pièce de bois : telle est l'opinion de beaucoup des habitants de la ville, sans que cependant la chose puisse être complétement prouvée. Le tocsin ayant été sonné, les dragons logés dans les autres parties de Logrono ont monté à cheval ; ceux de la Trinité ont évacué en hâte leurs effets, fait sortir leurs chevaux, et apporté tous les secours propres à arrêter les effets de l'incendie. Leur activité a été d'autant plus utile et plus remarquée, qu'elle contrastait davantage avec l'indolence des quelques habitants qui s'étaient portés sur les lieux, et se contentaient de regarder brûler la portion du bâtiment en feu, sans rien faire pour arrêter les progrès de l'incendie. Mon aide de camp, Carbonel, s'étant mis à la tête des dragons, est monté sur le toit, l'a fait couper en avant du feu, et est parvenu, en une heure, à l'éteindre.

« Environ le tiers de la toiture du couvent a été brûlé ; mais il n'a péri personne, ni moines, ni habitants, ni dragons : les effets détruits par suite de cet événement se bornent à des fusils cassés. Le zèle, l'activité, le dévouement dont nos troupes ont fait preuve dans cette occasion, ont pénétré les Espagnols qui en ont été témoins, d'étonnement et de reconnaissance.

Ils l'ont hautement témoigné, et notamment à mon aide de camp, et cet événement malheureux en lui-même n'a produit sur l'esprit des habitants aucune impression tendant à les aigrir contre nous, ou même à les faire nous voir de mauvais œil.

« Le 8, à sept heures du matin, la brigade de dragons a quitté la ville, et s'est mise en marche pour Burgos, emportant les regrets et l'estime des habitants de Logrono, dont les dispositions envers nous sont telles qu'on peut les désirer dans les circonstances actuelles. »

Le 18 février, le général manda au ministre de l'administration de la guerre, Dejean, ce qui suit :

« Mon cher ministre, le commissaire-ordonnateur Giroust du corps d'armée d'observation des côtes de l'Océan n'est point membre de la légion, et désire vivement en faire partie. Il m'a demandé d'appuyer près de vous son vœu à cet égard. Je le fais d'autant plus volontiers, en vous envoyant ici l'état de ses services, qu'aux époques où cet administrateur a été employé aux mêmes armées que moi, je l'ai vu se donner des titres à la publique estime, et faire preuve de zèle, de dévouement à ses devoirs. Enfin, j'ajouterai que depuis longtemps je lui suis attaché.

« Soyez assez bon pour me marquer ce qu'il peut espérer, et ne placez pas, je vous prie, ces lignes au rang des recommandations banales dont vous êtes si fréquemment assailli.

« Je compte trop sur votre attachement, mon cher général, pour n'être pas assuré de la peine que vous aurez à apprendre à combien de petits désagréments, et surtout de souffrances physiques, je suis en proie depuis mon arrivée à cette armée. Ma santé, déjà dérangée quand je quittai Paris, loin de se remettre, se délabre de jour en jour. Aussi j'attends bien impatiemment que les affaires soient arrivées au terme de leur développement dans ce pays, pour m'occuper d'une manière suivie et sérieuse de mon rétablissement ; alors, mon général, je réclamerai vos anciennes bontés pour l'obtention d'un congé de plusieurs mois, et dans le cas de refus, je vous prierai de solliciter de l'empereur mon remplacement : car autant il m'a coûté peu d'exposer ma vie pour le service de Sa Majesté sur un champ de bataille, autant je me sens hors d'état de demeurer plus longtemps à lutter contre des douleurs et des maux de tout genre, sans rien tenter pour y mettre un terme.

« Pardonnez, mon cher général, si je vous fais cette ouverture ; mais parlez avec le ministre de la guerre ; j'ai besoin de la voix d'un ami, pour qu'une telle demande ne me nuise pas dans l'esprit de l'empereur, et vous seul pouvez la faire, en y mettant assez d'intérêt et de détails pour que les termes de bienveillance d'autre part dans lesquels je me trouve maintenant placé, n'en soient point altérés.

« J'ai bien partagé, mon général, toutes les inquiétudes paternelles que vous aviez éprouvées dans ces derniers temps, et que j'ai appris par le général Cazals, que je vois souvent et distingue particulièrement. Recevez, à cette occasion, tout le tribut de ma sensibilité.

« Veuillez croire, je vous prie, à l'étendue de tous mes sentiments : ils sont tels que je vous le dois et que vous savez si bien l'inspirer. »

Le 13 mars, la division de cavalerie Grouchy reçut l'ordre de former, avec la division Musnier, l'avant-garde du corps de l'Océan, qui devait se porter immédiatement de Burgos sur Madrid, afin de s'emparer de la ligne des montagnes qui séparent ces deux grandes villes.

Le maréchal Moncey et Grouchy eurent la correspondance suivante :

Burgos, le 12 mars 1808.

MONCEY A GROUCHY.

« Mon cher général, d'après les ordres que je reçois, il est heureux que vous n'ayez effectué aucun mouvement ; mais vous avez tant de cavalerie à diviser en postes et détachements que je ne sais ce qui pourra vous rester.

« Enfin, vous devez réunir votre cavalerie demain, 13, et la porter de manière à marcher à la tête de la 1re division, qui partira d'Aranda, le 14, pour aller bivouaquer à une marche en avant sur la route de Madrid, la 2e et la 3e division suivant la 1re d'une demi-marche.

« Je serai à Lerma demain soir, peut-être à Aranda, d'où je vous adresserai les ordres ultérieurs. Mon chef d'état-major vous adresse ceux relatifs aux diverses escortes et détachements que votre cavalerie doit fournir. Ils sont extraits littéralement des ordres du prince. »

Lerma, le 13 mars 1808.

MONCEY A GROUCHY.

« Mon cher général, d'après les ordres que j'ai reçus de Son Altesse Impériale le grand-duc de Berg, et que je vous transmets littéralement, votre division doit être toute réunie demain, 14, ainsi que la 1re division, la cavalerie formant la tête, à une marche en avant d'Aranda, sur la route de Madrid. Les dix-huit pièces d'artillerie qui sont réunies, tant à Aranda qu'à Guniel, doivent marcher avec les deux divisions. Je vous prie de vous concerter à cet effet avec le général Musnier. Six pièces d'artillerie légère pourraient être attachées à votre division et marcher sous vos ordres; les douze autres pièces, marcher sous ceux du général Musnier, conservant une batterie de six pièces à sa réserve. C'est ainsi que j'adresse les ordres à l'officier qui commande cette artillerie. Si d'Aranda à Fresnillo de la Fuente le général Musnier trouvait la marche trop forte, je l'autorise à prendre position un peu en arrière, votre division occupant cet endroit. Le lendemain, il se rapprocherait de votre cavalerie, dont vous pourriez porter les avant-postes un peu plus loin, ainsi que vous le jugeriez convenable, suivant la situation du pays. Les ordres du prince, auxquels vous devez vous conformer, sont que le corps d'armée bivouaque, et que nous soyons en mesure de nous emparer, au premier ordre, des montagnes qui séparent Aranda de Madrid, et que si nous apprenions positivement la marche de quelques troupes espagnoles de Madrid, ou de quelque autre point, pour s'en emparer avant nous, nous ne devons pas hésiter à marcher pour les prévenir et à chercher à nous en emparer les premiers. J'ai envoyé un homme de confiance en avant de nous, et le plus rapproché possible de Madrid, pour épier si des troupes espagnoles faisaient quelques mouvements, et pour venir, à l'instant même, vous en rendre compte ainsi qu'à moi, le plus promptement possible.

« La 2ᵉ division sera demain, 14, conformément aux ordres du prince, à Aranda, et la 3ᵉ à Guniel. Elles seront en position de protéger votre mouvement. Je serai aussi de ma personne dans la matinée de demain à Aranda, et le quartier général doit y être rendu le même jour. Je vous prie de me mettre à même de connaître à mon arrivée les dispositions que vous aurez faites et, le plus tôt possible, les positions que vous aurez prises.

« Les ordres antérieurs vous ont suffisamment instruit des biscuits et des vivres que vous devez faire marcher avec vous. L'ordonnateur, par son rapport, m'annonce que vous avez seize mille rations de biscuit, indépendamment des quatre jours de vivres que vous devez prendre en quittant nos cantonnements ; on m'a de même rendu compte, que vous aviez à peu près e nécessaire en marmites et gamelles ; ainsi vous ayant dépêché un officier dès ce matin, je suis bien tranquille sur l'exécution des ordres que je vous transmets. Vous voudrez bien laisser à Hurubia un poste de huit hommes, pour pouvoir correspondre promptement. Je vous prie d'ailleurs, en cas de besoin, de me dépêcher en courriers extraordinaires des officiers, suivant que vous le jugeriez nécessaire. Je ferai payer leurs frais de poste, de même que j'aurai le soin de vous faire rembourser, ainsi qu'au général Musnier, l'argent que, dans cette circonstance, vous auriez jugé devoir débourser pour dépenses secrètes.

« P. S. Tous ces détails, mon cher général, n'étaient pas utiles pour vous; c'est sur la lettre du général Musnier, qui a une grande force d'infanterie comparativement, que je fais écrire votre lettre.

« J'apprends en ce moment, avec plaisir, que vous êtes en position de marcher. »

Burgos, 14 mars 1808.

GROUCHY A MONCEY.

« Monsieur le maréchal, j'ai reçu ce matin, à une heure, votre lettre du 13 mars. Les ordres qu'elle renferme vont être exécutés de la manière suivante : les dragons et six bouches à feu seront ce soir, à trois heures, à Fenestro de la Fuente, ainsi que les hussards; mais comme ce point n'offre que quarante maisons, je détacherai une partie de ces derniers à Bosquillo, une lieue plus loin, où je me rendrai de ma personne, afin d'être plus près de la montagne, et en même temps de vous transmettre les renseignements que je tâcherai de me procurer.

« J'ai encore un régiment de dragons en arrière, mais il me rejoindra dans la journée, au plus tard demain. L'éloignement de Ostesteban et autres cantonnements qu'il occupait hier, est cause qu'il n'a pu opérer encore sa réunion. Les vivres suivent avec quelque peine. Nous sommes peu de monde, et les chevaux sont fatigués; toutefois, comme il ne peut en être autrement, il faut prendre son parti de souffrir un peu, et c'est ce que nous faisons gaiement. Si nous ne faisons qu'un faible mouvement demain, le tout sera campé et en ordre.

« Je crois devoir vous faire part, monsieur le maréchal, des données que je me suis procurées sur l'état des choses à Madrid; sans pouvoir les garantir entièrement, elles me semblent cependant probables.

« Il paraît constant qu'il y a un grand mouvement à Madrid; qu'on a fait transporter en hâte l'artillerie qui était à Ségovie, au nombre de quatre-vingts bouches à feu environ, et qu'on y a réuni toutes les troupes qui se trouvent dans les environs, ainsi que les milices. D'après les *on-dit*, le nombre des troupes se trouve de trente à trente-cinq mille hommes. Il y a trois jours, aucune de ces troupes n'étaient parties de Madrid, pour se porter au-devant des Français.

« Ces détails sont donnés par des voyageurs. Il paraît qu'on enveloppe du plus de mystère qu'on peut les mesures qu'on prend. Les lettres particulières ne disent absolument rien.

« Aussitôt mon arrivée à Boseguillas, où je serai à quatre heures, je vous ferai part de ce que j'aurai appris, infirmant ou confirmant le contenu de la présente.

« Excusez, monsieur le maréchal, mon gribouillage ; je suis pressé de partir, afin de pouvoir vous écrire plus tôt. Je m'entends parfaitement avec le général Musnier et vous pouvez compter qu'il régnera dans toutes nos dispositions la plus complète harmonie. »

Aranda, le 14 mars 1808.

MONCEY A GROUCHY.

« Mon cher général, votre officier d'état-major m'a remis près de Guniel votre dépêche de ce jour; j'apprends avec bien du plaisir le concert agréable qui existe entre vous et le général Musnier. Le service de Sa Majesté ne peut qu'en être parfaitement assuré, et je ne doute pas que, si vous appreniez positivement la marche de quelques troupes espagnoles de Madrid ou de tout autre point, pour s'emparer des montagnes qui séparent Aranda de Madrid, vous n'hésiteriez pas l'un et l'autre à marcher pour les prévenir et vous en emparer avant eux. Ce que vous avez appris qu'il y a un grand mouvement à Madrid, qu'on y a fait transporter en hâte l'artillerie qui était à Ségovie, au nombre de quatre-vingts bouches à feu environ, et qu'on y a réuni toutes les troupes qui sont aux environs, ainsi que des miliciens formant, d'après les on-dit, une force de trente à trente-cinq mille hommes, laisserait préjuger quelques intentions hostiles et le projet peut-être de s'emparer des débouchés des montagnes d'Aranda à Madrid. Cependant, le corps du général Dupont étant en situation de venir les tourner, par Ségovie, il me semble que les Espagnols se compromettraient beaucoup, s'ils voulaient réellement s'opposer à notre passage; néanmoins, il est nécessaire de prendre toutes les précautions pour n'être pas exposés à ce qu'ils nous préviennent. M. de Tournon ne doit pas tarder à repasser, et vraisemblablement il pourra donner des nouvelles positives de Madrid. Faites en sorte que, dans ces vingt-quatre heures surtout, il ne puisse nous échapper en passant. Dans tous les cas, mon cher général, je me repose avec confiance sur vous, et vous fais mes amitiés.

« J'ai fait payer à l'officier d'état-major que vous m'avez dépêché sa course actuelle et celle qu'il a faite d'Aranda jusqu'à ma rencontre. »

Boceguillas, 16 mars, 7 heures du matin.

GROUCHY A MONCEY.

« Monsieur le maréchal, afin d'être à même de vous donner des nouvelles positives de l'état des choses dans la montagne, et des dispositions qui auraient pu y être faites, j'ai fait partir hier un sous-officier intelligent en poste pour Buytrago. Il a accompagné Lavauguyon, que j'ai prié de m'écrire de cet endroit et de me mander ce qu'il pouvait y avoir d'intéressant. Mon sous-officier est rentré dans la nuit. Il n'existe pas la moindre apparence de dispositions militaires dans tout le pays qu'il a parcouru; il a seulement trouvé à Somo-Sierra un brigadier et quatre hommes qui y ont été envoyés de Madrid, mais sans autres instructions, à ce que me mande Lavauguyon, que d'y attendre de nouveaux ordres.

« Il n'y a pas de troupes à Buytrago; il paraît, d'après le rapport, monsieur le maréchal, que si les Espagnols sont dans l'intention de s'opposer à notre passage dans la montagne, il n'y a encore rien de préparé à cet effet. Je me persuade donc que nous arriverons jusqu'à Madrid sans éprouver de rébellion.

« Le courrier venant de Lisbonne, qui a dû vous voir hier, vers les deux heures, a rencontré des bataillons se portant à marches forcées vers Madrid, dont ils étaient avant-hier, 14, à dix-huit lieues. Il évalue ce nombre à sept ou huit mille hommes. M. de Tournon vous aura sans doute donné des détails sur Madrid, vous en recevrez de bien positifs par Lavauguyon, qui revient bien incessamment.

« Enfin, Musnier y a envoyé un agent.

« Oserai-je vous prier, Monsieur le maréchal, de faire tenir à Son Altesse Impériale le grand-duc la dépêche ci-incluse, qui en renferme une autre.

« Nous vivotons, ici, et sommes reposés et réunis; mais nous avons si peu de monde, à raison des postes de correspondance et des détachements fournis, que les généraux de brigade se désolent. Comme il ne saurait en être autrement, je me borne à vous rendre compte que les deux brigades ne mettraient guère plus de neuf cents hommes en ligne.

« Soyez assez bon, Monsieur le maréchal, de me faire passer quelque argent en monnaie d'Espagne, pour subvenir aux dépenses particulières que vous m'avez marquées devoir rembourser. Je ne puis m'en procurer ici. »

Boceguillas, le 17 mars 1808.

GROUCHY A MONCEY.

« Monsieur le maréchal, j'ai l'honneur de vous accuser réception des ordres de ce jour que me transmet le chef d'état-major général.

« Demain, la division de cavalerie occupera Somo-Sierra et Robregado. Mon quartier général sera dans ce dernier village, où je placerai aussi, en raison des localités, les deux cents hommes d'infanterie que vous avez mis à ma disposition. Après-demain, 19, je me porterai dans la journée à Buytrago et ferai reconnaître Cavanellas.

« J'instruis le général Musnier de ces dispositions, afin d'en être soutenu, au besoin.

« J'aurai l'honneur de vous rendre compte de tout ce que je pourrai apprendre, et ne négligerai aucun moyen de me procurer des renseignements.

« Tous nos chevaux pourront être bien logés à Boceguillas et vous y serez bien moins mal, Monsieur le maréchal, qu'à Ourabia.

« Soyez assuré de tous mes soins pour que la conduite des troupes ne puisse nous aliéner l'esprit des habitants. »

Boceguillas, le 17 mars 1808.

GROUCHY AU GÉNÉRAL MUSNIER.

« Je te préviens, mon cher ami, que par suite des dispositions que prescrit le maréchal, je me porte demain, 18 mars, à Somo-Sierra, où sera la brigade de dragons, et à Robregado, où je place les hussards et où je serai de ma personne.

« J'emmène avec moi les deux cents hommes d'infanterie légère que tu m'as envoyés aujourd'hui.

« Le maréchal me recommande de me concerter avec toi : en conséquence, je te prie de faire occuper les trois petits villages de Larades, Villarejo et Voserevo, afin que je puisse en être soutenu, au besoin. Je ne pense pas qu'on songe à nous disputer le passage, ou à nous inquiéter, mais toutefois il est toujours bon de faire les choses en règle. D'après la connaissance que j'ai des localités, je crois que ton quartier général serait bien à un couvent auprès de la Venta, où je laisse une partie de mon artillerie.

« Je t'écrirai dès que je serai arrivé à Robregado, et je te ferai part de ce que j'aurai appris. »

Robregado, le 18 mars 1808.

GROUCHY A MONCEY.

« Monsieur le maréchal, ainsi que j'ai eu l'honneur de vous l'annoncer hier, la division des troupes à cheval occupe aujourd'hui Somo-Sierra et Robregado. Une partie de l'artillerie est restée à la Venta ; le surplus est à Somo-Sierra. Demain 19, j'occuperai Buytrago et quelques villages environnants.

« Vous aurez su, par l'aide de camp Lavauguyon de Son Altesse Impériale le grand-duc de Berg, l'état des choses à Madrid.

« L'officier d'état-major espagnol qui a dû vous joindre à Boceguillas, vers les midi, aura achevé de vous donner la mesure des dispositions dans lesquelles on est à notre égard. Je n'ai rien à ajouter à ce que vous aurez appris de ces deux côtés. Je n'ai trouvé d'autres troupes que quatre cavaliers espagnols à Somo-Sierra. Aucune disposition défensive n'existe, et je ne pense pas que d'ici à Madrid il en soit rencontré.

« Le bruit est généralement répandu que le prince des Asturies, et peut-être même le roi d'Espagne, iront au-devant de l'empereur. Je ne sais cependant quel degré de foi il faut ajouter à cette nouvelle.

« J'aurai l'honneur de vous écrire demain, en arrivant à Buytrago ; ici comme à Somo-Sierra il a été trouvé un peu de paille, quelques ressources en vivres, et en général assez de bonne volonté parmi les habitants. »

Murat, grand-duc de Berg, venait d'arriver, avec le titre de lieutenant général du royaume et de commandant en chef de l'armée. L'empereur était en route lui-même pour Madrid, et le roi Ferdinand allait se porter à sa rencontre à Bayonne.

L'ordre vint au maréchal Moncey de porter son corps, dit de l'Océan, sur la capitale de la Péninsule.

Le 19 mars, il écrivit de Buytrago à Grouchy :

« Monsieur le général Grouchy, l'avant-garde du corps d'armée sera composée de votre division de cavalerie, et de la 1re division d'infanterie commandée par le général Musnier ; l'empereur ordonne que vous en preniez le commandement. Son Altesse Impériale le grand-duc de Berg me transmet que son intention est que l'avant-garde soit campée par brigades, en échelons, à la distance d'environ une lieue. Je vous prie de la placer en avant de Buytrago ; mais il est expressément défendu de porter, jusqu'à nouvel ordre, aucune troupe en avant de Cavanillas. Il est nécessaire de profiter du séjour qu'il me paraît que l'avant-garde doit avoir pour travailler à la propreté des armes et à la tenue. Je me repose à cet effet sur vos soins. Par ce qui se passe sous mes yeux, je vois qu'une grande partie de la brigade du général Lebrun est restée en arrière, comme traîneurs, et sans aucune arrière-garde qui les rassemble et les mette à la suite de la colonne. Veuillez, je vous prie, recommander à ce général de veiller avec plus d'attention au bon ordre des troupes qui lui sont confiées. J'en ai assez vu pour penser que cette recommandation peut contribuer à assurer une meilleure discipline dans sa brigade. »

En conséquence de cet ordre, Grouchy manda le même jour de Buytrago au général Wathiez, un de ses brigadiers :

« Mon cher général, je porte demain mon quartier général à Cavanillas, où je vous prie de me donner place.

« Un de vos régiments de hussards y demeurera, l'autre régiment ira occuper le village de Guadalix, route de Mansanarès. Guadalix est à une lieue de Cavanillas et a deux cents maisons. Donnez, je vous prie, les ordres nécessaires pour que ce mouvement s'exécute demain de très-bonne heure ; recommandez le plus grand ordre, la plus sévère discipline, et comme très-probablement on passera la revue du prince, et même de l'empereur, sous deux jours, qu'on s'approprie autant que possible.

« Je vous recommande de nouveau qu'aucune troupe, détachement ou homme isolé ne dépasse Cavanillas ; faites tout arrêter par votre grand'garde, que vous composerez de vingt-cinq hommes et d'un officier.

« Je suis plus joyeux que je ne puis vous le dire de la magnificence de l'empereur à votre égard : il ne vous saurait arriver rien d'heureux que je ne partage sincèrement votre satisfaction. »

Le 20 mars, en arrivant à Cavanillas, Grouchy apprit quelques nouvelles qu'il s'empressa de donner au grand-duc de Berg par la lettre ci-dessous :

« Monseigneur, quoique je doive croire Votre Altesse déjà informée des événements qui se passent à Madrid et à Aranjuez, cependant le rapport d'un homme arrivant de cette première ville, d'où il est parti aujourd'hui à onze heures, me paraît devoir vous être transmis. Il y avait au moment de son départ beaucoup d'agitation dans la capitale. Le 19, au matin, le prince de la Paix a été arrêté à Aranjuez. Le peuple l'a trouvé dans une mansarde de son palais, caché entre deux matelas. Il l'a conduit au quartier des gardes du corps, et sa tête était demandée. Le 19 à quatre heures, le roi a abdiqué et cédé la couronne au prince des Asturies, en le chargeant de faire faire le procès au prince de la Paix.

« Le même jour, 19 mars, le peuple de Madrid s'est ameuté, a pillé la maison de don Diégo, frère du prince de la Paix, et brûlé tous ses effets. Une proclamation a été affichée dans Madrid, et le roi y annonce que l'armée française arrivait en amie et ne faisait que traverser la ville pour aller plus loin. Il recommande au peuple la plus grande tranquillité et ordonne qu'on ait les plus grands égards pour les troupes de son auguste allié.

« Tels sont, Monseigneur, les renseignements que me fournit le particulier venant de Madrid. Ceux que je me suis procuré, sur les routes qui de Cavanillas conduisent à cette ville sont les suivants : on peut s'y rendre par deux chemins, l'un est celui de la passe par Saint-Augustin de Alcolendas, et est de 9 lieues ; l'autre a 10 lieues et demie, et se dirige par Guadalix, Colmenar et El-Pardo. »

Le 22 mars, nouveaux ordres du maréchal Moncey à Grouchy, pour l'entrée du corps d'armée à Madrid et la revue du grand-duc.

Il lui écrit de son quartier général de Fuencarral (5 kilomètres au nord et sur la grande route de Burgos à Madrid):

« Monsieur le général Grouchy, le corps d'armée entre à Madrid demain; mais avant d'y entrer, Son Altesse Impériale le grand-duc de Berg doit en passer la revue. Il est nécessaire que l'avant-garde que vous commandez se mette en mesure de paraître avec le plus d'ordre et de tenue possible. En conséquence, tous les hommes malingres et hors d'état d'être sous les armes d'une manière un peu convenable, seront laissés à la garde des équipages, qui seront réunis et mis sous les ordres d'officiers fermes et intelligents, qui les feront parquer convenablement, et, s'il est possible, hors du parc royal. Des mesures vont être prises sans le moindre retard pour faire emmagasiner le biscuit et autres objets qui *doivent plutôt être cachés que d'entrer dans la capitale.* Les ordres suivront celui-ci, pour fixer le lieu d'emmagasinement et de dépôt de chaque division. La revue du prince aura lieu sur le terrain que nous avons reconnu ensemble. L'avant-garde et les divisions y seront placées par échelons se rapprochant dans le versant du côté de Madrid, de manière à en être aperçues. L'heure sera fixée; néanmoins, assurez-vous de pouvoir y être placé avant midi, vers onze heures. Le capitaine Monnot vous suivra avec son artillerie. Le général Couin est chargé de faire rétrograder les douze autres pièces attachées à votre division d'infanterie, sur la route de Fuencarral, et de les mettre en mesure d'être en ligne avec vous, etc.

« En traversant la division du général Musnier à la chute du jour et dans la nuit, je n'ai point été surpris d'entendre le soldat murmurer du retard apporté dans sa marche, tant j'ai trouvé qu'il était hors de toute conduite militaire de faire marcher ainsi une troupe d'avant-garde. Cependant, vous aviez ordonné son départ pour huit heures, et déjà le retard de la marche d'hier était répréhensible.

« M. le général Musnier ne m'a pas paru non plus avoir marché avec sa division, ni avoir eu le soin de la faire diriger, ainsi que son artillerie, dans les mauvais chemins qu'elle avait à traverser. Je vous prie, en conséquence, de vouloir bien lui rappeler qu'un général de division doit être l'exemple du zèle et de l'exactitude dans l'exécution des ordres qu'il reçoit, et si nous n'entrions pas demain à Madrid, je lui ordonnerais de garder les arrêts. Certes, il faut que j'aie bien à me plaindre de la manière dont il conduit sa division pour que je puisse m'exprimer ainsi envers un général. D'ailleurs, ce que vous en avez dit à mon frère prouve combien vous partagez mon opinion à ce sujet.

« Mon chef d'état-major, après avoir reconnu le terrain avec le général Cazals, indiquera la position que chaque division devra occuper. »

Après la revue passée par Murat, le 23 mars, le général de Grouchy reçut de l'état-major général l'avis que le grand-duc l'avait désigné pour commander la ville de Madrid.

Voici la lettre relative à cet objet, écrite du camp près Madrid, le 23 mars, par le général Belliard, chef d'état-major de Murat :

« Son Altesse Impériale le grand-duc de Berg vous a nommé commandant de Madrid. Veuillez vous rendre sur-le-champ dans cette capitale et vous entendre avec l'intendant général espagnol pour l'établissement des troupes.

« Donnez aussi des ordres pour que votre cavalerie et la 1re division d'infanterie entrent à Madrid. Vous leur ferez occuper cette ville militairement. Six pièces d'artillerie entreront en ville, par ordre de Son Excellence M. le maréchal Moncey. »

Le général, au reçu de cet ordre, se hâta de se rendre à Madrid et d'y organiser le service. Il désigna le général de brigade Aubrée pour être commandant de place, et chargea le commissaire du gouvernement Ducrest de celui des approvisionnements. Un colonel, M. Bertholin, un chef de bataillon, M. Pikibon, et quatre autres officiers eurent dans leurs attributions le service intérieur de Madrid. Le Retiro, considéré comme le réduit de la place, eut pour commandant le général prince d'Isembourg. On lui donna cinq officiers de divers grades.

Cela fait, Grouchy donna des ordres pour qu'un bataillon de piquet fût commandé chaque jour. Ce bataillon ne dut fournir aucun autre service, et rester vingt-quatre heures à la caserne, sans pouvoir la quitter.

Soixante hommes de ce bataillon étaient désignés pour les patrouilles à faire.

Deux bouches à feu avec les canonniers nécessaires furent attachées au bataillon de piquet, ainsi qu'un escadron fournissant également des patrouilles.

Le général de Grouchy dut prendre chaque jour les ordres du maréchal Moncey, et s'entendre avec le capitaine général espagnol commandant à Madrid, pour le parcours des patrouilles espagnoles et pour la combinaison du service des troupes des deux nations. En outre, des patrouilles furent prescrites à l'extérieur. Elles furent faites par une brigade de gendarmerie et par des détachements des deux escadrons de cavalerie, sous la surveillance de l'officier commandant la gendarmerie de la place.

Les piquets et patrouilles reçurent l'ordre de ne se mêler en rien de la police intérieure de la ville en ce qui concernait les habitants et les soldats espagnols, mais d'observer avec calme ce qui se passait, d'arrêter tout militaire français rencontré en état d'ivresse.

Un général de brigade et son major furent commandés de service de jour, tous les vingt-quatre heures, avec la haute direction de la surveillance des piquets et patrouilles des postes français dans Madrid. Les officiers eurent encore dans leurs attributions de prescrire les prises d'armes, et les mesures qu'ils croiraient nécessaires au maintien de l'ordre public.

Enfin, le général de Grouchy eut aussi mission de transmettre tous les matins au maréchal Moncey un rapport sur le service de la place de Madrid.

La veille de son entrée dans cette ville, les divisions Grouchy et Musnier, formant l'avant-garde, passèrent la revue du grand-duc de Berg. Le général écrivit le matin à Musnier :

Fuente de la Reyna, le 23 mars 1808, à 6 heures du matin.

GROUCHY AU GÉNÉRAL MUSNIER.

« Je te préviens, mon cher général, que l'avant-garde passera la revue du grand-duc à onze heures, à près de demi-lieue d'où tu es ; qu'ainsi donc elle prenne les armes à dix heures très-précises ; je la conduirai moi-même au point où aura lieu la revue. On sortira par la grille à gauche, et de là nous nous porterons sur les hauteurs, où elle sera jointe par les autres divisions. Fais l'impossible pour que la propreté et la tenue soient bien.

« Après la revue, on entrera dans Madrid. En conséquence et pour que nous paraissions à notre avantage, le maréchal ordonne que tous les hommes malingres et hors d'état d'être sous les armes d'une manière un peu convenable soient laissés à la garde des équipages, qui seront réunis et mis sous la conduite d'officiers fermes et intelligents. Que ton biscuit (ce qui t'en reste) et tous les effets inutiles aux corps soient renvoyés sur-le-champ à Fuencarral. Le biscuit sera déchargé dans un local convenable, et les voitures renvoyées de suite chez leurs propriétaires ; donne des ordres en conséquence de ceci.

« Donne ordre au commandant de la place d'Alcovendas de te rejoindre avec son détachement.

« Je te le répète, que rien n'embarrasse les colonnes; que personne ne les devance, qu'aucune voiture de vivandière, rien enfin, qui ne soit bien bon à voir, les suive.

« Renvoie tout cela à Fuencarral; on fera de là revenir à Madrid, et plus tard, ce dont on aura besoin, ainsi que les malingres, éclopés et équipages, enfin tout ce qui est hors d'état d'être montré.

« Surtout, mets à la tête de la colonne d'équipages un homme ferme; qu'elle marche en ordre, qu'on respecte soigneusement le gibier du parc; enfin, fais pour le mieux : car le maréchal se plaint amèrement, ayant rencontré hier ta division, et ayant été mécontent de l'état dans lequel elle était et que tu n'eusses pas été la rejoindre, après avoir reconnu l'emplacement où elle est maintenant.

« Envoie prendre un mouton pour toi, si tu en veux. »

A peine entrée à Madrid, la brigade des hussards du général Wathiez eut ordre de partir pour Aranjuez, jolie ville située à une douzaine de lieues au sud de la capitale, où avait éclaté quelques jours auparavant la sédition contre le prince de la Paix, à la suite de laquelle le roi avait abdiqué en faveur de son fils Ferdinand.

Grouchy manda au général Wathiez, le 25 mars, de Madrid :

« Mon cher général, je vous préviens que la brigade

de cavalerie légère reçoit l'ordre de partir aujourd'hui pour aller occuper Aranjuez.

« Les troupes ne doivent plus être consignées, seulement le régiment de service.

« Vous pouvez faire entrer ce soir à la brune tous les hommes malingres restés à Fuencarral.

« Dites-moi quelle espèce d'équipages vous avez à Fuencarral. Donnez, je vous prie, des ordres pour que tout soit préparé pour recevoir les hommes malingres, et qu'il y ait à la porte de la ville des sous-officiers pour les conduire à leurs quartiers respectifs. »

La tranquillité paraissant établie dans Madrid, le général de Grouchy veut pouvoir alléger le service de la place et le modifier : ce qu'il fit par la dépêche suivante adressée le 27 mars au major Bessard :

« Les circonstances paraissant permettre quelques réductions dans le service, vous voudrez bien, major, commander, à compter de demain 28 mars, le service de la place de Madrid d'après les bases suivantes :

« Le service à pied sera pris dans le régiment d'infanterie commandé jusqu'à ce jour pour être au bivouac sur la place Mayor, de manière toutefois que le nombre des hommes restant sur cette place, après que les postes auront été fournis, ne soit pas moindre de six cents hommes.

« Le service à cheval de la place ne sera plus pris parmi les régiments composant la brigade de cuirassiers ; il sera exclusivement fourni par les régiments de dragons, c'est-à-dire que la garde à cheval du prince, le piquet sur la place, le piquet devant chez moi, seront uniquement formés de dragons. Les cuirassiers seront commandés pour être prêts à monter à cheval, concurremment avec des régiments de dragons, de manière cependant que sur trois jours il y en ait deux où les régiments de cuirassiers soient prêts à monter. Le troisième jour, les dragons auront leur tour ; le quatrième jour, les cuirassiers recommenceront.

« A compter de demain, un général de brigade, le plus ancien de ceux de la garnison, fera chaque jour la tournée des postes, bivouacs et quartiers. Il fera prendre les armes aux troupes tant de la place que des postes, fera monter à cheval le régiment de service et les piquets, s'assurera que le mot d'ordre et les consignes convenables ont été donnés, et me rendra compte de l'état dans lequel il aura trouvé toutes choses. La tournée de l'officier général aura lieu avant midi, et il se rendra à cette heure chez moi, pour m'en faire connaître le résultat. Il lui sera fourni des piquets devant chez moi, six hommes, dont un Espagnol, pour l'accompagner dans sa tournée.

« Vous transmettrez au général Buquet, qui commencera ce service comme étant le plus ancien, l'état et l'emplacement des postes et troupes. Vous m'en enverrez aussi un double. »

D'autres mouvements de troupes furent prescrits, principalement pour la cavalerie. La brigade de dragons du général Piré fut s'installer, le 29 mars, dans trois bourgs à 2 et 3 lieues au sud de Madrid ; une brigade de cuirassiers du corps de Dupont dans une autre petite ville, et une brigade légère du même corps vint la remplacer dans la capitale.

La tranquillité se maintint à Madrid de la fin de mars au commencement de mai, grâce aux précautions prises; entre autres précautions, nous citerons l'ordre du jour ci-dessous :

Ordres donnés aux troupes de la garnison.

« Aussitôt que la générale viendrait à être battue, toutes les troupes à cheval se réuniront sur le Prado; et toute l'infanterie dans le bout de la rue d'Alcala qui tient au Prado. L'artillerie se porterait au trot devant le palais de Son Altesse Impériale le grand-duc de Berg, et de là enverrait un fort détachement chez M. le maréchal Moncey. »

Grouchy ordonna, le 2 avril, que les honneurs militaires fussent rendus au prince des Asturies; voici la lettre au général Musnier relative à cet objet :

« Je te prie, mon cher général, de renouveler sur-le-champ l'ordre déjà donné, que les postes aient à rendre les honneurs militaires au prince des Asturies, quand il passe, ainsi qu'au bon Dieu, c'est-à-dire qu'on prenne les armes et qu'on le fasse escorter par deux hommes de poste en poste.

« Fais prescrire aussi sur-le-champ que tous les officiers aient à saluer le prince des Asturies partout où ils le rencontreront, et qu'on observe les plus grands égards envers lui. »

Donnons encore une lettre de Grouchy, écrite, le

14 avril, au corrégidor de Madrid, et le rapport du 24 au 25 du même mois. Voici les deux pièces :

« Pour satisfaire aux diverses questions renfermées dans votre lettre de ce jour, je m'empresserai de vous faire passer la liste de tous les officiers généraux français qui seront dans le cas d'arriver encore à Madrid; je l'ignore moi-même, ainsi que le nombre de toutes les personnes de distinction attachées à la maison de l'empereur qui viendront successivement dans cette capitale; mais au fur et à mesure de leur arrivée, je vous préviendrai de leur rang et des convenances à observer. Quant à leurs logements, je prendrai les ordres de Son Altesse Impériale, sur la question de savoir si les officiers généraux et particuliers que des affaires de service appellent à Madrid, doivent y être à leurs frais et dans des auberges, ou s'il convient que des logements leur soient assignés par les soins de la municipalité.

« Les troupes qui ont été stationnées jusqu'à ce jour dans Madrid devant, à l'exception de la garde impériale, en sortir, il n'y aura plus lieu à fournir les lits et autres meubles réclamés par les officiers pour les logements qu'ils occupent dans les casernes. Vous serez donc soulagé pour cet objet.

« Quant aux officiers de la garde impériale, tous ceux qui ne sont point dans des casernes doivent être logés chez les habitants et dans les environs du château. »

Rapport du 24 au 25 avril 1808.

« Le service des fourrages est dans le même état

de souffrance. A peine délivre-t-on le septième ou le huitième de la ration. Aussi les chevaux des troupes à cheval dépérissent-ils à vue d'œil. Les mesures ordonnées par le grand-duc de Berg font heureusement espérer que la pénurie va cesser.

« L'esprit public est calme ; mais ce calme est principalement le résultat de l'accueil fait par l'empereur au roi Ferdinand VII. Tout Madrid est dans l'exaltation de la manière dont le prince et les Espagnols qui l'accompagnent ont été traités par Sa Majesté. »

Le 2 mai, éclata à Madrid une émeute violente, à laquelle Grouchy s'attendait peu, ainsi que cela semble résulter de son rapport.

Le général était dans l'erreur en croyant que la réception du roi Ferdinand VII par l'empereur à Bayonne avait calmé les esprits en Espagne.

L'émeute fut domptée, et le général adressa au grand-duc le rapport ci-dessous :

« Monseigneur, j'ai l'honneur de rendre compte à Votre Altesse Impériale qu'une insurrection générale a éclaté hier à Madrid, vers les dix heures du matin. Le prétexte en a été le départ de l'infant don Francisco. Le peuple s'est d'abord porté au palais et a rempli ensuite toutes les places, notamment la place Mayor et celles de la Porte du Soleil et de la Cibada ; des coups de fusils, des coups de poignards accompagnaient les menaces, et en un instant nombre de Français ont été immolés par ce peuple barbare.

« Aux premiers indices de ces mouvements, j'ai fait prendre les armes aux troupes stationnées au

Retiro, monter à cheval les dragons et envoyé chercher les cuirassiers. J'ai organisé deux colonnes d'attaque avec du canon en tête de chacune d'elles, et, débouchant par les rues d'Alcala et San-Géronimo du Prado, où j'avais réuni mes moyens, et où j'ai laissé des corps de réserve, j'ai fait attaquer simultanément la place Mayor et la porte du Soleil. On arrivait aussi par la rue Mayor. La garde impériale, diverses charges de cavalerie et quelques coups de canon à mitraille ont promptement dissipé les insurgés, dont une grande quantité a été tuée ou sabrée; mais l'évacuation des rues, et notre occupation des points principaux de la ville n'arrêtaient pas la vive fusillade et la grêle de pierres et de tuiles qui, des fenêtres et des toits de nombre de maisons, nous assaillaient et blessaient beaucoup de monde. Vainement j'ai fait sommer par des officiers français et espagnols les habitants de cesser leur feu; ceux qui portaient ces paroles de paix ayant été reçus à coups de fusil et ayant inutilement fait annoncer que je ferais passer au fil de l'épée tous ceux qu'on trouverait dans les maisons d'où l'on tirait encore, j'ai été forcé d'en venir à cette cruelle extrémité, que l'effusion du sang français rendait nécessaire.

« Une telle mesure a arrêté le mal sur tous les points; le calme a été rétabli et la fusillade a cessé. Diverses colonnes qui arrivaient successivement du camp, ont alors parcouru sans obstacle la ville, ainsi que les autorités premières espagnoles. Les ministres et le conseil de Castille, publiant une proclamation pour que tout ait à rentrer dans l'ordre, tout étant paisible dans les divers quartiers, les troupes ont pris poste aux trois places et à l'arsenal, et le désarmement des Espagnols qui commençaient à circuler s'est opéré de suite.

« Environ deux cents révoltés, pris les armes à la main, ont été fusillés; quatre à cinq cents ont péri dans l'action, ou ont été passés au fil de l'épée dans les maisons d'où l'on faisait feu.

« J'ai infiniment à me louer, Monseigneur, des troupes sous mes ordres; dans une position qui un moment a été difficile, elles ont montré autant de calme que d'énergie dans l'action.

« Le général Godinet commandait la colonne qui a marché par la carrera Saint-Géronimo, et le général Aubrée, celle qui a débouché par la rue d'Alcala. Ces deux officiers généraux se sont parfaitement conduits, ainsi que mon état-major, auquel la transmission des ordres imposait une tâche extrêmement périlleuse et difficile à remplir.

« Les troupes espagnoles de la garnison se sont généralement bien montrées, autant toutefois qu'on peut appeler ainsi une attitude calme, dans les points où elles étaient : car elles n'ont à ma connaissance pris aucune mesure coercitive contre le peuple. Quelques soldats même ont fait feu sur nos troupes, ou poursuivi des hommes isolés.

« Au commencement de l'émeute, les prisons gardées par les Espagnols ont été forcées, et on a laissé échapper tous les forçats. Quatre pièces d'artillerie ont aussi été enlevées à l'arsenal; deux capitaines d'artillerie et quelques canonniers espagnols s'étaient réunis à la populace pour servir ces pièces, qui, malgré leur feu à mitraille, ont sur-le-champ été enlevées à la baïonnette par nos troupes.

« La réserve de dragons et de cuirassiers, sous les ordres des généraux Piré et Rigaud, que j'avais laissés sur le Prado, informée par les patrouilles qu'elle avait ordre de pousser sur les routes aboutissant à la ville, que nombre de paysans en armes s'y trouvaient réunis, à dessein de nous prendre par derrière quand nous serions engagés dans les rues, a chargé ces rassemblements et les a dissipés, après avoir sabré grand nombre des fantassins qui en faisaient partie.

« Les révoltés s'étaient aussi portés à l'hôpital, à dessein de massacrer les deux mille malades français qui s'y trouvaient ; mais le détachement que j'avais envoyé sur ce point, au premier symptôme de l'insurrection, a repoussé ces scélérats, après en avoir tué une quinzaine.

« Je ne puis encore faire connaître à Votre Altesse Impériale le nombre des morts et des blessés : j'aurai l'honneur de le lui transmettre dans la journée. »

Dès le lendemain de l'émeute, Grouchy, voulant rassurer les habitants de Madrid, écrivit au corrégidor :

« Je suis informé, monsieur le corrégidor, que des alarmes règnent parmi les habitants de Madrid ; qu'ils s'imaginent que des maisons sont signalées comme devant être livrées à des exécutions militaires, ou leurs propriétaires recherchés ou arrêtés, en raison des événements du 2 mai.

« Hâtez-vous, monsieur le corrégidor, de démentir tous ces bruits, et rassurez de ma part vos concitoyens. Autant en des jours de perfidie et d'émeute je déploierai d'énergie et de sévérité, autant je trouverai de douceur, dès que le calme aura reparu, à couvrir du manteau de l'indulgence les malheureux qu'on aurait pu égarer. La conduite des troupes espagnoles et de la grande majorité des habitants de Madrid donnerait d'ailleurs aux coupables des titres à l'oubli du passé, si les sentiments de Son Altesse Impériale le grand-duc de Berg et la générosité française ne leur en assuraient à l'avance.

« Portez dans toutes les familles ces paroles de consolation et de tranquillité, et coopérez de tous vos moyens à ce que l'union, qui avait si heureusement régné jusques à ce jour, ne soit plus troublée. »

Nous terminerons ce livre relatif au gouvernement de la place de Madrid par le général de Grouchy en 1808, par une série de lettres écrites ou reçues qui concernent pour la plupart les dispositions ordonnées par le général, dispositions qui montrent ses bonnes et sages intentions, son humanité et les belles qualités de son âme toute française.

On aura dans ces lettres l'explication de divers faits qui, sans avoir une grande valeur historique, nous ont paru de nature à trouver place dans des mémoires particuliers.

D'ailleurs, ces lettres donnent bien la couleur locale du pays et de l'époque.

Madrid, le 7 mai 1808.

GROUCHY AU MAJOR MAIGNET, COMMANDANT LE 2ᵉ DE HUSSARDS A LÉGANÈS.

« Je suis informé, monsieur le major, que vos hussards commettent une foule de vexations, qu'on enlève de l'argent, qu'on prend des vivres et fourrages sans délivrer de bons.

« Le grand-duc de Berg a été indigné en apprenant de pareils désordres. Faites-les cesser à l'instant, et songez que vous êtes d'autant plus responsable que mes ordres d'hier vous prescrivaient de n'exercer aucune voie de fait et de maintenir la tranquillité et la bonne union entre les deux nations.

« Rendez-moi compte par l'officier d'état-major porteur de la présente de tout ce qui s'est passé, et des mesures que vous prenez pour mettre un terme aux plaintes qui me sont portées de toutes parts. »

Madrid, 4 mai 1808.

GROUCHY AU GÉNÉRAL WATHIEZ.

« J'ai reçu, mon cher général, votre lettre du 5 avril; comme vous en aviez écrit une à peu près semblable au grand-duc, je ne lui ai rien appris de nouveau en l'informant de ce que vous me marquiez. Vous trouverez ci-joint une lettre de Belliard, qui répond aux questions que vous me faisiez quant aux armes provenant du désarmement que vous avez opéré; exécutez de suite ce qu'il prescrit.

« J'ai le plus vif chagrin de toutes les sottises, vexations, que commettent les troupes; certes nous servons bien mal l'empereur.

« J'ai écrit directement au major pour lui témoigner mon mécontentement. Pour Dieu, mon ami, mettez un terme au brigandage, qu'on prend pour du caractère et qu'on a la folie de regarder comme un moyen de contenir les Espagnols; certes on se trompe : qu'on soit terrible un jour de combat, mais que le lendemain l'humanité, la discipline et le bon ordre reprennent tous leurs droits. »

Madrid, 5 mai 1808.

GROUCHY AU MAJOR MAIGNET.

« Après avoir fait punir les deux hommes qui avaient assassiné vos hussards, vous devez, commandant, n'exercer aucune recherche ni poursuite envers les habitants de Léganès qui se sont rendus coupables envers vous. Prêchez-leur la paix, l'union; dites-leur qu'ils demeurent tranquilles, et que l'humanité reprenne tous ses droits. Je défends qu'on arrête personne pour les torts passés et qu'aucune vexation n'ait lieu. Je compte sur votre ponctualité à remplir mes intentions et ordonne que tous ceux qui seront arrêtés encore soient relâchés. »

Après avoir reçu cette lettre le major adressa la proclamation suivante aux Espagnols :

HABITANTS DE LÉGANÈS,

« Je déclare sur mon honneur qu'aucune recherche ni poursuite n'aura lieu contre les habitants de Léganès qui ont pris part à l'émeute du 2 de ce mois. Les deux individus punis serviront d'exemple ; maintenant, paix, union : il est temps que l'humanité reprenne tous ses droits. Habitants qui avez fui dans la crainte d'être arrêtés, rentrez dans vos maisons, au sein de votre famille ; soyez paisibles : votre tranquillité est assurée aux dépens de mon existence. Corrégidors, alcades, curés, prêtres, l'union! et s'il existait encore quelques têtes égarées, faites-les revenir aux principes de la saine raison.

« Léganès le 5 mai 1808. »

Pinta, ce 7 mai 1808.

LE GÉNÉRAL WATHIEZ A GROUCHY.

« Mon général, daignez croire que je suis trop attaché à mes devoirs et que je respecte trop la hiérarchie de la subordination pour me permettre d'écrire pour des objets de service et d'envoyer des rapports à tout autre qu'à mon chef immédiat.

« Je n'ai point écrit au grand-duc ; j'ai seulement, suivant son ordre, répondu à deux lettres du général Belliard, qui me demandait les renseignements que je lui ai adressés et desquels j'ai cru devoir en même temps vous rendre compte. Je m'estimerais malheureux, mon général, si votre opinion me rangeait dans la classe de ces gens vils qui cherchent à faire leur cour par de ces prévenances basses qui répugnent autant à mon caractère que la tolérance du moindre excès commis par les troupes que je puis commander. J'espère que ma conscience, mon général, me rendra toujours digne de votre estime.

« Je m'inscris en faux contre l'accusation de brigandage portée contre les hussards cantonnés à Pinto, ou toute patrouille que j'ai envoyée directement; elles étaient de cinquante hommes commandés par un capitaine choisi et chargé d'observer. Ces patrouilles ne se sont jamais arrêtées dans aucun village, et je suis caution qu'elles n'y ont commis aucun dégât, aucune vexation. Le 2 mai, comme les jours suivants, nous avons été ici dans la plus grande tranquillité. J'ai fait l'éloge de la bonne justice exercée par les alcades, et il n'y a pas eu le moindre acte de sévérité exercé envers les habitants. De quoi se plaint-on donc? Est-ce du désarmement? il a été prescrit formellement. Est-ce d'avoir fait arrêter un maître des postes coupable et dont l'arrestation avait été ordonnée par le grand-duc lui-même, ainsi que sa traduction à une commission militaire? Après avoir moi-même instruit l'affaire, ne l'ayant pas trouvé assez coupable pour mériter la mort, j'ai été le premier à solliciter sa grâce. J'ai fait arrêter deux individus plus que soupçonnés d'avoir enlevé de force, le 2 mai, les fusils, baïonnettes et cartouches à trois fantassins et qui avaient encore ces armes. Certes, ils subissent la prison, et doivent se regarder fort heureux. Le 3 mai, une dénonciation contre eux pouvait les exposer à plus forte peine. Je ne sais de quel genre peuvent être les plaintes portées ; je n'en ai reçu aucune ; je n'ai été témoin d'aucun excès. Je vois souvent les alcades, je viens encore de leur demander s'ils avaient des plaintes à former : ils me répondent que non et qu'ils sont très-reconnaissants de la manière dont j'agis avec eux. Que reproche-t-on ?

« Quant au régiment qui est à Léganès, le major est responsable des délits qui peuvent s'y commettre. Il m'a dit avoir des ordres à son retour de Madrid, et je ne crois pas que ces ordres-là pouvaient offrir un prétexte à des excès. J'ai ordonné seulement qu'on se fît rendre les armes et effets volés le 2 mai aux hussards, et je ne crois pas Maignet disposé à souffrir le brigandage. Je lui écris à ce sujet mes intentions formelles.

« On m'a accusé. Je demande maintenant qu'on m'envoie les plaintes, afin que je fasse punir les coupables, puisque je ne les connais pas, n'étant pas celui à qui on s'adresse. Je désire donner suite à ces plaintes, afin de réprimer les excès ou de vous faire connaître, mon général, la valeur de toutes ces accusations. Je ne crois pas commander à des bandits, et il est dur pour un cœur honnête de se voir exposé, par les dénonciations toujours exagérées de ces plaignants qui se cachent, à faire croire qu'on tolère le brigandage. Je fais juger un hussard que j'ai déterré commettant un vol ; il en sera de même de tous ceux qui se conduiront mal, et je serais désespéré que les calomnies d'un tas de brigands qui, le 2 mai, ne parlaient que de nous assassiner, donnassent de nous mauvaise opinion, quand je n'ai d'autre tort que d'agir avec bonté avec eux.

« Je vous prie, mon général, de vouloir bien détromper le grand-duc, et quand il y aura des plaintes, je demande qu'elles me soient adressées, afin que je fasse punir les coupables, ou que les calomniateurs soient connus. »

Madrid, 8 mai 1808.

GROUCHY AU GÉNÉRAL WATHIEZ.

« Je ne suis nullement fâché, mon cher Wathiez, que vous correspondiez avec qui de droit quand vous êtes détaché; seulement prévenez-moi, afin que je ne fasse point de rapports qui deviennent superflus. Vous êtes trop mon ami, et votre manière de servir est trop parfaite, pour que je puisse jamais trouver mauvais quoi que ce soit de ce que vous faites. Continuez à correspondre avec Belliard comme avec moi, en me prévenant dans vos lettres si vous avez ou non rendu compte, et dans tous les cas, ainsi que vous avez toujours fait, faites-moi part de ce que vous marquez.

« Vous avez beau justifier vos hussards : il est certain qu'ils se sont fort mal conduits, notamment ceux détachés à Léganès. Je sens qu'après tant d'assassinats et de mauvais procédés de la part des Espagnols ils sont excusables de chercher à s'en venger et de les vexer à leur tour. Mais quand les mesures de sévérité ont cessé et que la clémence et l'oubli du passé sont ordonnés, il faut que l'ordre, la discipline et la plus régulière des choses reprennent leur cours.

« Entre autres faits reprochés au régiment du major Maignet est celui d'avoir levé une contribution de 32 mille réaux; il a touché cette somme et colore un tel procédé du titre de *don* de la part des autorités locales, et en remplacement d'objets perdus ou de fournitures qui n'ont pas été faites. Heureusement que le grand-duc ignore cette affaire, qui n'est parvenue qu'à la connaissance du général Belliard. Certes, si Son Altesse le savait, Maignet serait certainement destitué.

« J'ordonne donc que les 32 mille réaux soient restitués, non-seulement aux alcades qui ont réuni la somme, mais encore aux individus auxquels cette somme a été prise, et des reçus constatant la réintégration de cet argent aux mains des personnes qui l'ont donné, me seront envoyés. Je vous charge, mon ami, de recueillir les pièces et de mettre à jour cette affaire.

« Je vais écrire officiellement à Belliard, pour vous faire avoir des caissons pour porter les papiers de vos régiments; mais je doute fort de réussir.

« Je donnerai ordre qu'il vous soit envoyé des cartouches aussitôt que vous m'aurez fait savoir de combien vous en avez besoin. »

Madrid, 8 mai 1808.

LE GÉNÉRAL WATHIEZ A GROUCHY.

Rapport à M. le général comte de Grouchy.

« Mon général, j'ai l'honneur de vous transmettre le rapport qui a été fait par M. le major Maignet, commandant le 2ᵉ régiment de hussards cantonnés à Léganès, auprès duquel j'étais allé par votre ordre pour prendre des renseignements particuliers sur le bon ordre et la tranquillité qui régnaient dans cette commune, et sur ce qui avait suivi les tumultes du 2 mai.

« M. le major Maignet m'instruisit que, lors de son retour de Madrid à Léganès, son cantonnement, il fit arrêter et fusiller deux hommes qui avaient désarmé deux hussards et qui étaient encore munis de leurs armes; que deux autres qui avaient été également arrêtés furent mis en liberté sur la demande du corrégidor et de l'alcade et de plusieurs honnêtes habitants, qui avaient répondu de leur bonne conduite; que pour maintenir le bon ordre et la discipline parmi sa troupe, il l'avait réunie au quartier, mesure qui dans le cas de besoin lui en aurait facilité la réunion prompte; que la commune n'ayant pu fournir la paille nécessaire pour les y établir, M. le corrégidor avait autorisé, sur la permission de M. le major, chaque hussard à emporter les fournitures de la maison où il était logé, et que c'était ce qui avait donné lieu au désordre dont on vous a porté plainte ; puisque, en effet, plusieurs hussards ont profité de cette occasion pour voler les maisons où ils se trouvaient et enlever d'autres objets ; qu'il en avait fait punir plusieurs et que d'autres étaient encore au cachot en attendant la punition qui doit leur être infligée ; que la commune, reconnaissante des mesures qu'il avait prises pour arrêter le désordre, et pour qu'à l'avenir la bonne harmonie régnât entre la troupe et les habitants, lui avait offert 32,000 réaux, qu'il avait acceptés et dont il avait déjà employé une partie à venir au secours des deux veuves des hommes fusillés.

« Sur l'observation que je lui fis du très-grand mécontentement que vous avait donné sa conduite, et de l'ordre que vous m'aviez transmis de l'éclaircir, il a fait appeler le corrégidor, l'alcade, un habitant et un interprète, qui, devant moi, tous convinrent qu'ils lui avaient offert cette somme au nom de la commune sans qu'il en ait fait la demande, et qui en ont fait le certificat, que j'ai eu l'honneur de vous remettre avec la lettre de M. le major Maignet.

« Le désarmement s'est effectué et toutes les armes ont été déposées chez M. le major.

« M. le major m'a chargé en outre de vous prévenir qu'il avait cru devoir réunir tous les officiers à une même table, qui est fournie par leurs rations et auxquelles la commune ajoute très-peu de chose.

« Ledit rapport certifié conforme aux renseignements que j'ai obtenus et aux rapports qui m'ont été faits. »

Madrid, 13 mai 1808.

LE GÉNÉRAL BELLIARD A GROUCHY.

« Mon cher général, les intentions du grand-duc, lieutenant général du royaume des Espagnes, sont que les armes provenant du désarmement soient transportées à l'arsenal... Les armes précieuses seront mises à part dans un local fermé, sur lequel on posera les scellés. Faites faire, je vous prie, le recensement de toutes les armes et vous en enverrez le total à Son Altesse Impériale; il sera nécessaire que vous vous entendiez avec M. le corrégidor pour l'exécution de ces mesures. »

Le général Belliard avait remplacé le général Harispe comme chef d'état-major de Murat.

Rapport du 14 au 15 mai 1808.

« Le commandant d'une patrouille de cavalerie a seulement dit avoir entendu, étant sur le Prado, à neuf heures et demie du soir, trois coups de canon qui paraissaient être tirés fort loin et dans la direction du chemin de France. Quoiqu'il n'y ait eu hier aucun mouvement dans Madrid et qu'il n'y ait existé aucun rassemblement, cependant il y a quelque agitation dans les esprits. Les prêtres les travaillent dans le plus mauvais sens. Les malveillants font circuler des nouvelles alarmantes ou propres à exciter le peuple, celle, par exemple, que des soulèvements dans les provinces, des débarquements d'Anglais sur différents points, le pillage de quelques maisons de la ville, et même que la famille royale se serait évadée de Bayonne et serait rentrée en Espagne. Enfin, l'annonce d'un mouvement pour aujourd'hui a été presque regardée comme sûre. Toutes les mesures de sûreté sont prises partout, et on est à même de déjouer et punir les malveillants qui essaieraient de troubler la tranquillité publique. »

Madrid, 16 mai 1808.

GROUCHY AU GRAND-DUC DE BERG.

« Monseigneur, jusque vers les dix heures du soir Madrid avait été parfaitement tranquille hier ; à cette époque de la journée une espèce de terreur panique s'est répandue dans la ville, et notamment sur le Prado. Tous les habitants ont fui tant des rues que des promenades publiques, et chacun s'est réfugié en toute hâte chez soi, fermant les portes, les boutiques et les fenêtres. En un instant les troupes ont été sous les armes ou à cheval à leurs postes respectifs, et les places, les rues, tous les quartiers ont été parcourus dans tous les sens par de forts détachements d'infanterie et de cavalerie. Il n'existait de rassemblement nulle part, et on s'est promptement convaincu que ce n'était qu'une fausse alerte. Au bout d'une heure chacun était rassuré et circulait de nouveau dans la ville. Les inquiétudes qui s'étaient emparées soudainement du peuple paraissent avoir été occasionnées premièrement par une rixe entre deux soldats français, qui, se querellant entre eux, avaient mis le sabre à la main et dont chacun s'est éloigné pour éviter les coups ; 2° la course rapide d'un cheval qui, ayant jeté par terre son cavalier, a parcouru à toutes jambes quelques rues et culbuté quelques habitants qui, ayant commencé à fuir, ont de proche en proche fait fuir tout le monde ; 3° le bruit de deux coups de fusil tirés dans la campagne derrière le Retiro, probablement par des bourgeois qui chassaient. Tant il y a que dans toute la ville il n'y a pas eu une voie de fait, pas un Français de blessé ni d'insulté, et que si les instigateurs qui depuis quelques jours semaient de fausses nouvelles et cherchaient à provoquer un mouvement sont les mobiles de l'alarme d'hier, elle offre la preuve la plus complète de leur impuissance à soulever les habitants de Madrid, que la sévère leçon qu'ils ont reçue le 2 a complétement dégoûtés de rien entreprendre contre les Français. Nous ne sommes pas aimés, sans doute ; mais les nouvelles destinées de l'Espagne sont généralement goûtées à Madrid, et l'ancienne dynastie n'emporte les regrets que d'un petit nombre et la mésestime et le blâme de tous.

« La nuit a été paisible, et il n'y a rien de nouveau à aucun des postes ce matin. Le nombre des malades à l'hôpital est de 1858, celui des morts de 5. »

Madrid, 20 mai 1808.

GROUCHY AU CORRÉGIDOR.

« Monsieur le corrégidor, je vous préviens, Monsieur, que, par suite des dispositions nouvelles de Son Altesse Impériale le grand-duc de Berg, lieutenant général du royaume, dispositions dont il m'a chargé d'opérer sur-le-champ l'exécution, toutes les armes quelconques, prohibées ou non et de quelque nature qu'elles soient, provenant du désarmement des habitants de Madrid, doivent être versées à l'arsenal. C'est là que le recensement général en sera fait par les soins des officiers préposés à cet effet, et je remettrai ce recensement à Son Altesse Impériale, afin qu'elle soit assurée par ses propres yeux si la mesure du désarmement est réelle ou fictive.

Toutes réclamations de la part des personnes qui par leurs fonctions sont dans le cas d'obtenir des ports d'armes, seront accueillies, et il y sera fait droit.

Je vous invite à vouloir bien remettre à l'adjudant général Perrard, chargé de l'exécution des mesures impérativement ordonnées par Son Altesse Impériale, le nom des emplacements où ont été déposées ces armes, et des moyens de transport suffisants afin qu'elles soient dans le jour, s'il est possible, envoyées toutes à l'arsenal ; enfin, je suis forcé de vous prévenir qu'en cas de refus de la part de quelque autorité que ce puisse être, mes ordres sont de nature à n'en pas moins faire enlever et déposer au lieu indiqué toute arme quelconque. Vous pouvez donner communication de la présente à qui de droit. »

Madrid, 21 mai 1808.

GROUCHY AU MARÉCHAL MONCEY.

« Monsieur le maréchal, j'ai l'honneur de vous faire passer ci-joint l'état des postes occupés par les troupes faisant le service dans Madrid. Les continuelles mutations que ce service éprouve chaque jour sont cause qu'il ne vous a pas été envoyé plus tôt, parce qu'il a fallu le refaire deux ou trois fois, et même aujourd'hui cet état est encore inexact, attendu que le général Cazals et l'ambassadeur de Danemark ont renvoyé leur garde et planton hier soir, et qu'il en a été fourni ce matin aux généraux Mouton et Conin, qui en ont demandé.

« Il m'a été sensible, monsieur le maréchal, que vous vous adressassiez directement à l'un de mes subordonnés pour avoir cet état, que déjà je vous avais transmis comme vous l'aviez désiré, et qui doit, comme tous les rapports et ce qui a trait aux troupes de votre corps d'armée sous mes ordres, vous être directement adressé par moi. Tout autre mode place les généraux et officiers employés ici avec moi dans une attitude embarrassante, celle de ne pas obtempérer à ce qu'ils vous doivent ou de manquer aux premières règles de la hiérarchie militaire.

« J'ai à vous rendre compte, monsieur le maréchal, que j'ai prescrit que les dragons à pied et à cheval et que les hommes des bataillons stationnés à San-Francisco et à l'arsenal, de service dans la ville, eussent à venir défiler la parade sur le Prado tous les jours. Je n'ai pas cru devoir étendre cet ordre au service fourni par le bataillon du 16e de chasseurs, affecté à votre garde, avant d'avoir votre assentiment à cet égard. Je vous serai obligé de me faire connaître vos intentions. »

Madrid, le 21 mai 1808.

LE MARÉCHAL MONCEY A GROUCHY.

« Monsieur le général Grouchy, je reçois votre lettre de ce jour et l'état des postes fournis à Madrid par les troupes sous mes ordres. J'ai de la peine à voir que vous me mettiez dans le cas de vous observer mon étonnement des représentations que vous m'adressez sur *l'embarras* où je mets vos *subordonnés de manquer aux premières règles de la hiérarchie*, et de la *sensibilité* que vous éprouvez. Jamais représentations et mouvement de sensibilité n'ont été plus extraordinairement fondés ; car enfin de quoi s'agit-il ? Je désire connaître l'état des postes que fournissent mes troupes, dont les chefs se plaignent d'un service qui paraît s'augmenter chaque jour. M. le général Aubréo étant chargé des détails du service de la place et m'en remettant directement un rapport journalier, je m'adresse à ce général et le prie de m'envoyer cet état. Qu'y a-t-il là, je vous prie, monsieur le général Grouchy, qui puisse blesser vos droits et la discipline ? Il me semble que, sous tous les rapports, rien ne se trouve plus hors de raison que toutes ces réflexions qui font le second paragraphe de votre lettre. C'est à moi qu'elles deviennent très-sensibles *dans les règles voulues de la hiérarchie militaire*, alors que vos propres expressions forcent à voir qui, de vous ou de moi, peut être le plus soigneux à les observer. Qu'aurait à me dire Son Altesse Impériale et Royale, général en chef, si, un hussard étant condamné à mort par une commission militaire, je pouvais lui rendre compte de cette condamnation sans lui rendre compte en même temps si l'exécution du jugement du condamné a eu lieu, et sans faire la transmission de ce jugement soit à lui soit à son état-major? C'est cependant là cette ligne de règle hiérarchique dans laquelle vous vous trouvez envers moi; car dans une lettre du 9 mai vous m'annoncez, sans autres détails, qu'un hussard a été condamné à mort à Léganès, par une commission militaire dont j'ignorais même l'existence; vous ne m'envoyez aucune copie du jugement, et je suis encore à connaître s'il a été exécuté. Deux autres hussards ont été condamnés le 10 de ce mois à dix ans de fers, et ce n'est que le 19 que vous m'informez de cette condamnation, que je serais peut-être à apprendre encore, si vous n'aviez eu à me transmettre une réclamation des condamnés. Certes, monsieur le général Grouchy, j'aurais pu me plaindre à vous de cette inexactitude, d'autant plus hors de toutes les règles que si, dans le maintien de la discipline, des exemples sont quelquefois nécessaires, il peut être utile de les citer dans l'ordre du jour. Il me semble donc que, lorsqu'on n'est pas plus scrupuleux observateur des obligations hiérarchiques, on devrait du moins ne pas se montrer aussi susceptible, et surtout avec aussi peu de fondement.

« Cette nouvelle tracasserie de votre part me fatigue d'autant plus, qu'ami de la paix, je vous laisse aller comme il vous plaît, et ne m'en occupe que dans ce qui est essentiellement lié à l'intérêt des troupes confiées à mon commandement. »

Madrid, 22 mai 1808.

GROUCHY AU MARÉCHAL MONCEY.

« Monsieur le maréchal, j'avais cru jusqu'à présent que les règles de la hiérarchie militaire voulaient que le rapport de tout ce qui a trait à la place de Madrid, rapport que je vous ai exactement fait parvenir, dès que cela m'a été prescrit, vous fût directement adressé par moi, et qu'il était hors de ces mêmes règles que les commandants du Retiro ou le général Aubrée vous envoyassent des rapports particuliers, ou reçussent des ordres qui ne leur parvinssent pas par moi ou dont je n'eusse pas de connaissance.

« C'est de cette manière de servir dont j'ai cru devoir vous témoigner ma sensibilité : car, en la respectant et en m'y soumettant comme votre subordonné, j'ai pu m'en étonner et en être affecté.

« Vous le dire, monsieur le maréchal, n'est pas élever une tracasserie. Il est hors de mon caractère d'en faire à mes inférieurs et à plus forte raison à mes supérieurs.

« Vous n'avez pas répondu, monsieur le maréchal, au paragraphe de ma lettre dans lequel je demande si votre intention est que le service fourni par détachement du 16ᵉ régiment d'infanterie légère défile journellement la parade. Je vous serai obligé de me le faire savoir. »

Madrid, le 9 juin 1808.

LE GÉNÉRAL BELLIARD A GROUCHY.

« Mon cher Grouchy, si quelques têtes se démontent, celle de la populace se monte, par les mille et un bruits qu'on fait courir. Comme il faut conserver les nôtres, redouble de vigilance, consigne les troupes, fais faire de fortes et fréquentes patrouilles, enfin veille sur nos jours ; s'il y a des perturbateurs, il faut les faire arrêter et fusiller... Enfin recommande à tout le monde d'être alerte. »

Madrid, le 11 juin. 1808.

LE GÉNÉRAL BELLIARD A GROUCHY.

« Mon cher ami, je n'ai reçu aucune nouvelle ni bonne ni mauvaise ; fais-moi dire les rapports des patrouilles extérieures et la situation de l'intérieur. Il ne serait pas mal peut-être de faire donner, par le corrégidor, un petit ordre ou avis, pour renouveler la défense des rassemblements ; de prendre des mesures pour faire sortir de la ville tous les paysans ou étrangers qui peuvent y être entrés depuis huit jours ; de forcer les aubergistes, cabaretiers, et même les maisons qui peuvent recevoir des étrangers, de déclarer tous les matins à l'alcade du quartier les personnes qui auront descendu chez eux. Faire bien aussi insinuer, dans le public et par les meneurs, que s'il y a un mouvement, la ville de Madrid sera rigoureusement châtiée. Il faut redoubler de précautions, défendre aux portes l'entrée et la sortie avec des armes, même à ceux qui peuvent avoir des passeports de moi ; faire de fortes patrouilles ; arrêter tous les moteurs de mouvement, les hommes qui tiennent des propos séditieux, etc., etc.

« Il faut pousser ton alcade, et bien organiser la machine. Il faut aussi défendre l'entrée de paysans qui pourraient se présenter au nombre de cinq ou de six, ayant l'air de voyageurs et *à cheval, ne conduisant point de vivres.* Suis l'affaire des contrebandiers. »

Madrid, le 12 juin 1808.

BELLIARD A GROUCHY.

« On me rend compte, mon cher Grouchy, que des officiers se conduisent fort mal, et dans les rues et dans les maisons, envers les habitants ; c'est un excès qu'il faut réprimer très-sévèrement ; donne à cet égard les ordres nécessaires, et fais réunir même les officiers pour leur parler : cela vaudrait encore mieux. J'en ferai faire autant pour la garde. »

Au commencement de juin 1808, à son arrivée à Madrid, le duc de Rovigo (général Savary), envoyé pour remplacer Murat, donna le commandement du Retiro au général Lagrange, auquel le chef d'état-major écrivit le 14 juin :

« Mon cher général, d'après les ordres de M. le duc de Rovigo, commandant en chef l'armée, vous devez prendre le commandement du Retiro, considéré comme citadelle dépendant de la place de Madrid et sous le commandement de M. le général Grouchy, gouverneur de Madrid et de la banlieue.

« Je préviens M. le général Grouchy des intentions de M. le duc de Rovigo. »

Madrid, le 17 juin 1808.

LE GÉNÉRAL BELLIARD A GROUCHY.

« Mon cher général, je vous préviens que Son Altesse Impériale vient d'ordonner que MM. les généraux Léry et Lariboissière, ainsi que M. l'intendant général et le payeur général, aillent s'établir demain au Retiro, avec tous leurs officiers et leurs employés. Son Altesse Impériale désire, s'il se trouve des tableaux de prix dans les appartements qui devront faire des bureaux, qu'on les enlève et qu'on les réunisse dans un des appartements du Retiro ; qu'on mette tout sous le scellé, et même avec une garde, si vous croyez que cela soit nécessaire. »

Madrid, le 18 juin 1808.

BELLIARD A GROUCHY.

« Son Altesse Impériale ordonne, mon cher général, que tout ce qui est administration soit établi au Retiro. D'après les ordres de Son Altesse Impériale, vous devez vous occuper particulièrement de l'établissement du Retiro, qu'on doit dès ce moment considérer comme colonie française.

« Il faut en faire pour nous une citadelle qui fasse trembler la ville, et où on puisse établir en sûreté tous les Français, si les circonstances exigeaient que les troupes partissent pour aller dissiper quelques rassemblements.

« Vous verrez au moins deux fois par jour, mon général, les travaux du Retiro; vous vous entendrez avec le général Léry pour les activer par tous les moyens possibles; vous fournirez tous les travailleurs qu'on pourra vous demander. Ils seront conduits en ordre aux travaux; les officiers resteront avec eux. Il y aura, en outre, un officier supérieur pour les surveiller; vous nommerez même un officier général, si vous croyez que cela soit nécessaire.

« Tous les employés de toutes les administrations devront être armés; vous veillerez à ce qu'ils soient organisés par compagnie et exercés, afin qu'ils puissent servir et se défendre, si on était obligé de faire le coup de fusil.

« Chacun doit veiller et contribuer à la sûreté générale et à sa sûreté particulière. Son Altesse Impériale désire que vous lui fassiez, tous les soirs, un rapport sur les travaux du jour et que vous lui fassiez connaître l'époque où toutes les administrations seront casées au Retiro et organisées ainsi que l'ordonne Son Altesse. Le grand-duc tient à ce que cela soit terminé d'ici le 24, et même plus tôt, si cela est possible. Lorsque les compagnies seront organisées, les chefs feront des bons d'armes, que vous devrez viser, et le général Lariboissière recevra l'ordre de faire délivrer les quantités qui seront demandées. »

Murat, étant tombé malade, avait été remplacé à Madrid, nous l'avons dit, par le duc de Rovigo, Savary, envoyé de Bayonne par l'Empereur; il avait la singulière mission de prendre les fonctions du grand-duc, mais avec défense de rien signer. Il était pour ainsi dire lieutenant général du royaume *in partibus*. En attendant l'arrivée de Joseph, en route pour ses nouveaux États, la signature devait rester au général Belliard, chef d'état-major. Voilà pourquoi la mesure pour la prise de possession du Retiro et la réunion sur ce point de toutes les forces vives, mesure adoptée par le duc de Rovigo, fut indiquée à Grouchy par le général Belliard.

M. Pascallet, qui a écrit une biographie assez exacte du maréchal de Grouchy, dit dans une note ce qui suit :

« On ne peut nier qu'il y ait un manque de loyauté dans les négociations qui déterminèrent, en 1808, la chute de la dynastie bourbonnienne en Espagne. On eut le tort d'aggraver encore par des mesures arbitraires le mécontentement du peuple espagnol, déjà froissé dans son orgueil national par cette domination étrangère qui venait, pour ainsi dire, frauduleusement s'imposer à lui. Le duc de Rovigo, aide de camp de l'Empereur, et à cette époque en mission à Madrid, se montrait, assure-t-on, le promoteur le plus zélé de ces mesures. Le général Grouchy, qui pensait au contraire que l'influence française ne pouvait s'établir solidement en Espagne qu'à l'aide d'une politique loyale et généreuse, eut fréquemment à ce sujet avec le duc de violentes altercations. Dans l'une de ces altercations, M. de Rovigo se laissa emporter jusqu'à proférer contre le général des menaces et des injures. M. de Grouchy lui répondit avec calme et dignité ; peut-être laissa-t-il percer alors le sentiment de répulsion que lui inspirait le caractère de l'homme qui avait pris une part si déplorable à la mort du duc d'Enghien. De là, la violente inimitié que lui voua M. de Rovigo, inimitié manifestée d'une manière si acerbe dans des mémoires publiés plus tard (Voir les Mémoires du duc de Rovigo.) La scène que nous venons de rappeler se passait au palais du prince de la Paix, qu'habitait le duc de Rovigo, et elle fut si véhémente qu'elle fut entendue par bon nombre d'Espagnols qui circulaient sous les fenêtres du palais. »

Nous n'avons dans aucune lettre, dans aucun rapport, dans aucun document, trouvé trace de cette discussion entre Grouchy et le duc de Rovigo. Toutefois, est probable qu'elle a eu lieu, car M. Pascallet n'a pu inventer un fait de ce genre, que le général n'eût pas laissé dans sa propre biographie. Nous sommes donc de l'avis de M. Pascallet, la haine vouée par le duc de Rovigo à Grouchy doit avoir son principe dans cette scène.

Dans l'un des derniers volumes de ses Mémoires, l'homme qui eut à l'égard du duc d'Enghien une si déplorable conduite, attaque Grouchy de la façon la plus violente. Il nous sera facile de réfuter en quelques mots cette partie du livre de Savary et de montrer la mauvaise foi de l'auteur. C'est ce que nous ferons à la fin de cet ouvrage.

Ajoutons ici cependant que, le 6 juillet, Belliard prévint par la lettre ci-dessous le général de Grouchy d'une gracieuseté que lui faisait le duc de Rovigo et dont ce dernier eut fort bien pu se dispenser.

« Général, Son Excellence le duc de Rovigo, désirant vous posséder à sa table le plus souvent possible, a ordonné que votre couvert y fût mis tous les jours à dix heures du matin pour déjeuner, et à cinq heures et demie pour dîner.

« Il me charge de vous en prévenir et de vous inviter une fois pour toutes à vous y rendre toutes les fois que vos occupations vous permettront de lui faire ce plaisir. »

Le duc de Rovigo, en arrivant à Madrid, envoya la division Vedel en Andalousie, pour soutenir et faire revenir à Madrid le corps de Dupont, mal engagé contre Castanos et fortement compromis. Il dirigea en même temps Moncey avec la division Musnier sur

Valence pour réprimer l'insurrection de la province de Murcie et s'emparer de la ville.

Le général Musnier, ami de Grouchy, lui fit la relation de cette expédition de la manière suivante, par lettre en date de San Clément, 10 juillet 1808.

Au quartier général à San-Clemente, le 10 juillet 1808.

« Je profite, mon cher ami, de l'occasion d'un aide de camp que M. le maréchal dépêche à Sa Majesté le grand-duc, pour te donner des nouvelles de notre expédition sur Valence.

« Notre marche jusqu'à Cuença n'a éprouvé d'autre difficulté que la rareté des subsistances; mais à deux journées de Cuença nous avons commencé à éprouver tous les maux du système adopté par les insurgés de nous priver de tout moyen de subsister en faisant déserter les villages situés sur notre route par tous les habitants.

« Le biscuit que nous traînions si péniblement à notre suite a été loin de suffire à nos besoins. Il a donc fallu dès Minglanille faire enfoncer les portes des maisons pour y trouver des farines et du vin, car sans vin il est impossible aux soldats de résister à des marches que la chaleur et la poussière rendent accablantes. Mais cette méthode de subsister, outre qu'elle démoralise et débande la troupe, épuise en un instant les ressources du pays.

« Nous avons commencé à rencontrer l'ennemi en position au pont de Lagasso, le 21 juin. Un bataillon de Traxler suisse avait été envoyé de Carthagène pour défendre le passage avec quelques centaines de paysans et quatre pièces de canon. Nous avons eu bientôt forcé ce passage, et le fruit de cette journée a été la prise de deux cent cinquante suisses et de leurs quatre pièces de canon. Mais nous avons été une journée entière à faire descendre, avec des peines et des travaux infinis, notre artillerie par un chemin à pic dans le roc et le seul cependant qui existe.

« Nous avons continué notre marche sur Utiel le 23, et le 24, après une marche de douze heures qui nous a portés à *Las siete Aguas*, nous avons reconnu l'ennemi occupant au nombre de six à sept mille hommes, les sommets des montagnes nommées *Las Cabreras*, qui dominent la route.

« Malgré l'extrême fatigue du soldat, M. le maréchal pensa qu'il convenait d'attaquer de suite l'ennemi, qui ne devrait pas s'attendre que nous fussions en état de gravir ce jour-là la position escarpée dans laquelle il était retranché, et encore moins de l'attaquer.

« C'est cependant ce qui a été exécuté avec un courage véritablement étonnant. Toutes les positions de l'ennemi ont été enlevées à la baïonnette; on lui a pris tous ses bagages, onze pièces d'artillerie, un drapeau et quelques centaines d'hommes.

« La déroute complète dans laquelle il a été mis aurait dû lui en faire perdre davantage; mais il est a remarquer que, son système étant toujours d'occuper des positions très-fortes par leur site, et de fuir à travers les montagnes lorsqu'il y est forcé, nous ne lui tuons que peu d'hommes dans le combat et ne pouvons pas le poursuivre.

« Un des fruits de la journée de *Las Cabreras* a été la reddition du reste du premier bataillon du régiment suisse de Traxler, dont nous avions pris deux cent cinquante hommes au combat de Lagasso. Nous avons employé toute la journée du 25 et les deux tiers de celle du 26 à faire passer notre artillerie par la route de *Las Cabreras* à la *venta de la Bunol*. Son nom indique assez que c'est un chemin de chèvres. Nous aurions été obligés d'y laisser plusieurs de nos pièces, si celles prises sur l'ennemi ne nous avaient procuré des roues de rechange.

« Nous avons été prendre position, le 26, à deux lieues en avant; nous nous trouvions à cinq lieues de Valence.

« Le 27, au moment où nous prenions position en arrière du village de Quarte, qui n'est qu'à une lieue de Valence, l'ennemi, retranché derrière le Guadalaviar et embusqué dans les chanvres, les vignes et les canaux dont le pays est couvert, nous attaqua sur toute notre ligne avec une grande impétuosité, et par son nombre nous menaça longtemps de nous déborder par notre droite.

« L'action fut extrêmement chaude ; les paysans se battirent avec fureur, et fureur bien secondée par des régiments de ligne espagnols.

« Enfin, le pont retranché du Guadalaviar fut enlevé à la baïonnette, et l'ennemi perdit cinq pièces de canon et eut un grand nombre de tués.

« Nous espérions que Valence consternée nous ouvrirait le lendemain ses portes, et nous nous hâtâmes en conséquence d'aller de grand matin prendre position sur une éminence en face des postes de *San Vicense Quarte*.

« Après une légère reconnaissance faite par le général Cazals, M. le maréchal se décida à ordonner l'attaque de vive force de ces postes, tandis que notre artillerie de réserve cherchait, par un feu continuel sur la ville, à l'intimider.

« Les troupes s'y portèrent avec une contenance admirable et une valeur digne d'une meilleure entreprise; mais les obstacles qu'elles rencontrèrent étaient insurmontables.

« Les approches des postes étaient défendues par des chevaux de frise, d'énormes madriers et des coupures, sous la protection de tours garnies d'artillerie et de retranchements au pied des murs, garnis d'un grand nombre de tirailleurs couverts jusqu'aux dents.

« Nos troupes, exposées de la tête aux pieds à un feu de mitraille et de mousqueterie qui les prenait en face et sur les deux flancs, ne reculèrent pas d'un pas. Elles le soutinrent pendant quatre heures, et jusqu'à la nuit close, où nous fîmes notre retraite dans le plus grand ordre.

« Notre perte a été terrible. A l'attaque de gauche que je commandais, les deux majors, le chef de bataillon et presque tous les officiers, furent tués ou blessés, une pièce d'artillerie démontée et trois autres mises hors de service par la perte de tous les canonniers.

« M. le maréchal ni aucun de nous ne s'était dissimulé que, quand même nous serions parvenus à nous emparer des portes que nous attaquions, nous devions perdre la moitié de notre monde avant d'être maîtres de quelques rues : car nous savions qu'il s'y trouvait renfermés plus de trente mille hommes armés, et qu'indépendamment des chaînes et des obstacles sans nombre qu'on y avait préparés, toutes les fenêtres étaient garnies de tirailleurs, et que chaque couvent surtout nous eût présenté une citadelle. Nous avions pu juger de la fureur des moines, en les voyant rangés en bataille en avant des portes, faire feu sur nous avec plus d'audace que tous les autres. Bien plus, nous ne pouvions nous dissimuler que, pénétrant avec cinq cents baïonnettes au plus dans une ville de soixante mille habitants entourée de dix mille insurgés, nous nous y trouverions bientôt affamés et assiégés nous-mêmes. Mais nous aurait-on pardonné, dans l'opinion qu'on avait à Madrid de la facilité de soumettre Valence, de ne point tenter d'y entrer, surtout après avoir remporté une suite continuelle de triomphes jusqu'au pied de ses murs?

« Nous avons donc rejeté les conseils de la prudence pour suivre aveuglément le désir de remplir notre mission et les ordres de Son Altesse le grand-duc.

« Après avoir échoué dans cette entreprise, perdu nos meilleurs officiers et nos plus braves soldats, épuisé nos munitions d'artillerie, nous trouvant sans vivres et entourés d'ennemis, il ne restait d'autre parti à prendre que la retraite. C'est ce que nous exécutâmes le lendemain matin 29.

« L'ennemi se contenta d'inquiéter notre arrière-garde et nos bagages, qui, chargés de quatre cents blessés, ne pouvaient marcher qu'avec beaucoup de lenteur et de difficulté; mais, fidèle au plan de nous affamer, il avait soin de faire retirer tous les habitants et les bestiaux des lieux de notre route.

« Le 1er juillet, sept mille hommes se réunirent sur les bords du Xucar, pour nous disputer le passage des deux seuls gués de cette rivière.

« Notre position était d'autant plus critique, que nous avions l'ennemi en tête et en flanc, sans pouvoir nous développer en aucun sens, à cause des rivières qui bordent la chaussée, sur laquelle il fallait faire filer troupes, artillerie et bagages.

« Nous nous fîmes jour après un court combat.

« Le 3, l'ennemi, porté au col en avant d'Almanza, dit *El puerto de la Hiruega*, essaya de nous arrêter. Nous l'attaquâmes à la pointe du jour, et lui enlevâmes sa position avec les deux pièces de canon qui la défendaient.

« Depuis ce combat, nous n'avons éprouvé d'autre difficulté que celle des subsistances. Cette difficulté a cessé hier, à notre arrivée à San Clemente, où nous avons retrouvé des habitants. Nous y prenons position, pour faire notre jonction avec le général Frère, que nous venons d'apprendre être à deux journées sur notre droite, et attendre de nouveaux ordres de Son Altesse le grand-duc.

« Le tableau que je viens de te tracer te prouvera, mon cher ami, que l'insurrection des royaumes de Valence et de Murcie est beaucoup plus sérieuse qu'on ne le croit à Madrid. Indépendamment du très-grand nombre de paysans armés, les insurgés peuvent disposer de dix à douze mille hommes de troupes réglées, déserteurs de différents régiments espagnols, et il est certain qu'en outre ils ont une communication réglée avec les Anglais, qui leur ont déjà fourni de puissants secours en armes et munitions. Les troupes du général Frère, réunies à la force disponible de ma division, ne pouvant composer qu'environ sept mille cinq cents hommes, sont loin de suffire pour réduire Valence. Il faut d'ailleurs de l'artillerie de siége; car nous avons bien reconnu que ses murailles, de même que ses portes, sont à l'abri d'une insulte. Je suppose au reste que M. le maréchal adressera à Son Altesse Impériale un rapport propre à l'éclairer sur cet objet.

« Quoique la moitié de ma division, officiers, généraux et autres, soient plus ou moins malades des suites des fatigues et des chaleurs épouvantables que nous avons éprouvées, ma santé jusqu'ici est assez bonne. Mais, si nous devions nous reporter, avant le mois de septembre, sur le point d'où nous venons, elle y succomberait infailliblement, et nous n'y conduirions que la moitié des soldats qui nous restent. »

Joseph Napoléon cependant, le nouveau roi d'Espagne, était arrivé à Madrid, le 20 juillet 1808, à la suite de la victoire de Rio Secco, remportée le 14 juillet par Bessières. Le roi reçut les félicitations officielles des grands d'Espagne et des autorités, le conseil de Castille excepté; mais il fut froidement accueilli par le peuple. L'affaire du 2 mai était encore présente à la mémoire de tous les Madrilènes, et les espérances flatteuses que l'avénement de Ferdinand VII avaient fait concevoir, étaient trop récentes pour que la venue de Joseph fût considérée comme de bon augure. Ce qui, par-dessus tout, exaspérait le peuple espagnol, c'était la captivité des princes de la maison royale, captivité qui indignait une nation loyale, fière et amoureuse de son indépendance.

Déjà d'ailleurs des bruits sinistres commençaient à courir dans la capitale sur les affaires d'Andalousie. Les juntes provinciales s'organisaient sur tous les points du royaume, et l'on était à deux jours de la capitulation de Baylen.

Selon l'ancien usage, le nouveau souverain fut reçu au bas de l'escalier de son palais par la noblesse du pays, proclamé ensuite dans les rues, sur les places, avec l'appareil accoutumé lors de l'avénement des rois d'Espagne; mais le marquis d'Astorga, comte d'Altamira, chargé, en sa qualité d'*Alferès mayor*, de faire la proclamation, refusa et dut être remplacé par le marquis de Campo Alange, qui devint grand écuyer de Joseph et ministre des affaires étrangères.

Pendant cette cérémonie, la ville fut silencieuse. Un bruit vague d'échecs éprouvés en Andalousie par les troupes françaises commença à circuler. L'impression des craintes produites par la bataille de Rio Secco, l'impression de respect causée par l'arrivée du frère de l'Empereur, l'idée que nos armées étaient invincibles, commencèrent à s'affaiblir dans les masses populaires.

Grouchy, plus à même que qui que ce fût, par sa position de gouverneur de Madrid, par les rapports de police qu'il recevait journellement, d'être bien au fait de cette situation, prévint le roi, qui, occupé des premiers soins à donner à son nouveau gouvernement, ignorait le danger de sa position. Trois jours après son entrée à Madrid, ce prince ne put se faire d'illusion. Les grands cessèrent de paraître au palais, et le 23 la nouvelle de la capitulation de Baylen fut connue.

Cette triste affaire eut, à l'instant même, des conséquences incalculables et une influence terrible sur tout le reste de la triste guerre de la Péninsule.

Le 28 juillet, Joseph jugea à propos de replier l'armée sur l'Èbre. Il laissa les Espagnols qui avaient embrassé sa cause, libres de l'accompagner ou de l'abandonner. Cinq de ses ministres : Mazaredo, Cabarrus, Urquijo, Azanza et O'ffaril (ce dernier ministre de la guerre), le suivirent. Les deux autres, MM. Cevallos et Pinuela, s'excusèrent.

Le roi Joseph ayant cru indispensable d'abandonner Madrid, prit toutes ses dispositions pour un prompt départ de l'armée. Le général Belliard, chef d'état-major de l'armée, mit à l'ordre le 29 juillet :

« Il est ordonné aux généraux et officiers commandants de faire distribuer des cartouches à leurs troupes, de manière que chaque homme en ait quarante; cette distribution devra se faire ce soir, et au plus tard demain matin.

« Tous les officiers des corps, ou isolés, ainsi que les employés des administrations, devront s'armer de sabres, carabines ou fusils de chasse; les chefs des corps délivreront des bons, qui seront visés à l'état-major général; ceux des officiers isolés seront visés par le général gouverneur de la ville, et ceux des administrations par l'intendant général.

« Le général de division, chef de l'état-major général,

« A. BELLIARD. »

Belliard écrivit en même temps au gouverneur de Madrid, général de Grouchy :

Madrid, le 29 juillet 1808.

« Mon cher général, Sa Majesté ordonne que vous fassiez partir dans le jour tous les dépôts de cavalerie et d'infanterie qui sont à Madrid, que vous les dirigiez sur Burgos et que vous les organisiez de manière à ce qu'ils puissent voyager sûrement et en bon ordre. Vous ferez armer tous les hommes qui ne le sont pas, soit à pied, soit à cheval, et on donnera à chacun quinze cartouches. Il faut les organiser en régiments, bataillons, escadrons de marche, et leur donner autant que possible de bons officiers. Il y en a plusieurs à Madrid qui ne sont point employés et appartiennent à l'armée de Portugal. Il faut les attacher à ces dépôts.

« J'ai écrit à M. l'intendant général de s'occuper de suite de l'évacuation des hôpitaux. Tous les malades qui ne pourront pas être transportés à l'époque où l'armée se mettra en mouvement, seront déposés à la manufacture de porcelaine du Retiro. On y laissera un détachement suffisant pour sa garde, avec un commandant intelligent et vigoureux qui traitera pour les malades, lorsque l'avant-garde de l'armée espagnole arrivera à Madrid.

« Je vous prie de vous entendre avec M. l'intendant général pour l'évacuation des dépôts, et de donner à chaque convoi une escorte suffisante pour que les malades ne courent pas, en route, le risque d'être assassinés.

« J'écris à M. l'intendant général d'attacher aux dépôts d'infanterie et de cavalerie un commissaire des guerres, et des administrations, pour les faire vivre le long de la route. Les dépôts devront prendre, avant de partir, savoir : ceux de cavalerie, quatre onces de riz, quatre jours de biscuit et un jour de pain ; ceux d'infanterie, un jour de pain, deux jours de biscuit et quatre onces de riz. Les détachements d'escorte prendront les mêmes distributions que les dépôts de cavalerie.

« Je vous prie, mon cher général, de me faire connaître la force de chaque régiment, escadron, bataillon ou détachement que vous ferez partir, et les noms des officiers qui les commanderont. Tous les dépôts doivent se mettre en marche ce soir ou dans la nuit, pour le plus tard. Ils suivront la route d'étape. Ils pourront même gagner sur la journée, si les soldats ne sont pas trop fatigués.

« Vous allez reprendre, mon cher général, le commandement de toute le cavalerie. Occupez-vous donc, je vous prie, de l'armer très-promptement, et de la mettre en état d'agir. »

Le 30 juillet, dès le matin, Grouchy reçut de Belliard une lettre très-pressée, relative aux malades que l'on était obligé d'abandonner à Madrid, soit faute de moyens de transport, soit parce qu'ils étaient hors d'état d'être évacués.

Voici cette lettre, inspirée par l'humanité du roi :

Madrid, 30 juillet 1808.

« Mon cher général, Sa Majesté désire que vous fassiez de suite une lettre pour M. de Castanos; que vous lui représentiez l'intérêt que vous portez à la ville de Madrid, que vous craignez que quelques mal-intentionnés n'agitent le peuple et n'occasionnent quelques malheurs dans la capitale; qu'il serait à désirer qu'il voulût prendre des mesures pour le maintien de la tranquillité, lorsque les troupes françaises ne seront plus à Madrid; que vous laissez des malades à l'hôpital, que vous mettez sous sa sauvegarde et que vous laissez à sa loyauté militaire. Enfin, mon cher général, écrivez comme vous le jugerez convenable, et envoyez-moi la lettre, Sa Majesté désire la voir avant que vous la fassiez partir. Le général Laval a opéré sa jonction avec Musnier. Il doit coucher à Aranjuez. »

Le général Castanos commandait les troupes espagnoles qui avaient fait capituler Dupont. On supposait qu'il était en marche sur Madrid.

Grouchy écrivit, en effet, à Castanos, mais nous n'avons pas retrouvé la copie de cette dépêche.

Le 30 juillet, les ordres et les lettres se succédèrent pour la mise en route de l'armée.

Voici d'abord l'ordre de marche adopté pour le mouvement général de l'armée :

Deux cents hommes à cheval fournis par la division du général Grouchy, commandés par un bon chef d'escadron aux ordres du général Musnier, ainsi que :

Cinquante gendarmes fournis par le colonel Mathis,

Le 1er régiment provisoire,

Le 4e régiment provisoire,

Les équipages de Sa Majesté et ceux de son état-major,

Les équipages de M. le maréchal Moncey,

Ceux des officiers généraux,

Ceux de l'intendant général,

Ceux de l'état-major général,

Le parc d'artillerie,

Le reste de la division Musnier avec son artillerie, dont deux pièces marcheront en tête du 1er régiment,

La garde impériale à pied,

La brigade du général Rey,

Les chevau-légers du grand-duc,

Le roi,

Son état-major,

Sa maison,

La cavalerie de la garde,
La division Morlot,
La division Frère,
Arrière-garde commandée par le général Grouchy,
9ᵉ régiment provisoire de la division Morlort,
2ᵉ régiment suisse de la division Frère, commandée par le général Aubrée,
Deux pièces d'artillerie,
Cuirassiers,
Dragons,
Chasseurs à cheval,
Brigade d'hussards,
Quatre pièces d'artillerie.

Le général, chef de l'état-major général,

Aug. Belliard.

Un nouvel ordre fut lu à l'armée dans la matinée :

Au quartier général à Madrid, le 30 juillet 1808.

« L'armée doit se tenir prête à marcher ; chaque soldat devra avoir dans sa giberne quarante cartouches et deux pierres à feu ; les armes doivent être mises dans le meilleur état.

« Les corps prendront demain du biscuit pour quatre jours et quatre onces de riz par homme ; ce biscuit et ce riz devront être conservés pour la route ; on fera des distributions de vivres frais jusqu'au jour du départ.

« Le colonel de gendarmerie Mathis est nommé vaguemestre général de l'armée.

« Le général (*sera désigné plus tard*) est nommé commandant du quartier général.

« Depuis le 31, tous les gros équipages des officiers généraux, des états-majors, des corps et des administrations, seront réunis sur les hauteurs de Chamartin à quatre heures du soir, et partiront de là pour se rendre à la destination qui sera donnée à l'officier de l'état-major chargé de la direction du convoi.

« Il est expressément défendu aux régiments, bataillons, escadrons ou détachements, d'envoyer avec les gros bagages des hommes dans le cas de faire la guerre; les escortes doivent être formées par les convalescents ou par des hommes de faible santé. Les chefs de corps sont personnellement responsables de l'exécution de cette mesure.

« Sa Majesté désire que M. le maréchal Moncey ordonne à un officier général d'être demain sur les hauteurs de Chamartin, à quatre heures, afin de passer la revue des différents détachements que les corps auront fait partir avec les équipages, pour s'assurer si les intentions du roi ont été remplies, et si chaque soldat a bien quarante cartouches, deux pierres à feu dans sa giberne, quatre jours de biscuit et quatre onces de riz.

« Après avoir passé la revue, l'officier général réunira les différents régiments et formera un bataillon dont il donnera le commandement au chef d'escadron Ferrée, officier de l'état-major général, qui ira prendre des instructions chez M. le maréchal Moncey. S'il jugeait que cette escorte ne soit pas suffisante, il ajouterait le nombre d'hommes qu'il jugera nécessaire et qu'il prendra à Fuencarral, où l'on enverra trois cents hommes d'infanterie pour alimenter le bataillon d'escorte, qui ne doit pas excéder quatre cents hommes. L'officier commandant le bataillon aura dix gendarmes à sa disposition.

« Le convoi sera bien organisé, conformément aux règlements, et devra marcher dans l'ordre prescrit par l'ordonnance. Aussitôt que tout sera disposé, l'officier général chargé de l'inspection les fera partir devant lui, et viendra faire son rapport à M. le maréchal Moncey. Le premier jour on fera connaître à chacun la place qu'il doit occuper, soit pendant la marche, soit quand on parquera les équipages, ce qui doit avoir lieu tous les soirs et toujours en dehors des villes ou des villages. L'escorte bivouaquera auprès des équipages.

« Lorsque l'armée se mettra en marche, on ne permettra dans la colonne d'autres équipages et voitures que ceux de Sa Majesté, ceux des états-majors généraux et dont la note sera remise par le chef d'état-major général au colonel de gendarmerie Mathis, vaguemestre général ; toutes les autres voitures ou caissons seront dételés, et chevaux ou mulets seront remis à la disposition de l'artillerie.

« Cette mesure est ordonnée pour éviter l'encombrement. Tous les cantiniers ayant voiture ou chevaux de bât attachés soit aux états-majors, soit aux corps, devront avoir une patente, qui sera visée par le vaguemestre général.

« Par ordre du roi, le général de division, chef de d'état-major général. »

Chamartin, où l'armée avait ordre de se réunir, est un gros bourg situé à une lieue un quart au nord de Madrid, un peu sur la droite et dominant la route de Burgos par Fuencarral.

Belliard, pour assurer l'exécution de ces dispositions, écrivit à Grouchy le même jour, 30 juillet 1808 :

« Mon cher général, je vous prie de donner des ordres pour que tous les dépôts d'infanterie quittent sans faute aujourd'hui Madrid, de quelque manière que ce soit. S'il n'y a pas de voitures en quantité suffisante, ils iront clopin clopan jusqu'à Alcobendas (3 lieues) ; n'iraient-ils même que jusqu'à Fuencarral (2 lieues), ou Chamartin, pour leur première marche, il faut toujours les mettre dehors de la ville ce soir, et continuer de les faire marcher jusqu'à Buytrago, quand ils ne devraient faire, dans le commencement, qu'une lieue par jour.

« On trouvera toujours dans la campagne et dans les villages, des voitures beaucoup plus facilement qu'à Madrid. Si vous croyez que le colonel Sancey soit nécessaire avec les dépôts, et qu'il veuille bien s'en charger, il faut lui en donner le commandement et le faire partir avec. Il les conduira à Burgos ; ensuite il reviendra à l'armée, et on tâchera de le dédommager de ses peines et de ses soins.

« Ne pourrait-on pas avoir de Carabancel, ainsi

que des autres villages rapprochés de Madrid, des voitures, en les envoyant chercher par des détachements? Enfin, mon cher général, employez tous les moyens qui sont humainement possibles pour avoir des moyens de transport; il faut tâcher de ne laisser à Madrid que les malades qu'on ne pourra absolument pas transporter. »

Dans cette dépêche, le départ des dépôts est prescrit pour le lendemain 31 juillet, probablement par erreur, car le soir de ce même jour Savary écrivit à Grouchy :

« Mon cher général, la troupe doit partir demain à quatre heures du matin ; vous recevrez des instructions de M. le maréchal Moncey, auquel le Roi donne ses ordres.

« Le Roi me charge de vous demander si l'officier porteur de votre lettre pour M. Castanos est parti ;

« Si M. Cabarrus a commencé son opération et où elle en est ; le Roi tient beaucoup à ce qu'elle se termine ce soir et que vous fournissiez à M. Cabarrus tous les moyens dont il pourra avoir besoin ;

« Si la division Musnier et la brigade Laval sont entrées en ville, ou à quelle heure ils arriveront, et si le général Musnier a eu quelque avis de l'occupation de Tolède par un parti de l'armée de Castanos ;

« Si la ville est tranquille ; s'il y a eu quelques propos ou voies de fait. Envoyez de suite un officier près de Sa Majesté pour lui rendre compte de tout ce qu'elle demande et pour prendre ses ordres.

« Sa Majesté ordonne que la garde de l'hôpital soit confiée aux gardes wallonnes.

« Faites prévenir tous les Français isolés de quitter ce soir l'intérieur de la ville et d'aller au Retiro avec la troupe, pour éviter les accidents.

« Si le général Musnier a emmené des voitures, il faut de suite les faire charger de malades et les mettre en route. Tous les dépôts sont partis ; cependant, il faut encore faire visiter les établissements où ils étaient, pour s'assurer que quelques soldats ne sont pas restés en arrière.

« Musnier aura sûrement avec lui des malades, des hommes malingres, des chevaux blessés ; il faut tout mettre en route à onze heures du soir, pour nous débarrasser et ne pas les avoir dans la marche qu'ils gêneraient et retarderaient beaucoup.

« Je vous prie de faire passer de suite les lettres ci-jointes à leur adresse. »

Madrid, le 30 juillet 1808.

LE DUC DE ROVIGO A GROUCHY.

« Mon général, je ne sais pourquoi les dépôts ne sont point partis hier, comme je l'avais ordonné ; ceux d'infanterie sont restés. La journée d'hier a été entièrement perdue pour l'évacuation des hôpitaux, puisqu'on n'a pu réunir que trente-cinq voitures. Si l'on continue sur ce pied, nous laisserons ici plus de deux mille malades.

« Je vous en prie, général, employez toute votre activité pour hâter les opérations.

« Avertissez les troupes de la garnison de se tenir prêtes et de faire filer dès aujourd'hui leurs bagages, en ayant soin de ne mettre pour les escorter que des hommes hors d'état de combattre.

« Le duc de Rovigo. »

« P. S. Ne pourriez-vous pas envoyer chercher des voitures dans les villages voisins qu'occupent les cuirassiers?

« Lisez ce paragraphe mon cher, et envoyez une patrouille à Carabanchel, afin de tâcher d'avoir des voitures. »

Le 31 juillet, le roi Joseph quitta l'Escurial et se rendit à Chamartin. Il écrivit de là à l'Empereur la lettre ci-dessous, que nous donnons ici *in extenso*, attendu qu'elle fait connaître la situation vraie de l'Espagne à cette époque.

Cette lettre a été publiée déjà, mais en partie seulement, dans les Mémoires du roi Joseph. Plusieurs phrases en ont été omises à dessein par l'auteur.

La voici telle qu'elle fut écrite à cette époque :

Chamartin près Madrid, le 31 juillet 1808, à 6 heures du matin.

Sire,

« Je vous ai déjà écrit ; je profite d'un moment de tranquillité pour vous donner quelques détails qui vous feront apprécier la véritable situation des affaires d'Espagne. Vous vous persuaderez que les dispositions de la nation sont unanimes contre tout ce qui a été fait à Bayonne.

« 1° Il y avait deux mille hommes employés dans les écuries royales ; tous à la même heure ont tenu le même langage, et se sont retirés ; je n'ai pas trouvé un postillon dans toutes les écuries, à compter d'hier matin à neuf heures.

« 2° Les paysans brûlent les roues de leurs voitures, afin de n'être pas obligés aux transports.

« 3° Les domestiques même, des gens qui étaient soupçonnés de vouloir me suivre, les ont abandonnés.

« 4° Pas un Espagnol ne peut être employé avec succès à nous instruire des mouvements de l'ennemi.

« 5° Tous les grands m'ont quitté, à l'exception de MM. del Parco et Frias.

« 6° J'apprends que des partis [ennemis se sont montrés à Tolède, je ne doute pas que M. de Castanos ne cherche à nous tourner avant notre réunion avec le maréchal Bessières. J'ordonne le départ pour quatre heures du soir ; nous ne pouvons pas emmener tous nos malades. L'artillerie n'avait ici aucun moyen, elle a tout épuisé ; les jours qui ont précédé la connaissance de l'événement de Dupont, beaucoup de gens avaient quitté Madrid ; depuis, tous les Français employés ici et établis sont aussi partis, ce qui a beaucoup diminué les moyens de transport. Votre Majesté ne peut pas se faire une idée exacte de l'exaltation de toutes les classes de la société et de leur unanimité. Mazaredo même a hésité de partir; les ministres de la justice et des affaires étrangères restent, les autres viennent.

« M. de Castanos est accompagné par deux députés de la junte de Séville, qui a rédigé une constitution sur le modèle de celle d'Angleterre. M. Savedra est le président de cette junte. Elle donne quelques mois aux princes qui sont en France pour se présenter et user de leurs droits. Ce temps expiré, elle appelle le prince de Sicile, que les Anglais permettent de leur amener. Le très-petit nombre des gens marquants qui m'accompagnent sont découragés et désespérés de se voir d'un parti qui a contre lui leur nation. L'activité de l'ennemi à publier les nouvelles les plus absurdes, à inonder le public d'imprimés de tous les genres, n'est expliquée que par ce sentiment général d'exécration qui existe dans ce peuple, qui ne peut plus être que conquis méthodiquement. Il faut dix mille hommes au moins de bonnes troupes en sus de ce qui est ici; sans quoi la fin de cette guerre ressemblera à son commencement; je vous le prédis, et depuis que je suis en Espagne, je ne vous ai rien écrit que l'événement n'ait vérifié.

« Je vous prédis que sous trois mois il ne sera plus temps; d'ici là l'Espagne aura quatre à cinq cent mille hommes sous les armes, aussi aguerris que les bataillons français qui ont vaincu dans les premières années de la révolution française.

« Je charge M. de Villoutreys de vous dire beaucoup d'autres choses. Dès que je serai réuni au maréchal Bessières, je serai en mesure d'en venir à une bataille générale, dont Votre Majesté sent toutes les conséquences dans la situation actuelle des choses.

« Je suis sans nouvelles du général Junot. »

En sa qualité de gouverneur de la capitale, Grouchy était chargé de tous les détails relatifs à l'évacuation : aussi reçut-il le 31 juillet, à Madrid, où il était resté le dernier, les deux lettres suivantes datées de Chamartin, où se trouvait ce jour-là le quartier général. Elles sont écrites par le général Belliard.

« Mon cher Grouchy, je te prie de faire tout ce qui dépendra de toi, et même des autres, pour que les équipages de M. Offarill puissent partir ce soir pour venir le joindre à Chamartin. L'homme qui te remettra ma lettre indiquera le muletier qui a passé marché pour conduire les équipages; s'il était en fuite, ce qui serait très-possible, fais prendre militairement dans les maisons considérables des mules. Tu connais celles qui de préférence doivent fournir. »

Le même jour, 31 juillet, le roi Joseph envoya un de ses aides de camp de Chamartin à Madrid, avec ordre de s'entendre avec le général de Grouchy pour le départ du trésor et des caisses publiques.

Cet aide de camp écrivit à Grouchy :

« Mon général, Sa Majesté vient de me renvoyer de Chamartin pour pousser M. le ministre des finances afin de presser l'évacuation des fonds qui doivent suivre. J'ai déjà vu M. de Cabarrus, qui a donné des ordres pour la réunion de toutes les caisses au Palais; il n'y a pas de doute que cet enlèvement doive se faire avec la force armée; vous avez déjà donné ordre, mon général, pour que les employés du ministère des finances aient un détachement de trois cents hommes à leur disposition, c'est très-bien pour l'exécution ; mais, mon général, il serait possible que les quartiers où se trouvent les caisses se remuent ; il faudrait, je crois, y faire exercer une surveillance plus active pour le moment de l'opération. Je vais avoir l'honneur de vous désigner les lieux les plus intéressants à faire garder et surveiller.

« A la maison des Conseils, près du Palais.

« A l'hôtel de la Monnaie, près de la porte de Ségovie.

« A l'hôtel des Postes, porte del Sol.

« A l'hôtel de la Consolidation, rue du Duc d'Albe.

« Passages les plus dangereux :

« Celui de l'église Saint-Jean.

La rue du Trésor, celle de la maison du prince de la Paix et l'arc du Palais.

« Des patrouilles et piquets de cavalerie à demeure contiendront la population. Je crois, mon général, que c'est le moyen le plus sûr pour assurer l'opération du ministre des finances, à laquelle Sa Majesté tient beaucoup. »

Enfin, tout étant prêt, le général de Grouchy ayant pris toutes ses dispositions, donné tous les ordres, le mouvement de retraite commença le 1er août de bon matin. On laissa très-peu de monde à Madrid, et strictement les hommes qui ne furent pas transportables.

La retraite s'exécuta par Buytrago, où le quartier général se trouva porté le 3 août.

Pendant la marche sur cette ville, les hussards de la brigade Wathiez (division Grouchy) pillèrent un fourgon où se trouvait l'argenterie du roi.

Belliard écrivit à ce sujet à Grouchy :

« Mon cher général, le colonel Lasserre restera à Buytrago jusqu'à votre arrivée ; il pourra partir après avec son détachement, pour se rendre à Somo-Sierra, où sera le quartier général. Le détachement rentrera dans son régiment.

« Le roi me charge de vous dire qu'il tient beaucoup à ce qu'on retrouve l'argenterie qui a été volée.

« Vous aurez à Buytrago du pain, de la viande et des légumes ; on vous fera aussi une distribution de biscuit pour deux jours.

« J'ai vu les deux officiers que vous m'avez adressés. Je leur ai offert de venir au quartier général ; je demanderai à Sa Majesté de les lui présenter, et je ferai ce qui dépendra de moi pour attirer sur eux sa bienveillance.

« J'ai communiqué votre lettre à Sa Majesté ; elle vous autorise à prendre toutes les mesures que vous jugez convenables pour réprimer les excès et le brigandage auquel se livrent toutes les troupes. »

Le roi, continuant sa marche vers le Nord, franchit le Douro et se porta à Aranda, puis à Lerma sur l'Arlanza, faisant écrire le 9 août, d'Aranda, par Belliard, à Grouchy :

Madrid, le 3 août 1808.

« Je te renvoie, mon cher Grouchy, une lettre de M. Clermont-Tonnerre, aide de camp du roi, qui se plaint que des chasseurs et hussards de la division ont pillé, entre Fuencorral et Alcobendas, un fourgon qui contenait un service en argent de quarante couverts, des mantilles et fichus garnis en dentelles, deux portemanteaux, des draps et serviettes, etc. Ce qu'ils n'ont pas pu emporter, ils l'ont brûlé. Tu sens, mon cher, combien cette conduite est indigne ; il faut absolument que tu fasses faire une fouille, que tu fasses arrêter et conduire au quartier général tous les voleurs et les effets qu'ils ont pillés, ainsi que l'argenterie.

« Ce pillage a été fait de deux à trois heures du matin ; on dit que des officiers même se trouvent complices.

« La voiture et tout ce qu'ils n'ont pas pu emporter ont été brûlés ; les six mules, emmenées. La première chose à faire était de dételer d'autres voitures pour atteler celle du roi et l'emmener, et non pas de la laisser sur la route et de l'abandonner au pillage des soldats. Je sors de chez le roi, qui tient absolument à ce que tous les effets soient retrouvés, et qui fera rembourser par les officiers généraux la valeur de tout ce qui pourrait manquer. »

Le général Belliard, parti le 3 août de Madrid, arrivé le même jour à Buytrago, avant le général de Grouchy marchant avec l'arrière-garde, écrivit de nouveau au général :

« Comment se fait-il, mon cher Grouchy, que les deux cents dragons qu'on avait demandés pour l'avant-garde ne s'y trouvent pas? Il y en a justement quatre-vingts. Aujourd'hui j'ai voulu faire faire un détachement de cent cinquante hommes, et cela a été impossible, comme tu avais sûrement donné l'ordre d'exécuter ceux du roi; en conséquence, il faut punir très-sévèrement l'officier, quel qu'il soit, qui ne s'est pas conformé aux instructions qu'il a reçues.

« Des rapports arrivés ce matin annoncent qu'une partie de l'argenterie du roi se trouve dans les caissons du fourgon du régiment de l'arrière-garde, et même dans quelques-uns appartenant aux officiers. Sa Majesté tient beaucoup à connaître les auteurs de ce vol; en conséquence, elle me charge de t'écrire de faire visiter par ton chef d'état-major tous les caissons, fourgons ou voitures de l'arrière-garde; il faudra pour cela les réunir dans un parc, comme si tu voulais les mettre en marche, afin d'éviter de donner l'éveil et de ne pas manquer de trouver la pie au nid, si vraiment elle y est.

« Sa Majesté veut avoir raison de cette affaire; tu feras bien d'être présent toi-même à la visite, d'y faire trouver le commissaire des guerres, de faire dresser un procès-verbal que tu enverras directement à Sa Majesté.

« Fais-moi passer de suite l'état de situation de l'arrière-garde, que je n'ai pas encore pu obtenir de ton état-major général; envoie-moi séparément l'état des différents détachements de cavalerie et d'infanterie que tu as ramassés sur la route et dans différentes places, et qui étaient établis, soit comme garnison, soit comme correspondance. Fais mettre aussi à chaque détachement l'endroit où il aura été pris pour être réuni à ton arrière-garde; il faut faire partir à une heure du matin tous les détachements d'infanterie, ou plutôt amène-les avec toi jusqu'à Aranda, et de là tu les dirigeras sur Bahabon, au quartier général du maréchal Moncey.

« Le 1er bataillon de marche est à Fuentès-Pina, entre Aranda et ta position; il doit y rester pour empêcher le pillage du village, jusqu'à l'arrivée de ton avant-garde. Il faudra le faire relever, et il suivra la destination que doit lui donner le maréchal Moncey.

« Je laisse à Aranda le général Augereau avec le 1er régiment de marche pour faire la police et empêcher le désordre; aussitôt ton arrivée à Aranda, fais relever les postes de ce régiment, et Augereau partira avec eux pour aller à Bahabon. Le roi me charge de te dire qu'il tient beaucoup à ce que Aranda soit bien ménagé.

« Jusqu'à présent, malgré la présence de l'armée, il n'y a pas eu de désordre, et tout s'est assez bien passé; depuis deux jours cela va mieux chez nous; je pense qu'il en est de même à l'arrière-garde.

« Tu resteras demain à Aranda; le maréchal Moncey sera à Bahabon avec les divisions Morlot et Frère; le roi aura son quartier général à Lerma avec la garde, la brigade Laval et la division Musnier, si elle peut aller jusque-là.

« Quelle nouvelle as-tu de tes derrières? tu n'es pas fertile en rapports ; moi je vais te donner celles arrivées hier. L'Empereur connaît les malheureux événements de Dupont. Avant son départ de Bayonne, il avait ordonné à quinze régiments de vieilles troupes de se rendre en poste en Espagne. Ces quinze régiments ne tarderont pas à arriver; déjà trois sont à Bayonne et en route pour Vittoria.

« Depuis l'événement de Dupont, de nouveaux ordres ont été donnés, et mille cinq cents hommes de vieilles troupes seront bientôt en Espagne.

« Le maréchal Ney vient à l'armée ; il ne tardera pas à arriver.

« L'empereur de Russie et l'empereur d'Autriche ont reconnu le nouveau roi d'Espagne. »

Le lendemain 8 août, Belliard, ayant porté son quartier général à Lerma, écrivit à Grouchy :

« Mon cher général, d'après les ordres du roi, vous devez laisser à Aranda un détachement de cent hommes de cavalerie des mieux montés et des plus vigoureux, sous les ordres du chef d'escadron Charmont, que j'envoie près de vous.

« Sa Majesté désire beaucoup avoir des nouvelles de l'ennemi et de ce qui se passe à Madrid. Ne serait-il pas possible de trouver quelqu'un, qui à force d'argent, puisse se rendre dans la capitale, ou au moins jusqu'à l'endroit où il trouverait des troupes si elles sont parties de Madrid. Enfin, employez tous les moyens possibles pour avoir des nouvelles de Madrid, Valladolid, Ségovie, et même de Séria. J'ai déjà moi-même envoyé sur ce dernier point. J'ai laissé à Aranda le fourgon chargé de l'imprimerie. Je vous prie de faire veiller par un de vos officiers à ce qu'il soit raccommodé le plus promptement possible, et qu'il parte de suite pour venir me joindre.

« Demain, aussitôt votre arrivée à Bahabon, envoyez-moi un courrier à Burgos, quand bien même vous n'auriez rien de nouveau; il faut toujours qu'il passe. Vous quitterez Bahabon le 10, entre minuit et une heure du matin, et vous viendrez vous établir à Lerma, où vous resterez jusqu'à nouvel ordre. En partant, vous laisserez à Bahabon un détachement d'infanterie et de cavalerie suffisant pour s'y maintenir, pour protéger et appuyer la retraite du détachement d'Aranda, si cela devenait nécessaire. Le roi vous laisse le maître d'organiser ce détachement ainsi que celui d'Aranda, selon que vous le jugerez convenable. Vous pourriez même laisser à Bahabon une pièce de quatre. Enfin, mon cher général, arrangez tout pour le mieux; ces mesures par échelons sont prises pour avoir très-promptement et sûrement des nouvelles de l'ennemi. Les commandants doivent être alertes avec leurs troupes réunies et exercer la plus grande surveillance.

« M. le maréchal vous enverra des instructions par le chef d'escadron Charmont.

« Garde-toi bien de dire que je t'ai écrit pour éviter les querelles, non pour moi, je m'en f..., mais pour toi... Le roi t'a écrit hier. Comment vas-tu? Je suis toujours faible et l'appétit ne revient pas.

« Charmont restera avec toi, organise-lui un escadron de hussards ; je vais tâcher de te donner un major ou un colonel pour commander les deux escadrons. »

L'argenterie et les effets pillés par la brigade du général Wathiez furent retrouvés. Grouchy écrivit une lettre très-verte à cet officier général, qui répondit le 13, de Monasterio.

Monasterio, ce 13 août 1808, 9 heures du soir.

« Monsieur le général, j'ai l'honneur de vous adresser les états des hommes et des chevaux blessés qui composent le détachement commandé par M. le capitaine Schwab, c'est le seul dont je puisse rendre compte, tout ce que j'avais laissé à Madrid d'hommes et de chevaux ayant reçu des destinations dont je n'ai eu aucune connaissance.

« Je ne vous ai pas envoyé ces états à Burgos parce que votre ordre ne disait pas que je vous les adresserais, et que j'ai cru qu'ils devaient être remis au capitaine commandant le détachement, quand il dut aller prendre son ordre de route de M. le général Belliard. D'ailleurs, j'avais prié il y a quelques jours M. Dupuis, votre aide de camp, de vous remettre les mêmes états que vous m'aviez demandés.

« Je vous prie de croire, monsieur le général, que je connais trop les devoirs que m'inspire la subordination pour me permettre de critiquer les ordres que je reçois ; mais je pense que, quand il existe un désordre, je puis représenter quelle en est la cause et le remède.

« Je ne crois pas avoir à me reprocher d'inexactitude dans l'exécution de vos ordres. Le détachement a été composé ainsi que vous l'aviez prescrit. Responsable de tout ce qui peut se passer sous mes yeux, je ne puis l'être des délits que commettent des détachements qui ont reçu des ordres de marche particuliers. Je n'ai donc pu sévir contre le commandant qui a laissé cent hussards à pied piller des villages ; je ne sais même à quel détachement ils peuvent appartenir, celui du capitaine Schwab n'ayant pas même le quart de ce nombre de hussards démontés. Je vous prie, monsieur le général, d'ordonner la punition qui doit être infligée et qui doit la subir ; j'exécuterai vos ordres à la lettre.

« Veuillez croire, monsieur le général, que tous mes efforts tendent à maintenir le bon ordre et la discipline, que vous désirez qui règnent dans votre division. Si je pouvais y manquer, je préfère en être à l'instant puni par tous les moyens qui sont entre vos mains, que d'être traité, mon général, avec la hauteur humiliante qui règne dans la lettre que vous m'avez fait écrire il y a quelques instants.

Le général WATHIEZ.

« Je viens de faire partir pour Burgos, par un sous-officier, les deux lettres adressées à Son Exc. le maréchal Bessières et au général Guilleminot, que vous m'aviez adressées.

« Le major du 1er régiment ayant tardé à m'adresser son état qu'il a été obligé de refaire, je ne puis les faire partir qu'*aujourd'hui à six heures du matin*. J'ai mis le major aux arrêts. Je n'ai pas de nouvelles des chasseurs. »

Pendant cette retraite de l'armée française sur Burgos et sur l'Èbre, Belliard eut encore l'occasion d'écrire plusieurs lettres à son ami le général de Grouchy, sous les ordres duquel la cavalerie avait été placée.

Voici quelques-unes de ces dépêches :

Briviesca, le 14 août 1808, à 7 heures et demie du soir.

BELLIARD A GROUCHY.

« Mon cher général, d'après les nouvelles dispositions de Sa Majesté, vous n'enverrez point de hussards à Burgos.

« Sa Majesté désire que vous les employiez à faire des reconnaissances, savoir :

« Une sur Belorado et la Calzada, où elle se divisera en deux parties, dont la plus forte se portera par Naguera sur Logrono, reconnaîtra cette dernière ville, passera l'Èbre s'il est possible, et reviendra sur la rive gauche, à Miranda. Dans le cas où le commandant éprouverait des difficultés pour le passage, il reviendra à Miranda par la rive droite. L'autre partie se portera directement de la Calzada sur Miranda, par Banos de Rioja et Tirga ; elle apportera des nouvelles de la Calzada.

« Arrivé à la Calzada, si le commandant trouvait

des difficultés à exécuter ces ordres, il pourra faire les changements que les circonstances exigeront.

« S'il était possible que la reconnaissance fût à Logrono par Torrecella de los Cameres, cela vaudrait encore mieux. Le commandant de cette reconnaissance tâchera d'avoir des nouvelles de Soria, il s'assurera si la route de Soria à Logrono est praticable pour l'artillerie. Il prendra des notes sur le pays, sur les routes, sur l'esprit des habitants; enfin, il fera une reconnaissance d'officier de troupe légère.

« Au surplus, mon cher général, vous avez déjà parcouru ce pays-là, vous le connaissez mieux que personne, et Sa Majesté vous laisse le maître d'organiser la reconnaissance et de donner tous les ordres que vous coirez nécessaires.

« Sa Majesté désire que vous poussiez une autre reconnaissance sur Poza de la Sal par Kublacedo de Abajo; vous donnerez l'ordre à l'officier qui commandera de revenir à Briviesca par Busto et Quintanaclez.

« Le major général m'écrit de Nantes, le 9; cent cinquante mille hommes sont en mouvement pour l'Espagne. »

Briviesca, le 14 août 1808.

BELLIARD A GROUCHY.

« Le roi a reçu ta lettre; il t'accordera la permission ou le congé que tu demandes, mais, pour être bien en règle, il faut d'abord t'adresser à ton maréchal et faire faire la demande par lui ; il est à Briviesca. Tu pourrais bien, en voiture, venir nous y voir ce soir... Le roi n'y sera pas demain... Je t'envoie pour toi un ordre du jour. Sa Majesté n'en avait pas trop d'envie, elle a à cœur l'insulte des troupes légères qui ont pillé un de ses fourgons contenant son argenterie... Tu es dans d'heureuses dispositions d'insubordination, je t'en fais mon compliment ; mais cela ne doit pas empêcher le mouvement des bêtes à quatre pattes, fais-les partir ce soir, ou demain de très-grand matin, de manière à ce qu'ils passent la nuit à Briviesca, et ils éviteront la chaleur du jour et celle de ton patron... Tu dois avoir dans les carabiniers des hommes du Poitou ; fais-en chercher un des environs de Fontenay et tu me l'enverras ; je le ferai général en chef ; il faut qu'il laisse son cheval au régiment, je lui en fournirai un. De combien d'hommes est composée l'armée ? Viens ce soir, et tu me donneras ton avis sur l'organisation des régiments de cavalerie provisoire.

« La grande armée est en marche pour Bayonne, elle arrive en poste ; nous serons, j'espère, bientôt de retour à Madrid. Le roi de Naples est proclamé dans ses nouveaux États ; il serait assez plaisant que nous nous retrouvions dans cette nouvelle capitale. »

Cette lettre du général Belliard demande à être expliquée. Grouchy, ainsi qu'on l'a vu par sa lettre au général Dejean, aspirait à obtenir un congé pour le rétablissement d'une santé fortement ébranlée à la suite des fatigues de la guerre de Prusse et de Pologne. La façon dont les affaires d'Espagne étaient traitées n'allait pas à sa nature honnête et droite. Il résolut donc de profiter de la retraite sur l'Èbre et du rapprochement de l'armée des frontières des Pyrénées, pour solliciter la faveur de se rendre aux eaux de Barréges. Il pria son ami Belliard de faire en ce sens une démarche pour lui, auprès du roi.

Quant à l'affaire des moutons, la voici :

L'Espagne possédait alors de magnifiques troupeaux de mérinos; Belliard et d'autres généraux, profitant de leur séjour en Castille, avaient acquis des bêtes à laine de la plus belle espèce et cherchaient à les faire conduire dans leurs propriétés, en France.

Au quartier général à Breviesca, le 14 août 1808.

BELLIARD A GROUCHY.

« Mon cher général, le quartier général du roi reste à Breviesca, et votre division conservera sa position de Quentanavides, faisant occuper Monasterio par cinquante hommes de cavalerie.

« M. le maréchal Bessières reçoit l'ordre de garder sa position de Burgos, et Sa Majesté, pour lui faciliter les moyens de s'éclairer et d'avoir des nouvelles de l'ennemi, ajoute à sa cavalerie la brigade de hussards du général Vathiez. En conséquence, vous pouvez lui donner l'ordre de se tenir prêt à partir, et dans le cas où M. le maréchal Moncey ne vous aurait pas écrit ce soir, vous n'en ferez pas moins mettre en mouvement la brigade Vathiez demain, à quatre heures du matin ; elle se rendra à Burgos, et le général Vathiez ira prendre les ordres de M. le maréchal Bessières. »

Le général de Grouchy, de plus en plus souffrant, demandait avec instance un congé d'un mois ; mais, contrairement aux prescriptions hiérarchiques, il avait fait solliciter directement cette faveur du roi, par l'entremise de son ami Belliard. Ce dernier, ayant fait signer le dit congé à Joseph, l'envoya au maréchal Moncey par qui il aurait dû être demandé, pour que le maréchal le fît passer à Grouchy.

Les lettres suivantes furent échangées à ce sujet :

Miranda, le 16 août 1808.

BELLIARD AU MARÉCHAL MONCEY.

Monseigneur, j'ai l'honneur d'envoyer à Votre Eminence la permission que Sa Majesté donne à M. le général Grouchy de s'absenter peudant un mois pour aller prendre les eaux de Barréges et rétablir sa santé.

« Je prie Votre Excellence de faire parvenir cette autorisation à M. le général Grouchy. »

Miranda, le 16 août 1808.

BELLIARD A GROUCHY.

« J'envoie par ce courrier à M. le maréchal Moncey la permission que tu as demandée ; le roi l'a accordée de suite, et si tu ne l'as pas encore reçue, c'est ma faute, à te dire vrai. J'ai retardé le plus que j'ai pu, parce que je suis convaincu que ton départ de l'armée ne fera pas plaisir à l'Empereur.

« Je n'ai point vu l'armée espagnole ; elle n'a point passé à Miranda, et je crains qu'on ne l'ait mise en déroute. Le carabinier que tu m'as envoyé m'a rejoint, mais je ne peux pas lui donner d'instructions, ignorant encore où se trouvent les troupes qu'il doit commander et le nombre de soldats qu'il aura sous ses ordres, quelles sont les instructions de l'officier commandant le détachement. Je te verrai à ton passage.

« Je n'ai aucune nouvelle du grand-duc ; on dit que Ney et Jourdan sont à Bayonne. »

Miranda, le 20 août 1808.

BELLIARD A GROUCHY.

« Je t'envoie, mon cher Grouchy, la permission du roi ; l'armée est réorganisée, trois corps sont formés ; celui dont tu fais partie, si tu nous reviens, est très-beau et très-nombreux. Ils s'augmenteront tous à mesure de l'arrivée des troupes. Tu peux faire tuer les chèvres, je te les abandonne ; je vois avec peine que nous perdons beaucoup de moutons ; si cela continue, il n'en restera pas cent à la fin de la course. Enfin, patience. Je t'embrasse, bon voyage ; guéris-toi promptement. Jourdan est arrivé, il est au quartier général. Nous n'avons rien de nouveau. »

Miranda, le 23 août 1808.

BELLIARD A GROUCHY.

« Mon cher général, Sa Majesté ordonne qu'à votre passage à Tolosa vous vous occupiez de voir les dépôts de cavalerie, de passer une revue exacte et des hommes et des chevaux, que vous laissiez à Tolosa les hommes et les chevaux susceptibles de pouvoir entrer en campagne dans vingt à trente jours. Quant aux autres, qui auront besoin de cinq ou six semaines ou deux mois pour être mis en état, l'intention de Sa Majesté est que vous les fassiez partir pour Bayonne. Dans ce nombre, ou de ce nombre, devront être les détachements de carabiniers et de cuirassiers à pied, qui sont absolument tout nus et qui ne pourront jamais être remontés en Espagne.

« Je vous prie, mon cher général, aussitôt votre opération terminée, de m'en envoyer le résultat avec deux états, savoir : 1° celui des hommes et chevaux restant à Tolosa, avec indication du nombre de jours nécessaires à la guérison de chacun, 2° l'état des hommes et chevaux partant pour Bayonne.

« J'écris au général Drouet pour le prévenir de cette mesure et pour lui dire même de s'en charger, si vous étiez passé lorsque ma lettre arrivera à Tolosa.

« Si, comme on l'assure, Tolosa ne convient pas pour les dépôts de cavalerie, indique-moi un meilleur remplacement. Je t'ai déjà dit de faire ce que tu voudras. As-tu des nouvelles de l'armée? Ecris-moi. »

Miranda, le 24 août 1808.

BELLIARD A GROUCHY.

« Mon cher Grouchy, je t'ai écrit hier pour les dépôts de cavalerie, aujourd'hui les ordres sont plus étendus ; j'envoie Chermont, il te communiquera ses instructions, et il se chargera de la besogne, si tu ne peux pas la faire. Ce que tu me dis sur notre armée à quatre pattes ne me tranquillise pas, je remets entre tes mains le sort de notre troupe. Prends toutes les mesures convenables pour qu'au moins une grande partie arrive à bon port ; je remets tout entre tes mains. Il faut, lorsqu'on aura mis le pied en France, tâcher d'éviter la route que suivent les troupes, si cela est possible : car si l'Empereur, qui, dit-on, doit venir bientôt à Bayonne, les rencontrait, il les ferait prendre pour le gouvernement, et par-dessus il me bourrerait. De quelque manière que tu arranges les choses, il est toujours bon de mettre un gendarme de confiance ou un sous-officier d'infanterie, avec quatre hommes qui pourraient aller toujours jusqu'au delà de Bordeaux ; cela serait plus sûr ; enfin arrange tout pour le mieux et selon ton idée lumineuse.

« Ecris-moi de Bayonne et donne-moi des nouvelles des troupes qui doivent arriver. On prend le sage parti de renvoyer en France tous les dépôts. »

TABLE DES MATIÈRES

LIVRE CINQUIÈME

De mai 1799 à août 1800. 1

Première révolte dans la province d'Albe et d'Asti. — Correspondance relative à cette affaire (de la fin de décembre à mars 1799. — Installation de la municipalité de Turin. — Discours de Grouchy. — Autre discours du général (21 janvier 1799). — Projet de réunion du Piémont à la France. — Plan d'insurrection. — Vigoureuse répression de Grouchy (février 1799). — Seconde insurrection. — Elle éclate dans la province d'Acqui (commencement de mars 1799). — Lettre du général. — Sa proclamation. — Expédition de Grouchy dans la province d'Acqui. — Troisième insurrection (6 mars, près Fossano. — Changements dans l'armée d'Italie. — Schérer remplace Joubert. — Départ de ce dernier. — Le bruit du départ de Grouchy se répand à Turin. — Le Directoire reçoit des notables la demande de conserver le général. — Organisation du pays par Grouchy. — Suppression du Gouvernement provisoire par ordre de Schérer, sur la demande de Grouchy. — Ouverture des hostilités en Italie (fin de mars). — Combat de Pastringo (26 mars). — Analyse des opérations. — Demande de troupes à Grouchy. — Position critique de Grouchy. — Objets d'art recueillis en Italie. — Moreau remplace Schérer (avril 1799). — Cassano. — Retraite sur Milan. — Grouchy reçoit l'ordre de se rendre à l'armée d'Italie (5 mai). — Biographie du général Joubert par le général de Grouchy (1799). — Épisode du transport du pape Pie VI à Briançon (1er avril 1799). — Lettres et document curieux relatifs à cette affaire. — Conduite du général de Grouchy. — Reçu du pape donné par le commandant de la place de Briançon (30 avril). — Désintéressement de Grouchy. — Historique de la campagne de 1799 en Italie, par le général de Grouchy. — Le général est blessé et fait prisonnier le 15 août, à la bataille de Novi. — L'aide de camp Fougeroux. — L'adjudant général Becker. — Captivité de Grouchy. — Lettres écrites à ce sujet. — Il est échangé en juin 1800. — Il est envoyé, en août 1800, à l'armée du Rhin sous Moreau.

LIVRE SIXIÈME

De la fin de 1800 à septembre 1805. 141

Le général de Grouchy arrive à l'armée de Moreau, le 2 décembre, veille de la bataille de Hohenlinden. — Formation de cette armée. — Composition et force de la division Grouchy. — Plan de campagne de Moreau. — Bataille du 3 décembre. — Lettres et rapport de Grouchy. — Lettre de Moreau. — Marche de l'armée du Rhin, passages de l'Inn et de la Salzbach. — Second rapport de Grouchy à Moreau. — Marche sur le Danube. — Armistice (25 février). — Paix de Lunéville. — Grouchy rentre en France. — Il est désigné en 1801, par le premier consul, pour mener en Toscane les infants nommés roi et reine d'Etrurie. — Voyage. — Correspondance relative à cette mission. — Grouchy est chargé de l'inspection générale des troupes à cheval de la Cisalpine et de l'armée d'Italie (fin de 1801). — Les instructions qu'il reçoit. — Nouvelle inspection de troupes à cheval (1802). — Lettre de Grouchy au ministre Berthier (10 avril). — Origine du remplacement ; arrêté d'avril 1802. — Pétition de Grouchy au premier consul pour une réclamation fondée de son père. — Camps du nord. — Grouchy envoyé à celui de la Hollande sous Marmont. — Il reçoit le commandement de la 2ᵉ division d'infanterie de ce corps, qui devient le 2ᵉ de la grande armée. — Grouchy est invité au couronnement de l'empereur.

LIVRE SEPTIÈME

De septembre 1805 à août 1806. 199

Le 2ᵉ corps (Marmont) de la grande armée quitte la Hollande le 19 septembre 1805, pour marcher sur l'Allemagne. — Grouchy dirigé sur Mayence avec sa division ; — franchit le Rhin le 40 septembre ; — rallie le 1ᵉʳ corps (Bernadotte) ; — arrive à Neubourg. — Position de l'armée autrichienne à Ulm. — Le 2ᵉ corps à Eistadt (8 octobre) ; — franchit le Danube. — La division Grouchy s'établit à Augsbourg le 10 octobre ; — se porte, le 12, à marche forcée sur l'Ill ; — campe à Pfuld, se rapproche d'Ulm et assiste à la reddition de cette place. — Le 8ᵉ de ligne batave. — Capitulation d'Ulm (17 octobre). — Marche du 2ᵉ corps sur Wasserbourg où il passe l'Inn. — Ce corps reçoit la mission de remonter au nord sur Lambach en descendant la Traun. — Il remonte ensuite l'Enns en partant de Steyer pour se diriger sur Léoben, afin de se placer entre l'ennemi remontant de l'Italie sur Vienne et les corps de la grande armée en mouvement contre les Russes. — Marmont doit contenir l'archiduc Charles. — La division Grouchy en marche le 8 novembre sur l'Enns ; — elle passe l'Eisenerz et descend dans la vallée de la Mürr, en Tyrol ; — elle occupe Léoben le 12 novembre. — Marmont gagne avec le 2ᵉ corps la position centrale de Gratz, où la division Grouchy se trouve réunie le 18 novembre. — Reconnaissance faite le 19 et le 26. — Utilité de Grouchy à Gratz, où il avait vécu en captivité après Novi. — Affaire Haas. — La division Grouchy part de Gratz le 6 décembre pour Neustadt. — Marmont apprend dans cette ville la nouvelle de la bataille d'Austerlitz et de l'armistice. — Le 2e corps réoccupe Gratz et la Styrie. — Affaire du général Delzons. — Lettres de Grouchy à son père du 12 janvier au 25 juillet 1806.

LIVRE HUITIÈME

Fin de 1806 et 1807. 233

Le général de Grouchy ne fait pas l'expédition des Bouches du Cattaro avec le 2e corps. — Il prend le commandement de la 2e division de dragons, à la réserve de cavalerie, et se rend au quartier général de l'empereur. — Positions des armées belligérantes. — Plan de campagne. — Rapport sur le combat de Zehdenick (26 octobre 1806). — Combat de Wittmansdorff (27 octobre). — Lettre de félicitation du général Belliard. — Combat de Prentzlow (28 octobre). — Ordre de l'armée. — Affaire de Lübeck (6 novembre). — La division Grouchy dans le Mecklembourg. — Lettre du général à son père (9 novembre). — L'Empereur passe, à Berlin, la revue de la division Grouchy. — Lettre du général à son père (23 novembre). — Marche sur Posen. — Sollicitude de Grouchy pour les officiers sous ses ordres. — Alphonse de Grouchy; ses lettres. — La division quitte Gustrow et se dirige (décembre) au nord du grand-duché de la Vistule. — Elle est placée au corps de Bessières. — Reprise des hostilités. — Correspondanc relative au service de la division Grouchy chargée d'éclairer le corps de Bessières. — Combat de Kurnichen (23 décembre). — L'armée prend ses cantonnements (8 janvier 1807). — Marche des armées russes. — La 2e division de dragons en Pologne à Villemberg. — Elle est chargée de couvrir le 6e corps (Ney). — La division se rend le 22 janvier à Passenheim. — Mouvement de Ney. — Lettre du général à son père (25 janvier). — Service de la 2e division de dragons. — Correspondances et rapports du 30 janvier au 8 février inclus. — Grouchy à Eylau. — Mission de Grouchy autour de Villemberg (correspondance relative à cette mission). — Bataille de Friedland (14 juin 1807). — Rôle important de Grouchy à cette bataille. — Récompenses accordées à Grouchy et à sa division. — Marche de cette division. — Grouchy à Tilsitt; il retrouve le grand-duc Constantin.

LIVRE NEUVIÈME

1808. 335

Récompenses accordées au général de Grouchy par l'Empereur, pour sa brillante conduite à Friedland. — Il est nommé grand-croix de l'ordre du Mérite de Bavière et grand-croix de la Légion d'honneur. — Décrets et lettres. — Le général est envoyé en Espagne. — Sa lettre à son père datée de Vittoria, 24 janvier 1808. — Situation de la Péninsule. — Grouchy pénètre en Espagne avec sa division (cavalerie du corps d'observation de l'Océan). — Sa correspondance avec le maréchal Moncey, commandant en chef, et avec ses généraux. — 13 mars, Grouchy reçoit l'ordre de former l'avant-garde du corps de Moncey, avec sa division de cavalerie et celle d'infanterie de Musnier, de prendre le commandement de cette avant-garde et de s'avancer sur Madrid. — Marche sur Aranda, Burgos, Bosiguillas, Buytrayo. — Révolution à Madrid (19 mars). — Lettre relative à ces événements. — Ordre à Grouchy (22 mars) d'entrer à Madrid, dont il est nommé gouverneur. — Dispositions qu'il prend pour assurer le service. — Insurrection du 2 mai 1808. — Rapport de Grouchy sur cette affaire. — Lettres relatives au gouvernement de Madrid. — Affaire entre le général de Grouchy et le duc de Rovigo. — Envoi de Moncey à Valence avec une division. — Relation de cette expédition, faite à Grouchy par le général Musnier. — Grouchy gouverneur est chargé des dispositions à prendre pour la retraite de l'armée sur l'Èbre, à la fin de juillet et au commencement d'août 1808, à la suite de l'affaire de Baylen. — Sa correspondance avec Belliard, chef d'état-major général. — Il demande et obtient un congé d'un mois.

www.ingramcontent.com/pod-product-compliance
Lightning Source LLC
Chambersburg PA
CBHW051816230426
43671CB00008B/731